民國歷史與文化研究

八　編

第7冊

近代中國電化教育學發展研究（下）

李　斌　著

花木蘭文化事業有限公司

國家圖書館出版品預行編目資料

近代中國電化教育學發展研究（下）／李斌 著－－初版－－新
北市：花木蘭文化事業有限公司，2018〔民107〕
目 8+174 面；19×26 公分
（民國歷史與文化研究 八編；第7冊）
ISBN 978-986-485-497-4（精裝）
1. 教育史 2. 電化教學 3. 中國
628.08   107011560

ISBN-978-986-485-497-4

9 789864 854974

民國歷史與文化研究
八 編 第 七 冊   ISBN：978-986-485-497-4

近代中國電化教育學發展研究（下）

作　　者 李 斌
總 編 輯 杜潔祥
副總編輯 楊嘉樂
編　　輯 許郁翎、王 筑 美術編輯 陳逸婷
出　　版 花木蘭文化事業有限公司
發 行 人 高小娟
聯絡地址 235 新北市中和區中安街七二號十三樓
　　　　 電話：02-2923-1455／傳眞：02-2923-1452
網　　址 http://www.huamulan.tw 信箱 hml810518@gmail.com
印　　刷 普羅文化出版廣告事業
初　　版 2018 年 9 月
全書字數 398093 字
定　　價 八編 10 冊（精裝）台幣 18,000 元

近代中國電化教育學發展研究（下）

李斌 著

目

次

圖表目錄

第四章　近代中國電化教育學發展中期（下）（1942～1946）

進入 20 世紀 40 年代，南京國民政府爲了「抗戰建國」的需要而強化了電化教育管理的舉措，先後創辦了中華教育電影製片廠和中國農業教育電影製片廠，拓展和加強了中央廣播電臺及地方電臺的教育播音事業，頒佈了《電化教育實施要點》並在此基礎上要求中央和地方組建電化教育輔導處和成立電化教育區及電化教育巡迴工作隊，上述政府行爲對電化教育的理論研究、課程設置、人才培養和社會服務提出了更高的要求，也在一定程度上優化了電化教育學學科建設的整體環境及條件。在此背景下，國立社會教育學院相繼成立了電化教育專修科和電化教育學系，電化教育開始由專科層次發展到本科層次；金陵大學理學院電化教育專修科加強電化教育課程建設，遂使課程內容和體系進一步豐富和完備，與此同時創辦了近代中國電化教育學的標誌性專業刊物《電影與播音》；抗戰勝利後，江蘇省立教育學院在新的形勢下重新開辦電化教育專業。上述大學爲這一階段電化教育學的發展做出了突出的貢獻。

第一節　南京國民政府電化教育管理舉措的強化

如前所述，抗戰爆發後南京國民政府把加強電化教育作爲貫徹「抗戰救國」戰略方針的重要環節，開始擴充電化教育機構；這一階段，南京國民政府在前一階段工作的基礎上，主要從電影和播音兩方面強化了電化教育管理的舉措，從而優化了電化教育學發展的整體環境和條件，並爲下一時期電化

教育學的發展奠定了基礎。

一、中華教育電影製片廠與教育電影的攝製

　　20 世紀 30～40 年代，隨著抗戰形勢的發展，自製國產教育影片的呼聲日益高漲，但以市場爲依賴、以贏利爲目的的民營電影公司舉步維艱，資金來源及發行市場嚴重萎縮。因此，官營電影機構地位迅速上升，介入國產教育影片製作勢所必然。另一方面，此前中央電影攝影場、中國電影製片廠等官營電影機構出品的影片雖具一定的教育意義，但畢竟不是以教育爲主要目的，對電影教育的作用有限，創立官營教育電影機構中華教育電影製片廠遂提到議事日程上來。1941 年，國民政府教育部開始籌設中華教育電影製片廠，聘陳果夫、王星洲、蔣志澄等 11 人爲籌備委員，並請陳果夫氏爲主任委員，1942 年元旦於重慶正式成立。據介紹，其成立的原因爲：「中國之提倡電影教育以來，其所感最大困難，即爲缺乏放映機械及適當之教育影片，致過去電影教育之推行，頗有貧乏之現象。抗戰軍興之後，因電影宣傳效率之大，故更爲各方所重視，而影片恐慌更加嚴重。本部（指教育部——筆者注）有鑒於此，爰有教育電影製片廠之設立。」〔註1〕該廠成立之初，李清悚、余仲英任正副廠長，史東山、孫瑜爲導演，主任技師是裘逸葦，投影員爲馮四知等，內設材料室、會計室、推廣組、攝製組、總務組、編導委員會，直接隸屬於國民政府教育部的指導委員會對該廠的生產進行指導。《教育部中華教育電影製片廠指導委員會組織大綱》中規定：指導委員會設委員 11 至 19 人，由教育部就各有關電化教育業務機關主管人員、電化教育專家及熱心電化教育人士中聘任並指派總務司司長，社會司司長及電化教育主管科科長充任。〔註2〕該指導委員會的任務是關於製片事業計劃之制定、教育電影劇本及成片之審核、電影器材之購置審核等事項。指導委員會成員有陳果夫、何應欽、張道藩、潘公展、王星舟、鄭用之、羅學濂、顧毓琇、李清悚。總而言之，指導委員會的設置使得教育部更能直接掌控廠內的各項生產和活動，使其不至偏離政權宣教的需要而能成爲政府的喉舌。

〔註 1〕教育部中華教育電影製片廠概況〔R〕，重慶：教育部中華教育電影製片廠，1942：9。

〔註 2〕教育部中華教育電影製片廠指導委員會組織大綱〔J〕，教育公報，1941（23、24）：14。

　　中華教育電影製片廠創辦之初就制定了製片要目，其中規定了兩大類型的教育影片，即學校教育影片和社會教育影片。學校教育影片包括專科以上學校教育片、中等學校教育片、中心國民學校教育片。具體來說，專科以上學校教育片包括邊疆考察、理科實驗、國防工業、發明故事；中等學校教育片包括教育片和訓育片，教育片包括公民科、史地科、自然科、體育科、音樂科，訓育片包括黨員守則表證、生活標準、軍事管理及童子軍管理示範、學生自治生活準則、學生社會運動、學校重要集會實例；中心國民學校教育片包括公民科、國語常識自然科、歷史地理科、體育音樂科。社會教育影片包括衛生習慣、家政處理、模範公民、生產建設、地理常識、總理遺教、體育活動、習俗改良、生活標準、教育建設、政治建設、總裁言行、防護常識、醫藥常識、社交禮儀、科學常識、社會建設、民族史蹟。〔註3〕

　　與此同時，中華教育電影製片廠對教育影片題材選擇及教育電影的拍攝技術、藝術等事項進行了規定。該廠的《演攝之通則》明言：「各片排演時，置景、動作均儘量合於新生活原則，無論一言一動一木均需注意其教育價值；歷史片中所用場面服裝均需和各該歷史時代相合，普通片種所用場面服裝須與國情相合且具有改良意味為準；一切有關立訓垂教之影片其演員之動作均需表演模式；各場面並應視對象為轉移，例如以農民為對象者應以本國足資模範之農村景象為背景，餘以類推，絕對避免應用紙醉金迷之奢侈場面；扮演角色應儘量選擇適合身份之演員，充分以求合於自然而引起觀者同情；凡地理類科學知識之類別，遇不易攝取之對象的利用外國固有優良影片剪接之，萬不得已採用模型卡通拍攝之。〔註4〕該廠《畫面攝寫之通則》中規定：「1. 畫面儘量求其美化以吸引觀者興趣；2. 畫面主要題材宜力求顯著，使觀者注意力集中不為背景所分散；3. 畫面內除注意攝寫主要題材外，其背景亦宜同時注意配合不必要之材料；4. 各片攝製時應避免長鏡頭，取景角度宜多變化，裨增興趣；5. 同類之鏡頭不宜多見，以免枯燥乏味；6. 有關科學知識之影片中應行特寫之材料，應從本身各方面攝取畫面裨能加強說明。」〔註5〕

〔註3〕行政院新聞局，電化教育〔M〕，行政院新聞局，1947：28。
〔註4〕教育部中華教育電影製片廠概況〔R〕，重慶：教育部中華教育電影製片廠，1942：46。
〔註5〕教育部中華教育電影製片廠概況〔R〕，重慶：教育部中華教育電影製片廠，1942：43。

　　教育影片內容的編製也是教育電影製作中必須考慮的重要問題，該廠《關於影片內容之編製方法通則說明》中要求：「1. 本場所攝製各片兼採戲劇片和紀錄片兩種方式編制之；2. 各類知能教育片以紀錄方式爲主，各類行爲示範片以戲劇式者爲主；3. 各類教學片之編製以該科之智識系統與學習順序爲準則；4. 各片除特別需要者以外，其情節應避免過於曲折以免學習上發生困難；5. 本片之重要題材應儘量發揮以加強觀者之印象。」〔註6〕

　　儘管中華教育電影製片廠已有規範的取材標準和製片方法，但還制定了相應的製片計劃，即：「1. 每年根據要目擬定製片細目；2. 每月各出社會教育，學校教育片一種；3. 軟片概用 16 毫米；4. 暫用默片將來兼製聲片；5. 參用卡通畫；6. 字幕用正楷，用中國固有興款方式排列；7. 每片說明兼有教育教材與教育教學法；8. 目前不長期聘用演員，充分與各學校機關合作；9. 在抗戰期間每廳至少複印四本。」〔註7〕但由於該廠成立之初恰逢太平洋戰爭爆發，太平洋航線被隔斷，器材只能由印度進口，1941～1942 年間該廠從印度運來 20000 尺底片，但沒有正片，又逢重慶霧季，該廠沒有拍攝內景的設備。因此，此期該廠一方面創制裁片機、打孔機，並向中央電影攝影場商讓 35 毫米膠片 5 萬尺，裁爲 16 毫米片應急；另一方面利用日光時間，借用中央電影攝影場內的景物，拍攝幻燈片和影片。廠內拍攝教育電影的程序十分嚴謹，而近乎嚴苛：在影片拍攝前，要先由廠長根據製片綱要和計劃，交由編導委員會分別擬定攝製內容綱要，然後交副廠長、廠長審閱；副廠長、廠長審閱後認爲可行的，則交原撰稿人或其他編委編寫詳細分幕及字幕攝製腳本，腳本再由副廠長、廠長審閱後提交編委會討論；腳本確定後由攝製組和總務組共同擬製攝製費用預算，交由編導委員審查簽注意見後送秘書處，最終由廠長審核；廠長審核後還需要提交指導委員會審定才能投諸拍攝。在上述兩個原因的制約下，中華教育電影製片廠在 1941～1942 年間拍攝了兩類教育電影共 4 部；由於設備、製片技術等原因，出品影片多爲短片。

〔註6〕教育部中華教育電影製片廠概況〔R〕，重慶：教育部中華教育電影製片廠，1942：42。
〔註7〕教育部中華教育電影製片廠概況〔R〕，重慶：教育部中華教育電影製片廠，1942：7。

表 4-1 1941～1942 年間中華教育電影製片廠攝製的電影、幻燈片
一覽表

拍攝時間	類 別	片 長	片 名	內 容
1941～1942年間	社會教育片	400 尺	家庭副業（甲集）	介紹家庭主婦利用閑暇從事國藝生產之進益
1941～1942年間	社會教育片	400 尺	家庭副業（乙集）	介紹家庭主婦利用閑暇從事畜牧之進益
1941～1942年間	學校訓育片	120 尺	學校軍事管理	介紹高中以上學校軍事管理、組織編制、起居生活、上課操演、勞動內務等事項
1941～1942年間	社會教育片	1200 尺	重九	介紹重九節善良規俗

資料來源：電化教育〔M〕，行政院新聞局，1947：31～32。

　　1946 年秋，該廠遷往南京市玄武湖櫻環州。1947 年 10 月，李清悚卸任廠長，副廠長佘仲英病故，教育部令該部社會教育司司長英千里繼任廠長。英千里上任後，急謀擴充建築，當時該廠在玄武湖櫻環州有兩棟樓房，並從敵偽產業管理局購到一所房屋，本已足夠使用，但後者為南京市政府園林管理處佔據。英千里出面交涉，並新建材料庫一所，作為儲藏新購機器之用。

　　1943～1948 年間，該廠不斷擴充設備和人員。為便於製片，該廠曾與北碚管理局、三民主義青年團北碚分團部、社會部兒童福利實驗所合作，在北碚朝陽鎮共建「文化大廈」一座，內設青年館、兒童福利館和該廠內景攝影場。1943 年後，該廠裁片機已經完成，複印工作也可進行。截至 1947 年，該廠設備較為充實，計有辦公及製片樓房各一幢，器材方面有攝影機、錄音機、複印機、放映機、發電機等，所需附件、化學藥品都比較齊全。該廠還積極購置、更新設備，例如，改善錄音洗印設備，裝置水電，從美國購置器材，其中包括最新出品的優質 16 毫米攝影機，全部設備及附件俱全；錄音全部設備亦為美國最新、最完善的產品，所有零件均備；洗印設備為自動式並有感光試驗設備；另有感光材料。英千里記載道，「本廠原片存放在上海『中電』（即中央電影攝影場——筆者注）的印片機等也已取回，原來必須借中電洗片的工作，現在可以自己作了。另外還有許多由美購買的機器，已經運到上海，並已陸續運到本廠。」〔註8〕人員方面，該廠原有人員 54 人，明顯不敷

────────────

〔註8〕英千里，半年來之中華教育電影製片廠〔J〕，影音，1948（7-4）：1。

分配，而且還需與其他政府機關按月比例裁減，經英千里屢次與行政院和教育部交涉，終於獲批增加 11 人，大大緩解了人員不足的負擔。〔註9〕

電影攝製方面，由於當時攝製 16 毫米影片已成為趨勢，攝製 16 毫米的機件較 35 毫米為輕便、不易燃燒、推行容易，且當時攝製 16 毫米影片的技術已大大改進，不僅重量只有 30 磅，光源可達 1000 瓦特，音量可達數十瓦特。〔註10〕故該廠著重攝製 16 毫米影片，以普及各級學校和民眾團體為務，但亦需每年向電影院出品 35 毫米影片一部。該廠還組織編劇部門，每年為各地各廠家寫作有意義的電影劇本，以解決國內各廠家攝製稿本缺乏的問題。此外，該廠還大量攝製幻燈片，包括幻燈卷片和幻燈單片，以便提高全國所有國民學校及農民的知識水準，拍攝幻燈片的手法類似於連環圖畫，同時每出品一部，並出版連環圖一冊，用作民眾讀物。這一時期，該廠將製片方針定位為：「片型方面主要分兩組：（一）十六毫米動片（指普通電影——筆者注），有聲及無聲。（二）三十五毫米靜映卷片（指幻燈卷片——筆者注），有聲及無聲。內容方面主要分三類：（一）配合民眾教育需要；（二）配合各級各科教學需要；（三）配合國際文化交流需要」。〔註11〕

在此基礎上，該廠拍攝了大量教育影片，據記載，截至 1947 年該廠攝製影片五十餘種。〔註12〕

表4-2　1943～1947 年間中華教育電影製片廠部分製片一覽表

時間 （年）	片　名	長度 （英尺）	內　　容
1943	重九	1200	介紹重九節優良風俗
1943	穀雨	800	介紹穀雨節優良風俗
1943	瘧疾	800	略述瘧疾病源、治療及預防方法
1943	夏令營	400	青年團夏令營生活一瞥
1943	中國教育新聞一輯	450	北碚四校聯運會滑翔機命名禮及跳傘落成禮
1943	採煤	800	我國煤礦之分佈及開採方法
1943	新疆幻燈片	400	新疆自然交通、都會人民生活狀況

〔註 9〕英千里，半年來之中華教育電影製片廠〔J〕，影音，1948（7-4）：1。
〔註10〕教育部中華教育電影製片廠概況〔J〕，教育通訊，1947（復刊4-9）：30。
〔註11〕英千里，半年來之中華教育電影製片廠〔J〕，影音，1948（7-4）：1。
〔註12〕教育部中華教育電影製片廠概況〔J〕，教育通訊，1947（復刊4-9）：29。

1943	三峽風光	400	三峽自然形勢之航行
1944	川北勝蹟	300	川北自然狀況風俗物產等
1944	中國教育新聞二輯	400	1944 年資源委員會製造無水酒精
1944	中國教育新聞三輯	800	1944 年重慶市大中學運動會、印度哲學家美鳳們總統來華
1944	戰時教育	400	述抗戰以來各種教育情形與統計
1944	戰時的陪都	400	陪都自然市街情形與戰時景象及活動
1944	新疆	600	新疆自然地理形勢及各地風光
1944	水力發電	500	長壽水利發電工程及發電程序
1944	製造酒精	500	普通酒精及無水酒精製造程序
1944	玻璃製造	500	玻璃製造程序
1944	世界童子軍	400	世界童子軍大露營、大檢閱情形
1944	農家樂	300	農民抗敵故事
1945	龜兔競走	400	龜兔賽跑的故事，以喻抗戰為持久戰，只有堅持方有勝利
1945	煉鋼	700	戰時後方煉鋼設備及其製造過程。
1945	電燈泡製造	400	中央電工器材廠設備及電燈泡製造過程
1945	水利工程	400	水利委員會在陪都遷建區一帶水利工程及設備
1945	造船	400	製造船隻工作程序
1945	大石足刻	400	四川省大足縣唐代石刻偉大之藝術成品
1945	南京受降	400	日本戰敗投降，我國政府派員分赴各地舉行受降禮，此片係報導南京受降情形
1945	收復長春	400	自 1931 年「九一八」事變淪陷起達 14 年之長春收復後現況
1946	兒童福利	400	介紹托兒所或兒童福利所裏兒童的生活狀況
1946	榮軍生活	400	榮譽軍人生活實況
1946	中國青年會	1500	1934 年蔣介石號召 100000 知識青年從事保衛祖國，此片係述中國青年軍訓練情形及偉大成就
1946	常山（1）	800	發明常山一藥，足以治療瘧疾及其研究經過
1946	中國教育新聞四輯	300	北碚賽馬及全國教育學術團體聯合年會等情形
1946	中國教育新聞五輯	400	各方慶祝勝利盛況
1946	太極拳	600	太極拳拳術方法

1946	中國教育新聞六輯	300	不詳
1946	中國教育新聞七輯	350	陸空聯合演習，首都春雲新遷十三週年紀念會，國大粵代表祭北伐烈士元旦慶祝憲法紀念會
1946	臺灣	400	光復週年紀念，主席蒞臺情形
1946	國大	350	大會情形及各小組憲法審查
1946	國大花絮	300	代表遊玄武湖及湯山棲霞山及合祭陣亡將士
1946	常山（2）	400	專門用於治療瘧疾的常山藥的發明及其發明研究經過
1947	嘉興蠶絲合作	600	蠶絲出產程序、嘉興蠶絲合作概況
1947	浙江合作事業	320	浙江製鹽合作事業
1947	合作事業在上海	400	上海各種合作社實況

資料來源：電化教育〔M〕，南京，行政院新聞局，1947：31～35。

影片題材包括三種：（1）國內現狀和世界大局，如《戰時的陪都》、《軍事管理》、《世界童子軍》、《農家樂》、《南京受降》、《收復長春》、《中國教育新聞1～7輯》；（2）適用於社會教育和學校教育的教學題材，如《穀雨》、《瘧疾》、《夏令營》、《戰時教育》、《川北勝蹟》、《水力發電》、《造城》、《造紙》、《新疆》、《三峽風光》、《酒精製造》、《玻璃製造》、《採煤》、《煉鋼》、《常山（1～2）》、《太極拳》；（3）普通宣傳報導及戲劇，如《移風易俗》、《兒童福利》、《榮軍生活》、《中國青年軍》、《臺灣》、《國大》、《國大花絮》、《龜兔競走》、《浙江合作事業》、《合作事業在上海》、《嘉興蠶絲合作》。較之建廠初期，該廠此期出品影片在數量上較爲豐富，題材上也較爲符合《製片要目》中的規定，片長大多數在400英尺左右，但也有長達1000英尺以上的大型片。所以，上述教育影片適合在不同場所、地點進行放映，實施電化教育，其中以在工廠、農村放映次數最多，效果最好。

1947年，該廠還計劃生產一批教育電影，但由於經費、國內政治環境等方面的原因並未實現。例如，影片有《全國運動會》、《民族的幼苗》、《陽光和健康》、《中國樂器》、《無線電工業城》、《化學工業城》、《中華雜誌》、《玄武湖》、《萬里鴻雁》、《南京鴨子》、《一塊新黑板》（介紹電影教育的實施法）、《圖畫》（擬配國樂）、《農民生活》等；幻燈動畫片有《小明的一天》。

雖爲官營電影機構，爲了更好地融入市場，提升競爭力，中華教育電影製片廠對租用、發售教育影片也根據實際情況收取一定費用。《中華教育電影

製片廠影片租用發售暫行辦法》規定，「影片租金，每本每日為一角五分，依行政院公佈之南京區生活指數計算，寄運費用（包括郵運保險各費）由承租人負擔，均先期交納。」「影片每本（四百英尺）售價為一百元。」「如欲繼續租用影片時，須於租用期滿前，以書面通知本廠，並隨繳租價，倘該片已有其他機關或學校租妥時，恕不續租，所繳之租價款退還。」「本廠得視承購租用機構之性質，按照原價酌予九至八折之優待。」〔註13〕

1947 年後，雖然南京國民政府希望通過官營教育電影來鞏固政治、文化上的獨裁統治，但由於其威信的下降和官方價值觀念體系的崩潰，教育電影所要弘揚的內容在邏輯上無法自圓其說，而民眾對政權的普遍不滿，又使得教育電影喪失了「教育」得以實施的精神前提——對政府及其統治的信賴和期待。在此背景下，此後該廠便再未出品任何教育電影，僅於 1948 年出品幻燈卷片《鐵扇公主》一部，為錢壽荃所繪，取材於萬氏兄弟所製動畫電影《鐵扇公主》，除片上字幕外另有說明書，放映時隨片宣讀。該片大意為西遊記中唐僧取經的一段故事，唐僧一行號召全體動員、齊心協力，擒住鐵扇公主的丈夫牛魔王，迫使鐵扇公主向眾人道歉並獻上寶扇，終為民眾解除了痛苦，寓意為戰後應各界合力，共同建設美好的社會和國家，片末附有標題一則：「有錢出錢，有力出力；建設國家，促進和平。」〔註14〕1949 年，該廠遷往臺灣。

綜上所述，作為近代中國第一個專門從事教育影片生產的官營製片機構，中華教育電影製片廠在紛亂的近代中國電影業中脫穎而出，承擔起自製國產教育電影的重任。儘管出品數量不多，但它開創了國內成立專門教育電影製片機構以自製國產教育電影的先河，具有較大的意義和影響。

首先，它規定了教育電影題材、內容、拍攝手法、畫面藝術要求、片型和片長等事項，並擁有一套十分規範的影片拍攝程序，為後續電影機構拍攝教育電影提供了良好的借鑒。中華教育電影製片廠具有一套創作規範、標準化的生產和管理程序，並將教育電影根據不同的使用對象分門別類，同時根據不同情況適當收費，這些舉措使得國內教育電影的管理和生產逐步走向專門化。在中華教育電影製片廠的影響下，南京國民政府農業部成立了中國農業教育電影製片廠，該廠成立不久便遷往臺灣，50 年代初攝製了《畜牧生產

〔註13〕中華教育電影製片廠影片租用發售暫行辦法〔J〕，影音，1948（7-4）：8。
〔註14〕中華教育電影製片廠最新出品靜映卷片：鐵扇公主〔J〕，影音，1948（7-5）：1。

在臺灣》、《你家裏有個賊》、《中國工業之一瞥》、《臺糖生產》、《耕者有其田》等教育影片，上述影片在類型選擇、拍攝上均深受中華教育電影製片廠的影響。

其次，由於南京國民政府的支持和保護，中華教育電影製片廠在抗戰時期紛亂的社會環境中仍能自製教育電影，事實上為政府成功介入教育電影拍攝積累了經驗。中華教育電影製片廠除了大力攝製教育電影外，還通過與大學合作的方式，實現廠校聯合，將社會各方教育電影攝製力量集合起來。當時國內教育電影攝製機構主要為中華教育電影製片廠和金陵大學，中華教育電影製片廠廠長李清悚常親自考察金陵大學教育電影攝製情況，以互通有無。1941 年，國立社會教育學院電化教育專修科主任戴公亮帶領學生參觀中華教育電影製片廠。1943 年，教育部為便於延請上課教師和學生實習，將該科遷往中華教育電影製片廠駐地，並聘廠長李清悚為主任，先後延請廠內的史東山、鄭君里、陳白塵、張駿祥、葉淺予、廖冰兄、戴愛蓮等人擔任教師。這種合作模式影響了遷臺後的中華教育電影製片廠，如 1958 年，中華教育電影製片廠歸併入臺灣藝術專科學校，專供學生實習之用。

總之，中華教育電影廠拍攝的教育電影規格標準、質量較好，故備受歡迎，成為抗戰時期國內教育電影生產的主要基地，為學校和社會教育機關推廣電化教育作出了突出的貢獻。

二、中國農業教育電影製片廠的建立及影響

1934 年，原河南、湖北、安徽、江西四省的農民銀行合組為中國農民銀行，次年南京國民政府宣佈中國農民銀行為國家銀行之一，繼中央銀行、中國銀行、交通銀行之後發行「法幣」。1942 年，南京國民政府將鈔票發行權集中於中央銀行，中國農民銀行遂停止發行鈔票，但仍為一家大型的國家壟斷銀行，孔祥熙任董事長。

抗戰期間，陳果夫曾在重慶創辦中國電影公司，但該公司並未開展任何工作。當時陳果夫在重慶、成都、桂林、昆明等地開辦大華企業公司、中國工礦建設公司、華西墾殖公司等多家企業，為中國農民銀行積累了不少資金。1945 年國民政府還都後，陳果夫接替孔祥熙出任中國農民銀行董事長，上任伊始即動用中國農民銀行等處的資金約 200 萬元美金，將中國電影公司改組

為中國農業教育電影製片廠，〔註15〕並自任董事長，中國農業教育電影製片廠名義上歸屬國民政府農業部。

中國農業教育電影製片廠成立後派著名電影攝影技術專家顏鶴鳴赴美國採購電影設備，顏鶴鳴回憶道：「1945 年，陳立夫和陳果夫從重慶回南京，要辦中國農業教育電影製片廠，派了人到上海請我到南京去，要我去美國購買電影攝影機器、設備、需要的器材，幫他們建電影廠。我提的條件是只管技術，不管錢。」〔註16〕顏鶴鳴到美國後，製造商紛紛向他推薦各自的攝影與電影設備，使他難以選擇，幸而華僑攝影師黃宗霑給予了及時的幫助。在黃宗霑的協助下，顏鶴鳴觀摩了好萊塢各電影公司的彩色電影拍攝，參觀了洗印車間和電影機械製造廠，在此基礎上他採購了安斯柯（Ansco）的 16 毫米彩色影片設備以及拍攝使用的碳精燈、感光洗印的全套器材和藥粉，順利地完成採購任務。

此後，一批著名的電影工作者也加入了中國農業教育電影製片廠，公司不吝出資為其出國研修提供方便。例如，1946 年著名動畫片編導萬超塵加入中國農業教育電影製片廠，廠方派他前往美國考察動畫技術，在美國一年半的時間內，萬超塵對美國影視新技術、新設備以及製片管理等方面作了全面的考察研究，收穫頗豐。同年，中國農業教育電影製片廠經過一定考察後，決定選派徐州民眾教育館館長趙光濤赴美國學習農業教育電影業務，條件是學習一年回國後到該廠服務兩年。1947 年後，中國農業教育電影製片廠聘用顏鶴鳴之子顏照銘任廠內高級工程師。

中國農業教育電影製片廠將自身定位為一個製作動畫片、故事片等多片種的教育電影公司，但創辦時正值內戰爆發，由於創辦人無暇顧及且公司培養的技術人員尚未歸國等原因，解放前它僅拍攝了兩部教育電影。第一部係1948 年與阿克法（Agfa）影片顏料公司合作拍攝，當時阿克法影片顏料公司總經理吳性栽欲投資十萬美金將梅蘭芳主演的京劇《生死恨》拍成電影，並邀請顏鶴鳴利用中國農業教育電影製片廠新購電影設備試拍、試錄，「可惜，當時上海所有電影院用的都是 35 毫米放映機，因而需把音形雙片送美國安斯哥（即安斯柯——筆者注）電影製片廠擴放成 35 毫米單片有聲拷貝，每

〔註15〕楊力、高廣元，中國科教電影發展史〔M〕，上海：復旦大學出版社，2010：19。

〔註16〕陳智，中國第一部獲國際獎電影——農人之春逸史〔M〕，北京：中國國際文化出版社，2009：155。

部拷貝花了 5 萬美元，3 個月寄回上海，卻因美國錄音技術偏重低音，花旦唱腔走了調，本應桃紅色的花旦臉也變成了肉色，大失所望。」〔註17〕另一部係中國農業教育電影製片廠派出人員趙光濤歸國後與衛生部合作拍攝，但影片具體名稱及拍攝情況不詳。儘管如此，中國農業教育電影製片廠對近代中國教育電影事業及電化教育學的發展仍發揮了一定的作用。一方面，它繼中華教育電影製片廠之後，繼續探索教育電影攝製的路徑，增強了 20 世紀 40 年代國內教育電影攝製的力量，為教育電影的發展作出了貢獻。另一方面，它培養了國內教育電影的後起之秀；例如，中國農業教育電影製片廠派遣顏鶴鳴赴美考察，在美期間顏鶴鳴參加了各種電影專業活動，還加入了美國電影工程師協會，他回國後為該廠攝製了中國第一部彩色影片《生死恨》；再如，趙光濤赴美後先後在哥倫比亞大學師範學院、俄亥俄州立大學學習，參觀美國、加拿大各大電影公司和設備製造廠，1948 年 3 月回國後任中國農業教育電影製片廠業務部主任，撰寫了若干農業教育電影劇本並參與攝製衛生教育影片。

三、中央廣播電臺及各省電臺教育播音事業的拓展

　　中央廣播電臺作為全國教育播音的首腦，從 1936 年起向中學及民眾教育館播送教育播音，定在每週一、三、五、日之對民眾講演及週二、四、六三次對中等學校學生講演。以 1936 年 4～5 月間的演講為例，1936 年 4 月 27 日，向民教館播講我國國防問題，時間下午六點到六點半〔註18〕；4 月 29 日，向民教館播講我國僑務問題，時間下午六點到六點半〔註19〕；5 月 4 日，向民教館播講我國邊疆問題，時間下午六點到六點半〔註20〕；5 月 9 日，向中等學校播講體育課，時間下午四點到四點半〔註21〕；5 月 17 日，向民教機構播講牛瘟，時間下午六點到六點半〔註22〕；5 月 21 日，向中等學校播講直軍科（軍訓課——筆者注）講演，時間下午四點半到五點〔註23〕；5 月 25

〔註17〕蘇州市地方志編纂委員會辦公室編，蘇州史志資料選輯〔M〕，蘇州：《蘇州史志資料選輯》編輯部，2003：83。
〔註18〕教育部今日教育播音節目〔N〕，申報第三張，1936-4-27，（11）。
〔註19〕教育部今日教育播音節目〔N〕，申報第四張，1936-4-29，（13）。
〔註20〕教育部今日教育播音節目〔N〕，申報第四張，1936-5-4，（14）。
〔註21〕教育部今日教育播音節目〔N〕，申報第四張，1936-5-9，（15）。
〔註22〕教育部今日教育播音節目〔N〕，申報第四張，1936-5-17，（15）。
〔註23〕教育部今日教育播音節目〔N〕，申報第四張，1936-5-21，（14）。

日，向中等學校播講青年擇業之指導，時間下午四點半到五點﹝註24﹞。播講的內容集中於學校和社會，播放時間多集中在學校課餘時間和農閒時間，固定科目設有專門講師演講。這種形勢在抗戰全面爆發後仍繼續維持，從 1937 年 2 月起，「教育部為儘量利用播音機會，輔助民眾補習教育起見，下學期除原定每星期一、三、五、日之對民眾講演及星期二、四、六三次之對中等學校學生講演仍繼續播送，並加強名人學者撰稿，充實講演內容。」﹝註25﹞各地教育局、民教館也積極轉播中央廣播電臺節目，如 1937 年 2 月，河北省教育廳奉教育部令推行電化教育，「昨特令通飭各縣教局及民眾教育館，著手每日下午四時十分至四時三十分，播送中央電臺民眾教育課本節目，並勸導不識字之民眾往聽云。」﹝註26﹞

表 4-3　1946 年中央廣播電臺播音節目表

時間	節　　目	時間	節　　目
7：00	國歌，預告上午節目、健身操	18：15	兒童節目
7：15	國樂	18：30	平劇
7：30	固定片、新聞	19：00	新聞
7：45	軍樂	19：15	西洋舞曲
8：00	早晨的話（星期一、三、五、日）、科學叢談（星期二、四、六）	19：30	時事或學術座談(星期一)、史地掌故(星期二)、文摘介紹（星期三）、各地通訊（星期四）、青年講座（星期五）、一周大事（星期六）
8：15	西洋歌曲	20：00	教育講話（星期一、三、五）、名人演講（星期二、四、六）
8：30	報時、休息	20：15	西樂
12：00	固定片、預告片、中午節目、平劇、衛生常識	21：00	固定片、簡明新聞、時評（本處各臺轉播）
12：30	新聞	21：30	音樂演奏會（星期一、三）、平劇（星期二、五、日）、西洋舞曲（星期四、六）、對時
12：45	西樂、商業談話	22：00	英語新聞（由國際臺播出，本處各臺轉播）

﹝註24﹞ 教育部今日教育播音節目﹝N﹞，申報第四張，1936-5-25，（15）。
﹝註25﹞ 教部擴充教育播音節目﹝N﹞，申報第五張，1937-1-17，（17）。
﹝註26﹞ 冀教廳舉行電化教育﹝N﹞，益世報第一張，1937-2-9，（6）。

13：25	自由談	22：15	預告次日節目、國樂、報時
13：30	對時、休息	22：30	紀錄新聞
17：30	固定片、預告當晚節目、國樂	23：30	國歌、停播
18：00	新聞		

資料來源：中央廣播電臺 XGOA〔J〕，廣播周報，1946（17）：1～2。

　　由表 4-3 可見，較之 20 世紀 30 年代，此期中央廣播電臺具有如下特點：（1）播放時間大大延長。20 世紀 30 年代，由於頻率等原因的限制，中央廣播電臺只能在下午播放 1～2 小時的節目，而此期已經可以做到全天從早上七點到晚上十點半無間斷的播放。（2）收聽對象的擴充。20 世紀 30 年代，中央廣播電臺的節目僅僅針對民眾教育館和中等學校兩類機構，受眾通常為來民眾教育館受教的農民和中等學校的中學生兩類，而此期收聽人群大大擴展，單從節目來看，「英語新聞」、「西洋舞曲」和「時事或學術座談」主要面向知識分子；「衛生常識」、「平劇」主要面對普通民眾；「商業談話」主要面向商業人士；「兒童節目」主要面向兒童群體；「青年講座」、「名人演講」、「教育講話」主要面向中學生等。

　　20 世紀 30 年代，國內的廣播電臺幾乎都設立在江蘇、上海一帶，如中央廣播電臺即設於南京；40 年代後各地廣播電臺的設立已較為完善，以 1942 年為例，全國共有 10 個廣播電臺，大部分電臺位於西部地區。

表 4-4　1942 年全國廣播電臺一覽表

臺　名	呼　號	頻　率
中央廣播電臺	XGOA	1200KC,3720KC
中央廣播事業管理處廣播電臺	XGOY	25.1M,19.75M
昆明廣播電臺	XPRA	690KC
陝西廣播電臺	XKPA	950KC,10.000KC
甘肅廣播電臺	XMRA	1400KC
成都廣播電臺	XGOG	540KC
廣西廣播電臺	XGOE	650KC
湖南省無線電總臺廣播電臺	XGOH	6090KC,1400KC
湖南廣播電臺	XLPA	920KC
貴州廣播電臺	XPSA	8484KC

資料來源：區永詳，美國南加利福利亞州州立大學電影學系學程介紹〔J〕，電影與播音，1942（1～5）：21。

　　1946 年抗戰勝利復員後，由於西遷時留下了廣播電臺和接收了敵僞的原廣播電臺，全國廣播電臺電臺數目大大增加，強弱格局也有了較大的變化，原敵佔區廣播電臺又重新成爲了全國電臺的核心。據政府有關部門陳述，接收工作與復員工作積極開展，或同時並行，或分途推進，先將原有各臺迅速恢復，並加以整編。如西安電臺撤銷，歸併於陝西電臺；福建電臺仍遷回福州；湖南電臺仍遷回長沙；流動電臺撤銷，歸併於浙江電臺；又另設江西廣播電臺。接收之各臺，最先接收者爲南京廣播電臺，即以之爲起點，每年接收電臺的具體情況爲：1945 年 5 月 5 日，國民政府正式還都後，即將南京廣播電臺改爲中央廣播電臺，1945 年接收者，除南京外，計尚有北平、天津、河北、唐山、石家莊、青島、河南、上海、徐州、江蘇、浙江、漢口、廣州、廈門、臺灣、臺中、臺南、花蓮、嘉義等 19 臺；1946 年接收者計有山西、運城、大同、歸綏、包頭、山東、瀋陽、錦州、長春、安東、鞍山、撫順、吉林、本溪、營口、張家口等 16 臺；最後接收者計有臺東、察哈爾、承德各 3 臺，總計 39 臺；或取消歸併，或加以整理，更改臺名，連原有及新設者共有 41 臺。〔註27〕主要電臺接收情況爲：上海臺由京滬區廣播電臺接收專員葉桂馨於 1945 年 9 月中旬到上海後接收；臺灣廣播電臺由接收員林忠領導下於 1945 年 11 月接收；平津電臺於 1945 年由專員念祖帶領下接收；漢口電臺由中央宣傳部特派員王亞明、湖北教育廳廳長錢雲南、中央宣傳部接收專員魏紹徵、中央廣播事業管理處接收專員何柏身等人於 1945 年接收；廈門電臺由福建臺工務股主任黃緣炘於 1945 年接收；太原臺由趙希聖於 1946 年接收；濟南臺由畢庶琦於 1946 年接收；蘇州臺由江蘇省政府省黨部宣傳處、京津區接收專員葉桂馨接收，改名爲江蘇省無線電臺。〔註28〕

　　據《廣播周報》載，截至 1946 年 12 月 15 日，全國廣播電臺列有播音節目表的共有中央廣播電臺、上海廣播電臺、江蘇廣播電臺、徐州廣播電臺、浙江廣播電臺、北平廣播電臺、天津廣播電臺、河北廣播電臺、唐山廣播電臺、石家莊廣播電臺、山東廣播電臺、青島廣播電臺、河南廣播電臺、益世電臺（民營）等臺。1946 年 12 月 22 日，播音的有中央廣播電臺、上海廣播

〔註27〕廣播事業〔M〕，南京：行政院新聞局，1947：2。
〔註28〕勝利聲中的敵僞廣播接收工作〔J〕，廣播周報，1946（2）：13～14。

電臺、江蘇廣播電臺、北平廣播電臺、長春廣播電臺、瀋陽廣播電臺、吉林廣播電臺、錦州廣播電臺、臺灣廣播電臺、廣州廣播電臺、福建廣播電臺、廈門廣播電臺、漢口廣播電臺、湖南廣播電臺、江西廣播電臺、益世電臺（民營）。可見，除了中央廣播電臺、江蘇廣播電臺和上海廣播電臺經常性播音外，地方電臺處於輪流播音的狀態。接收後各電臺的頻率爲：1946 年，上海廣播電臺 900 千周，江蘇廣播電臺 XOPA1330 千周，北平廣播電臺 XRRA 第一廣播部分 640 千周、第二廣播部分 950 千周，長春廣播電臺 XQRA560 千周，吉林廣播電臺 XQDK725 千周，錦州廣播電臺 XQDC950 千周，西康廣播電臺呼號爲 XRSA，用的是短波廣播，波長 37 公尺、周率爲 8110 千周。鑒於電臺頻率多寡、地域差異可能影響到播音節目的數量和種類，下面特選取其中頻率和地域差異較大的長春廣播電臺、北平廣播電臺、江蘇廣播電臺爲例進行考察。

表 4-5　1946 年長春廣播電臺播音節目表

時間	節　　　目	時間	節　　　目
7：00	國歌，預報節目、音樂	19：05	西樂（星期一）、娛樂（星期二）、合唱（星期三）、播音劇（星期四）、樂器獨奏（星期五）、歌曲（星期六）、黨部宣傳節目（星期日）
7：30	對時、固定片、新聞、清晨音樂	19：30	名人演講（星期二）、教育講演（星期四）、科學演講（星期六）、時論介紹（星期三、五）
8：00	古今叢談	19：45	平劇（星期二、五）、相聲（星期三、六）、大鼓（星期四、日）
8：30	休息	20：00	公民常識（星期一）、藝術講話（星期二）、商業常識（星期三）、工業常識（星期四）、農業常識（星期五）、文摘介紹（星期六）、名人傳略（星期日）
11：50	音樂	20：15	西樂（星期一、三、五、日）、國樂（星期二、四、六）
12：00	對時、固定片、新聞	20：30	新聞、時事解說（轉播舊金山）
12：20	大鼓（星期一、五）、歌曲（星期二、六）、平劇（星期三）、相聲（星期四）	21：00	簡明新聞、時評（轉播中央臺）

時間	節　　目	時間	節　　目
12：40	午間漫談、經濟知識（星期一）、學術講話（星期二）、現代史話（星期三）、政治常識（星期四）、國際論壇（星期五）、當代文獻（星期六）	21：30	音樂
13：00	休息	21：40	本市新聞、通告、預告、次日節目
17：30	英文講座（星期一至六）、音樂（星期日）	22：00	英語新聞（轉播國際臺）
18：00	固定片、新聞、通告、預報夜間節目	22：15	固定片、新聞、國歌
18：30	對時、兒童節目、趣味講話（星期一）、歌詠（星期二）、名人軼事（星期三）、兒童知識（星期四）、遊藝會（星期五）、故事（星期六）、兒童劇（星期日）	22：30	停播
18:50	衛生講座（星期一、五）、家庭講座（星期二、六）、史地講座（星期三）、時事論壇（星期四）、一周大事記（星期日）		

資料來源：長春廣播電臺 XQRA〔J〕，廣播周報，1946（17）：8-9。

表 4-6　1946 年北平廣播電臺（第一廣播部分）節目表

時間	節　　目	時間	節　　目
7：30	國歌，預告本日節目	20：20	轉播舊金山電臺對華節目
7：35	早晨的話	20：30	名曲介紹或音樂欣賞
7：38	健身操	20：50	特論介紹及國樂
7：50	初級國文講授	21：00	簡明新聞、時評（轉播中央臺）
8：10	初級英語講授	21：30	預告次日節目
8：30	休息	21：35	音樂及箴言選輯
19：00	開始唱片、報時、預告、當晚節目	21：45	國語新聞
19：05	講座：科學（星期一）、衛生、史地（星期二）、藝術、婦女（星期四）、國學（星期五）、教育（星期日）、對東北廣播（星期三、六）	22：00	英語新聞（廣播國際臺）
19：30	國樂（星期一、五）、西樂（星期二、四、日）雜曲（星期三由天津臺轉播星期六本臺）	22：15	平劇（每週三次轉播本市戲院）、總理紀念歌後停播
20：00	講演		

資料來源：北平廣播電臺 XRRA〔J〕，廣播周報，1946（17）：6-7。

表 4-7　1946 年北平廣播電臺（第二廣播部分）節目表

時間	節　　目	時間	節　　目
8：30	開始前奏曲，預告本日節目	15：00	國樂及預告本日下午第一、二廣播部分節目
8：35	早晨的話	15：10	平劇
8：40	音樂	15：50	兒童故事（星期一至六）、西樂（星期日）
9：20	主婦時間（星期一、四、日）、商業常識（星期二、五）、農業知識（星期三、六）	16：30	英語節目
9：30	單弦	17：30	兒童時間（星期一、三、五）、政令傳佈（星期二）、青年時間（星期四）、演講（星期六）、一周大事述要（星期日）
10：10	平劇（星期一、三、五、日），談書（二、四、六）	18：45	國樂、話劇、歌曲
10：40	國樂、新聞類述（聯播）	19：45	西樂
11：00	小說演述	19：50	新生活運動（星期一）、各地風光（星期二）、科學知識（星期三）、書報選讀（星期四）、名人傳記（星期五）、音樂介紹（星期六）、地理常識（星期日）
11：40	西樂	20：00	報時（聯播）、高級英語講授（星期一至六）、哲教講座（星期日）
11：50	公民常識（星期一）、工業常識（星期二）、歷史常識（星期三）、藝術講座（星期四）、衛生常識（星期五）、無線電常識（星期六）、季節講話（星期日）、報時（聯播）	20：30	軍樂、國內外新聞及本市新聞
12：00	學校通訊及兒童新聞	20：50	商情、氣象及報告次日中央臺
12：10	市民服務時間（星期一、二、四、五、六）、民眾意見箱（星期三）	21：30 ～ 22：20	雜曲、晚間的、平劇，如遇名劇臨時轉播各戲院平劇或話劇
12：20	話劇、平劇、歌曲、西樂、雜曲	23：00	消息及總理紀念歌後停播
13：00	休息（或本臺時間）		

資料來源：北平廣播電臺 XRRA〔J〕，廣播周報，1946（17）：6-7。

表 4-8　1946 年江蘇廣播電臺節目表

時間	節　　目	時間	節　　目
13：00	鐘聲、國歌，預報本日節目、音樂	18：30	鐘聲。預報當晚節目、音樂
13：15	地方商情	18：45	滬經濟西文及商情報告（轉播上海臺）（星期日改放西樂）
13：30	平劇	19：15	平劇
14：00	演講或文摘介紹	19：45	國父遺教（星期一）、領袖言行（星期二）、國際知識（星期三）、學術講座（星期四）、藝術講談（星期五）、青年講談（星期六）、時事述評（星期日）
14：20	粵曲（星期一、四），大鼓（星期三）、雜曲（星期三、五）、蘇揚曲（星期六）	20：00	西洋音樂
14：50	工商業講話（星期一、三、五）、各地見聞（星期二、四、六）	20：25	固定片、紀錄新聞（省會政令政情、黨國近訊、政訓、青年輔導）
15：05	歌詠	21：00	簡明新聞、時評（轉播中央臺）
15：30	科學雜談（星期一）、省會交通消息（星期二）、衛生常識（星期三）、無線電常識（星期四）、兒童節目（星期五）、農業講談（星期六）、總裁新運演講片（星期日）	21：30	音樂演奏（星期一、星期三）、西洋舞曲（星期四、星期六）、平劇（星期二、五、日）
15：45	家庭講談（星期一、三、五），婦女節日（星期二、四、六），彈詞（星期日）	22：00	英語新聞（轉播國際臺）
16：00	西洋音樂	22：15	固定片、預報明日節目、音樂
16：30	固定片、對時、鐘聲、休息	22：30	總理紀念歌、報時、鐘聲、停播

資料來源：江蘇廣播電臺 XOPA〔J〕，廣播周報，1946（17）：5～6。

　　比較表 4-5、表 4-6、表 4-7、表 4-8 可知：（1）全國各電臺頻率中短波段為主，但南北有差別。上海廣播電臺 900 千周，江蘇廣播電臺為 1330 千周，北平廣播電臺為 640 千周、950 千周，長春廣播電臺為 560 千周，其餘如吉林廣播電臺為 725 千周，錦州廣播電臺為 950 千周，西康廣播電臺用的是短波廣播，波長 37 公尺、周率為 8110 千周。可見，南方地區如江蘇、上

海頻率較爲接近，東北地區如北平、吉林、長春等較爲接近，而西康地區由於地域的特殊性，其頻率與上述兩者高出不少。無線電臺的頻率代表無線電波的週期性，頻率越高，波長越短，頻率越低，波長越長。短波電臺具有功率較小的特點，適合在高原地區使用，而長波電臺具有可調頻、信號穩定等優勢，則適合在大部分地區使用。（2）播音情況南北有差別。從節目數量上看，長春廣播電臺除去重複節目後共有節目約 73 種，北平廣播電臺除去重複節目後共有節目約 70 種，江蘇廣播電臺除去重複節目後約有節目 46 種。從播放時間上來看，長春廣播電臺播放時間約爲 7 小時，北平廣播電臺播放時間約爲 10 小時，江蘇廣播電臺播放時間約爲 9 個半小時，可見此期各電臺的播音節目數量和播放時間大致相當。但從節目內容來看，各電臺差異者較爲明顯，如長春廣播電臺側重於教育性，如「經濟知識」、「學術講話」、「現代史話」、「政治常識」、「國際論壇」、「當代文獻」、「英文講座」、「衛生講座」、「家庭講座」、「史地講座」、「名人演講」、「教育演講」、「科學演講」等均屬於教育類節目；北平廣播電臺更側重於休閒娛樂，如設置有「國樂」、「西樂」、「雜曲」、「名曲欣賞和音樂欣賞」、「特論介紹及國樂」、「音樂及箴言選集」等節目；江蘇廣播電臺則顯得二者兼重，另增加商業節目，如教育類節目有「演講或文摘介紹」、「科學雜談」、「無線電常識」、「衛生常識」、「農業講談」、「家庭講談」、「學術講座」、「青年講談」、「時事述評」，娛樂類節目有「平劇」、「粵曲」、「大鼓」、「雜曲」、「蘇揚曲」、「西洋音樂」、「音樂」、「固定片」，商業類節目有「工商業講話」、「滬經濟西文及商情報告」等。其餘如西康廣播電臺廣播的內容主要是聯播重慶中央電臺的英語節目，也自辦了新聞、講座、文娛節目。用普通話、四川話和藏語分別播送，新聞節目有西康新聞、寧夏通訊、時事述評，大多是採自西昌報紙如《新康報》、《寧遠報》以及康藏通訊社稿，講座有婦女、青年、兒童等，文娛節目方面除經常實況轉播西昌鈞天戲院（原址在今新市場北段川主廟）的演出外，還常邀請在西昌的四川川戲名角、雲南滇戲名角到臺演唱。〔註29〕

　　除此之外，個別省市教育廳局還設立了帶研究性質的電化教育機構，以便使研究和實踐事業協同進行。例如 1946 年天津市教育局發動各民眾教育館和相關教育團體成立「電化教育研究會」，入會會員繳納會費並享受多種權

〔註29〕史卓，記西康廣播電臺〔A〕//涼山彝族自治州文史資料選輯（第 3 輯）〔G〕，涼山彝族自治州委員會文史資料研究委員會，1985：90。

利，該會工作爲「研究特採座談會，出版刊物、廣播、放映新聞教育片等方式，現已由教局購得十六釐放映機一部，不久即選映各種有益影片放映招待市民，計劃中將組織巡迴放映隊分赴市郊各地義務放映。」〔註30〕

四、政府電化教育管理機構的建立及其管理工作的開展

早在 1936 年，教育部設立電影教育委員會和播音教育委員會，並於 1940 年 11 月將二者合併爲電化教育委員會，統籌各種電化教育工作，該委員會設委員 17～25 人，其中影音技術專家或教育專家 6～14 人，其餘爲相關行政部門和製片機構代表，主任由社會教育司司長擔任，秘書爲第三科科長。該委員會任務爲計劃全國電化教育推進推廣事業，設計及攝製教育影片和燈片，選購影片，編輯出版刊物，爲全國提供技術指導，規劃教育電影流通、示範推廣以及研究事項等。當年社會教育司設第三科主管電化教育，成爲中央教育行政機關設置電化教育行政機構之始。同年，教育部還在全國設立了巡迴施教區，並要求每個施教區須配備放映機和發電器各一臺，電影膠片由教育部供給，由省教育廳轉發各地巡迴放映。教育部頒佈的《各省市實施教育電影辦法》規定：（1）各省市教育廳局應於主管社會教育之科股，指定職員一人辦理電影教育行政事宜（得兼辦教育播音事宜），各省市應就全境劃定教育電影巡迴放映區，分區設置放映人員，辦理教育電影放映事宜；（2）教育電影巡迴放映區設置放映員一人，助理一人，由教育部任命，並按標準配備放映機、影片及相關器材；（3）教育電影巡迴放映員應於各縣市平均放映日期，每到達一縣市應會同縣市政府教育科局或省立中等以上學校、省立社教機關之主管人員，按照境內情況商定放映程序；（4）教育電影之放映以不收費爲原則；（5）各省市教育行政機關督促商業電影院設立「兒童電影日」，每日放映數場，並提供低價位；（6）各省市教育機構自製之教育電影應呈部審核。〔註31〕該辦法著重強調教育部在實施電化教育上的指導作用，但也給予地方教育行政機構以一定的自主權，並強調給予兒童電影教育更多的關注。在此基礎上，1941 年社會教育司頒佈《各省市教育廳局附設電化教育服務處組織通則》，通飭各省市一律設置電化教育服務處，統籌辦理各省市電化教育技術指導事宜，截至 1943 年 10 月底，除戰區省份外，已呈報設

〔註30〕津市教育局積極推行電化教育〔N〕，益世報，1946-10-13，（5）。
〔註31〕各省市實施電影教育辦法〔N〕，申報第四張，1936-8-24，（13）。

電化教育服務處者計有江西、湖南、陝西、青海、四川、廣西、西康、浙江、福建、甘肅、重慶、河南、湖北、廣東、雲南、貴州、安徽及寧夏等十八省市。

　　爲了進一步推進電化教育的實施，1944 年國民政府頒佈《電化教育實施要點》，首先規定中央和各省市的電化教育組織，一爲「電化教育輔導處」，主要負責學校電化教育和社會電化教育事宜，「各省市教育廳局應附設『電化教育輔導處』，辦理全省市電化教育實施機關及學校之輔導事宜，其組織規程另定之」〔註 32〕；二爲電化教育區，規定「各省市廳按照所劃行政督察區，劃定『省電化教育區』若干區，以便進行，其未劃分行政督察區者，得由省教育廳按照省區面積之大小，比照劃分行政督察區辦法劃分爲若干區，並呈報教育部備案。」〔註 33〕當然，電化教育區的設置並不是千篇一律的，特別在市級層面上可以根據實際情況決定是否設置，「各市（院轄市）應視市區大小酌劃『市電化教育區』若干區，各省市（省轄市）不另劃分。」〔註 34〕其次，《要點》規定電化教育的實施機構主要是電化教育巡迴工作隊，「各省市電化教育區各設『電化教育巡迴工作隊』一隊，分別在指定區域內巡迴實施電影播音及幻燈教育，由省市教育廳局設置管理，其組織通則另定之。前項省市電化教育巡迴工作隊，遇必要時，得交由本區內省市立民眾教育館代辦。」〔註 35〕在電化教育人才培養方面，《要點》堅持正規學校培養和短期培訓同時舉行的方針，「電化教育施教及技術人員，應由中央及省市分別設置電化教育專科學校及高級職業學校，並於社會教育學院、社會教育師範學校、社會教育師範科及高級工業職業學校中，分別設置電化教育及電影工程、無線電工程等科組培養之。」「各省市如缺乏電化教育工作人員，得舉辦電化教育工作人員短期訓練班，調集現在工作人員之技術較差者，或招考具有相當資曆人員受訓，受訓期滿後，分發任用，其訓練辦法另定之。」〔註 36〕

〔註 32〕 教育年鑒編纂委員會編，第二次中國教育年鑒（5）〔G〕，臺北：文海出版社，1986：1152。

〔註 33〕 教育年鑒編纂委員會編，第二次中國教育年鑒（5）〔G〕，臺北：文海出版社，1986：1152。

〔註 34〕 教育年鑒編纂委員會編，第二次中國教育年鑒（5）〔G〕，臺北：文海出版社，1986：1152。

〔註 35〕 教育年鑒編纂委員會編，第二次中國教育年鑒（5）〔G〕，臺北：文海出版社，1986：1152。

〔註 36〕 教育年鑒編纂委員會編，第二次中國教育年鑒（5）〔G〕，臺北：文海出版社，1986：1152。

再次，《要點》規定了電化教育實施和獎勵優秀個人團體細則。實施細則方面，如「各省市得設置『教育廣播電臺』實施教育播音，並轉播中央廣播電臺節目，各省市得由縣市立民眾教育館設立小型播音臺，以轉播中央及省市節目，並自行實施播音，以完成全國教育播音網。」「省市立民眾教育館應設置收音機，公開收聽教育播音，其經費充裕者並應舉辦電影及幻燈教育。」「各省市圖書館、體育場、科學館及其他社會教育施教機關團體，均應斟酌情形，實施電化教育。」「縣市立圖書館，應設置收音機，公開收聽教育播音。」「公私立中等學校（包括中學師範及職業學校）及師範學院，均應設置收音機，公開收聽教育播音，協助教育實施。」〔註37〕獎勵個人團體細則方面，如「各機關學校或團體自行攝製之影片及燈片，應送經教育部審定後，方得公開放映。」「各電化教育施教機關（包括各級學校，社會教育機關，電化教育巡迴工作隊，廣播電臺，教育電影院或電化教育館，營業電影院及其他類似組織）辦理電影播音或幻燈教育著有成績者，應向主管教育行政機關，於每年年度終了時，查明事實報請教育部予以獎勵，其獎勵辦法另定之。」「各省市教育廳局，應於年度終了後，將電化教育實施情形，列入省市年度工作報告內，呈報教育部備查，並列為各該省市教育行政考成績目之一。」「凡對於電化教育教材教具之發明創造，於學術上或技術上有相當貢獻及攝製影燈片特優者，得由教育部酌予獎勵，其獎勵辦法另定之。」〔註38〕

　　1944年10月，教育部認為「電化教育服務處」中「服務」二字的意義並不完善，遂將《各省市教育廳局附設電化教育服務處組織通則》廢止，另訂《各省市教育廳局電化教育輔導處組織規程》，並通令各省市教育廳局將原「電化教育服務處」更名為「電化教育輔導處」，下設電影、播音及總務三組，每組設組長一人，該處主要負責電化教育機件的維修、分配、電化教育人才的培養，具體內容為「關於電化教育之研究設計事項、關於電化教育機件之設計製造裝配及修理等事項、關於電化教育器材之購置及分發配送事項、關於教育影片燈片之收發流通事項、關於電化教育工作隊及各實施電化教育學校機關團體之技術輔導事項、關於電化教育人員之進修輔導事項、關於本處放映影片燈片及收音播音等示範施教事項、關於計劃籌辦教育廣播電

〔註37〕教育年鑑編纂委員會編，第二次中國教育年鑑（5）〔G〕，臺北：文海出版社，1986：1152。
〔註38〕教育年鑑編纂委員會編，第二次中國教育年鑑（5）〔G〕，臺北：文海出版社，1986：1152。

臺或實施教育播音事項、關於電化教育人員之訓練事項、其他關於電化教育輔導事項。」〔註39〕電化教育輔導處負責電化教育的輔導，還應與電化教育巡迴工作隊協調工作。爲了進一步鞏固各地電化教育工作，1945 年教育部訂立「電化教育五年計劃」，並擬定於次年執行。據載，由於時任教育部社會教育司司長黃如今深知教育部財政的緊張，故於當年即著手籌備無線電及電影器材。〔註40〕

　　1936 年電影教育委員會成立後，積極攝製教育電影，推進各省市教育電影放映，因戰爭的影響，截至 1939 年委員會並未完成「教育電影六年計劃」〔註41〕，但到同年底，全國教育電影巡迴施教區已達到 134 區。委員會一方面大量攝製並購置教育影片，其中包括委託香港銀光公司及柯達公司複印《抗戰第三輯》、《抗戰第五輯》等影片多種，另一方面派員參加西南邊疆教育考察團，前往貴陽、畢節、咸寧、昭通、昆明、大理及蒙自一帶攝製地理風俗及生產教育影片。〔註42〕以貴州省爲例，該省教育電影巡迴施教區定爲東、南、西、北、中五區，1936 年先由中、西、北三區著手辦理，1937 年推行至東、南兩區。〔註43〕另全國各電臺自 1936 年 4 月 20 日起，除星期日外，每天下午八點到九點零五分，一律轉播中央簡明新聞、時事述評、名人講演、學術演講、話劇、音樂等六項節目。〔註44〕1936 年 12 月 15 日起，各電臺節目改由中央審查指導，原由上海交通部電報局、上海市社會局、教育局會同辦理之各電臺節目審查事宜即被叫停，爲此上海播音界人士爲推舉新的中央審查員而頗起爭執。此外，教育部還積極鼓勵各省市自製教育電影，並對其卓有成效者進行嘉獎。1939 年，福建省成立電化教育委員會，並致力於製作有助於改良風俗的教育電影劇本，〔註45〕當年教育部調查各省自製教育影片，發現福建省教育廳所備數量最多，計 88 種，其中該廳自行攝製者達 57

〔註39〕教育年鑒編纂委員會編，第二次中國教育年鑒（6）〔G〕，臺北：文海出版社，1986：1472。
〔註40〕電化教育五年計劃〔N〕，申報，1945-12-18，（4）。
〔註41〕該計劃於電影教育委員會成立之初制定，規定自 1936 年起，於六年之內，在國內完成每一縣市成立一電影教育巡迴施教區之願望，計 1936 年設立 80 區，1937 年 160 區，1938 年 400 區，1939 年、1940 兩年年各 450 區，1941 年 460 區。
〔註42〕教部積極推進各省市教育電影〔N〕，申報第五張，1939-6-30，（17）。
〔註43〕王燕來、谷韶軍主編，民國教育統計資料續編（24）〔G〕，北京：國家圖書館出版社，2012：566。
〔註44〕全國各電臺每晚播中央臺節目〔N〕，申報第二張，1936-4-19，（6）。
〔註45〕閩電化教育委員會成立〔N〕，益世報第二張，1935-11-16，（6）。

種，內容包括該省政治、地理風景與抗戰動員等，遂公令嘉獎，並令其影片各備一份於部內，以便在全國推廣〔註 46〕。教育播音方面，以中央廣播電臺為首腦、連接全國的教育播音管理系統逐步形成。教育部設立電化教育輔導處、電化教育巡迴工作隊，其目的是為了提升中央對於地方電化教育的管理力度，同時也有助於提升地方電化教育機關的數量和質量。據教育部統計處擬定的「全國社會教育機關之機關數」估計，1942～1946 年間電化教育巡迴工作隊從無到有，開始遍佈全國各省市，以雲南省為例，1941 年 8～12 月間電化教育巡迴工作隊共放映電影 225 場次，觀覽人數 436190 人，另有輔助教育活動如幻燈片、講演、歌詠等；〔註 47〕電化教育輔導處方面，1943～1945 年間，全國共有 19 個省份成立電化教育輔導處或電化教育股，其中大多數由原省電化教育服務處改組而成。

表 4-9　1945 年各省市電化教育輔導機構一覽表

省市名	成立時間	名　稱	備　　註
青海	1943 年 12 月	電化教育輔導處	由電化教育服務處改組成立
雲南	1944 年 1 月	電化教育輔導處	由電化教育服務處改組成立
江西	1944 年 1 月	電化教育輔導處	由電化教育服務處改組成立
廣西	1944 年 1 月	電化教育輔導處	由電化教育服務處改組成立
甘肅	1944 年 1 月	電化教育輔導處	由電化教育服務處改組成立
四川	1944 年 2 月	電化教育輔導處	該省原已成立電化教育服務處，嗣裁併教育廳，本年 10 月遵教育部令另成立輔導處
寧夏	1944 年 3 月	電化教育輔導處	由電化教育服務處改組成立
陝西	1944 年 5 月	電化教育輔導處	由電化教育服務處改組成立
福建	成立年月不詳	電化教育輔導處	由電化教育服務處改組成立
浙江	1944 年 5 月	電化教育輔導處	由電化教育服務處改組成立
貴州	1944 年 5 月	電化教育股	原設電化教育服務處，近裁併教育廳，增設專股辦理
廣東	1944 年 5 月	電化教育股	原設電化教育服務處，近裁併教育廳，增設專股辦理

〔註 46〕教部嘉獎福建攝製教育電影〔N〕，申報第四張，1939-7-8，（14）。

〔註 47〕王燕來、谷韶軍主編，民國教育統計資料續編（24）〔G〕，北京：國家圖書館出版社，2012：659～660。

湖南	1944 年 5 月	電化教育股	原設電化教育服務處，近裁併教育廳，增設專門技術人員辦理
湖北	1944 年 5 月	電化教育股	原設電化教育服務處，近裁併教育廳，增設專門技術人員辦理
西康	1944 年 5 月	電化教育股	原設電化教育服務處，近裁併教育廳，增設專門技術人員辦理
安徽	1944 年 5 月	電化教育股	原設電化教育服務處，近裁併教育廳，增設專門技術人員辦理
重慶	1944 年 5 月	電化教育股	原設電化教育服務處，近裁併教育廳，增設專門技術人員辦理
河南	1944 年 5 月	電化教育股	原設電化教育服務處，近裁併教育廳，增設專門技術人員辦理
新疆	1944 年 12 月	電化教育輔導處	原設電化教育服務處，近裁併教育廳，增設專門技術人員辦理

資料來源：各省市電化教育服務機構一覽〔J〕，電影與播音，1945（4～5）：121。

個別省市電化教育巡迴工作隊由於工作成績良好，還積極與學校、社教機關取得聯繫，共享教育影片，如上海市電化教育巡迴工作隊，「本市教育局電化教育隊（即電化教育巡迴工作隊——筆者注），由美國上海新聞處供給教育及新聞影片，施行以來，頗著成效。該隊最近換得新片多種，如《愛護自然》、《全美運動大會》、《新幾內亞登陸戰》等，按照商定計劃輪流支配分赴各學校機關免費放映外，並擬擴充施教範圍，凡有容納一百人以上之空場或教室，裝有一千支光度之電錶，環境安全之社教機關、學校及醫院工廠等，均可到市教育局申請放映。」〔註48〕

由此可見，這一時期教育部為了加強電化教育管理，一方面確立中央電化教育行政管理體系，如設立電化教育服務處、電化教育輔導處、教育電影巡迴放映區、電化教育巡迴工作隊，另一方面積極鼓動地方教育行政的參與，如授權地方劃分電化教育區、配備放映員並商定具體放映辦法，總的來說，實施效果良好。

綜上所述，這一階段南京國民政府強化了電化教育管理措施，並對近代中國電化教育學的發展起了積極作用。一方面，政府電化教育管理措施的強化為電化教育學學科的發展創造了有益的大背景和整體環境。近代中國電化教育學的發展源於對電化教育的實踐探索，並始終與電化教育事業、電化教

〔註48〕電化教育隊擴充放映單位〔N〕，申報，1946-3-15，（4）。

育產業相輔相成。此期，南京國民政府強化電化教育管理措施，幾乎完成了從中央到地方的電化教育網，將電化教育完全納入政府事業範圍內，同時，還成立電影攝製機構從事專門教育電影拍攝，實現了電化教育從生產到銷售完整產業鏈的形成。這些舉措和措施使近代中國電化教育事業和電化教育產業初步形成，為近代中國電化教育學學科的成長提供了良好的土壤。另一方面，政府電化教育管理措施的強化對電化教育學學科提出更高的要求。隨著官營教育電影機構和各地電化教育管理機構的建立，全國各地對專業電化教育人才數量和質量的要求越來越高，這就要求大學電化教育系科培養更多不同層次的電化教育專業人才，從而促進了它們的發展。此外，當時官營教育電影攝影機構和各地電化教育管理機構所使用的電化設備與技術大多來自國外，這種狀況顯然不利於其工作的開展，為此上述機構需要大力加強對電化設備與技術的研究與實踐，以符合推廣電化教育的需要，這也對電化教育學的研究提出了更高的要求。例如，為了降低影片拍攝成本，中國農業教育電影製片廠電影技術專家顏鶴鳴研製成功「片上發音」的有聲電影錄音機「鶴鳴通」，並用它為該公司拍攝的影片《生死恨》錄音，此後他還運用自己研製的 16 毫米膠片拍攝影片《賢惠媳婦》、《歡喜冤家》，這是中國用彩色多層膠片拍攝電影的初步嘗試。官營電影攝製機構帶頭研製並使用自製的電影與錄音設備，用有限的資金拍攝出更多的影片，有助於電化教育的推廣，並對如何節約電化教育經費、提升電化技術等課題作了有益的探索。

第二節　大學電化教育學系科的發展及課程的豐富

這一階段大學已經基本完成西遷，並立足四川、貴州、重慶等地，根據其地理、民俗、文化環境積極辦學。國立社會教育學院和金陵大學依託當地的辦學資源和人脈，加強了電化教育系科及其課程建設；抗戰勝利復員後，江蘇省立教育學院根據實際情況重新開辦電化教育系科，其電化教育課程也與上一時期有較大不同。尤其值得關注的是，此期大學根據戰爭時期特殊的歷史環境調整自身的辦學理念，充分彰顯大學為社會服務的職能。

一、國立社會教育學院電化教育專修科及電化教育學系的設立與發展

1938 年，在國民參政會上教育部提出了各級教育的實施方案，其中包

含「設立培植社會教育人才專科學校」，獲得會議通過並委託政府試行。1939年行政院制訂的第二期戰時行政計劃中也含有「籌設國立社會教育學院，培養社會教育高級人才，訓練社會教育幹部人才」的內容。1941 年初，在教育部時任部長陳立夫主持下創立國立社會教育學院，並組織籌備委員會，任命陳禮江為主任委員。陳禮江大學畢業後留學美國研究教育學及教育心理學，獲碩士學位，回國後任江西教育廳廳長兼省黨部委員，後又受聘為中山大學教授，1932 年開始任江蘇省立教育學院教授，不久後兼任教務主任。在江蘇省立教育學院期間，他結合研究民眾教育的經驗寫成《民眾教育》一書，由商務印書館出版。1935 年王世杰任教育部長時，任命他為社會教育司長，在任期間他大力推行電化教育。1941 年，他被調任國立社會教育學院院長。經委員會多次商議，1942 年學院建於四川璧山，院址為原璧山縣立中學、璧山縣立女子中學及璧山縣立職業學校所在地。同年暑期，國立社會教育學院開始招生，最初設有社會教育行政、社會事業行政及圖書館博物館三系和電化教育、社會藝術教育兩專修科，一年級的新生總計兩百名，其中一部分由國立社會教育學院公開考核錄取，另一部分由各省市教育廳局保送錄取。後奉教育部令，將由上海遷至廣西的江蘇省立教育學院和由上海遷至貴州的大夏大學教育學院社會教育系二、三、四年級併入，國立社會教育學院方告定型。自 1943 年 2 月起，學院為使電化教育專修科學生實習便利起見，將電化教育專修科學生遷至北溫泉教育部中華教育電影製片廠附近，與該廠合作辦理。電化教育專修科分「電影教育組」與「播音教育組」兩組，據統計，截至 1944 年 8 月止，該科共畢業兩屆學生，1943 年第一屆畢業 27 人，1944 年第二屆畢業 13 人。〔註 49〕1944 年，學院奉教育部令增設國語教育專修科，而電化教育專修科則併入教育部新建的國立電化教育專科學校。教育部聘張北海為電化教育專科學校首任校長，校址暫設重慶北溫泉電化教育專修科原址，課程分「電影技術」、「播音技術」、「電教師資」、「電影輔導」、「電影化學工程」、「電影機械工程」、「電影美學」等，各科修業年均定為 2 年。1945 年 2 月，該校以中央實行緊縮政策，奉令暫行停辦，所有學生及財務等仍交由國立社會教育學院收回接辦，電化教育專修科則重新併入國立社會教育學院。

　　1942～1944 年間，國內對於社會教育人才的需求空前迫切，據相關統

〔註 49〕行政院新聞局，電化教育〔M〕，南京：行政院新聞局，1947：23。

計，1942 年全國所需此類人才兩千六百多人次。〔註50〕國立社會教育學院作為近代中國第一所國立的社會教育學院，與其他社會教育機構不同，它直接受到教育部的領導和監督，成為國內培養社會教育人才的重要基地。這一時期，國立社會教育學院電化教育專修科的電化教育學課程數量不斷增加、內容不斷更新。1946 年，國立社會教育學院遷至蘇州，電化教育學系成立，其電化教育課程更為豐富，其體系漸趨完善。

表 4-10　國立社會教育學院電化教育專修科課程設置一覽表

類　　別	課　程　學　分
全校專修科共同必修課	三民主義 4，倫理學 3，國文 6，英文 3，社會學 3，教育概論 4，社會教育 3，注音符號 1，普通音樂 1，講演術 2，體育 8-12。合計 26。
電化教育專修科共同必修課	電化教育 1，金工 1，電工概論 2，電影概論 2，電源 2，機械畫 1，傳聲工程概要 2，錄音術 2，無線電學 3，聲光學概要 2，畢業實習 2。合計 20。
播音教育組必修課程	無線電測量儀器 2，收音機修理術 3，收音技術 2，發射機原理 4，收音機設計與裝置 3，播音臺管理 1，播音教育實施法 1。合計 16。
電影教育組必修課程	電影器械學 2，電影放映術 2，攝影學 3，電影攝製 2，幻燈片攝製法 1，沖洗術 1，影片剪接 1，編劇（導）2，電影錄音 1，電影教育實施法 1。合計 16。
電化教育專修科選修課程	休閒教育 2，講演術 1，教材之收集及編輯 3，電影欣賞 1，社會心理 2，事物行政 2，聲音效果 1，中國風俗史 3。合計 15。

資料來源：國立社會教育學院，國立社會教育學院概況〔Z〕，國立社會教育學院，1948：43。

表 4-11　國立社會教育學院電化教育學系課程設置一覽表

類　別	課　程　及　學　分
全校共同必修課	三民主義 4，倫理學 3，國文 6，外國文 6，中國通史 6，社會學 3，經濟學 3（電教系可免修），理則學或哲學概論 3（電教系可免修），政治學 3（電教系可免修），教育概論 3，普通心理 3，教育心理學 3（電教系可免修），世界通史 6，社會教育概況 3，普通教學法 3，物理、化學、地理學、生物學合為 6，注音符號 2，普通音樂 2，講演術 2，體育 16。合計 64，部分課可為系必修課。
電化教育學系共同必修課	化學 6，機械大意 3，微積分 3，電化教育 2，應用電學 2，電源 2，無線電學 4，電工學 2，聲學 1，光電管 1，錄音術 2，傳聲工程 3，內燃機 2，金工 2，機械畫 1，畢業實習 4，畢業論文 2。合計 30，部分課可代全校必修課。

〔註50〕陳禮江，本院設立之旨趣即辦理方針〔J〕，教育與社會，1942（1-1）：8。

播音教育組必修課程	無線電收訊工程 5，無線電發訊工程 5，電子管學 1，天線及地線 1，無線電機修理學 9，無線電測量儀器 2，無線電傳影學 2，短波及超短波 1，播音術 1，播音臺管理 1，播音教育實施法 2。合計 30。
電影教育組必修課程	照相化學 2，攝影學 4，沖洗學 2，光學 2，色彩學 1，電影器械學 2，電影器械維修學 2，幻燈片攝製法 2，電影攝製學 3，電影放映術 2，有聲電影學 2，編劇 1，導演 1，布景 1，電影教育實施法 2，剪接術 1。合計 30。
電化教育學系選修課程	休閒教育 2，電影戲劇研究 2，化妝術 2，教材之收集及編輯 3，中國風俗史 3，素描 2，聲音效果 1，電影欣賞 1。合計 16。

資料來源：國立社會教育學院，國立社會教育學院概況〔Z〕，國立社會教育學院，
　　　　　1948：31～36。

由此可見，除選修課程大致相同外，其他類型的課程在數量和學分上均有大幅度的上升。綜觀前後兩組課程，可歸納如下特點：

1. **注重夯實學生基礎**。專修科時期全校共同必修課學分就占 26 學分，電化教育專修科共同必修課占 20 學分，二者共約占總學分數的三分之二。電化教育學系時期，全校共同必修課學分數大幅度提升，計 64 學分，電教系共同必修課 30 學分，二者共約占總學分數的四分之三。可見，兩個時期相比對於學科基礎課程的要求越來越高。

2. **切合社會教育的特點**。學院課程處處體現強化學生社會教育施教能力的特點。電化教育專修科時期，全校專修科共同必修課開設了「講演術」，旨在培養學生從事播音教育和電影教育講解的技巧，「注音符號」主要提供識字教學時的教學內容，「體育」課程也佔據了較多的學分；電化教育專修科共同必修課中「電源」課程旨在應對巡迴放映時經常出現的電源問題；在分組必修課程中，考慮到學生可能要應對社會教育過程中的多變情況，內容從前臺到後臺均有涉及，課程名稱也顯得十分新穎，如「播音臺管理」、「播音教育實施法」等，選修課程儘管學分不多，但種類豐富，涉及休閒、社會學、人類學、行政學等諸多學科。電化教育學系時期，課程設置的自主性和多樣性更大，對學生社會教育施教能力的關注度更高，如全校共同必修課中電化教育學系可免修四門，電化教育學系共同必修課中增加了「電化教育」、「畢業實習」的學分數。

3. **強調基礎理論和媒體技術的掌握**。電化教育專修科偏重實踐，電化教育學系本科階段雖理論與實踐並重，但其注重實用價值的趨向反而有增無減。較之電化教育專修科時期，電化教育學系共同必修課雖多了「化學」、「微

積分」等理論課程，兩課程的學分較高，共 9 學分，但同時也增加了許多技術類課程，如「應用電學」、「光電管」、「錄音術」、「內燃機」，這類課程學分雖不多，但種類繁多，許多課程與金陵大學開設的專業必修課程類似。

　　學院師資方面大致經歷了兩個階段：1942～1945 年間，電化教育專修科剛遷至北溫泉，師資還比較欠缺，僅有教授 6 人，副教授 1 人，兼職教授 1 人，講師 1 人，技術員 2 人。

表 4-12　1942～1945 年間國立社會教育學院電化教育專修科教師一覽表

姓　　名	性別	籍　　貫	職　　務
焦菊隱	男	天津	教授
谷劍塵	男	浙江	教授
張駿祥	男	江蘇	教授
許幸之	男	安徽歙縣	教授
劉雪廣	男	四川銅梁	教授
陳劍脩	男	江西遂川	教授
潘澄候	男	江蘇	兼任教授
戴公亮	男	江蘇崑山	副教授兼電化教育專修科主任
高亞光	男	江蘇	電化教育工作室技術員
祁和熙	男	江蘇鹽城	技術員
葉運升	男	浙江	講師兼實習指導

資料來源：國立社會教育學院校友會，國立社會教育學院校友錄〔M〕，國立社會教育學院校友會，1945：4～14。

　　1945～1946 年間，電化教育專修科已頗具規模，1946 年改為電化教育學系，知名度又有一定提升，師資隊伍漸趨壯大，由於缺乏確切的統計數據，故只能根據電化教育專修科和電化教育學系師生的回憶來瞭解教師具體情況。據時任電化教育專修科主任和電化教育學系負責人的戴公亮回憶，「1946 年秋，國立社會教育學院由璧山遷至江蘇蘇州，除電專科外，又增設電化教育系（4 年），系科負責人由許幸之和我擔任，專任教授先後有：洪深、焦菊隱、張駿祥、潘愼明、潘澄候、許幸之、楊霽明、鄭君里、鄭伯璋、譚玉田和我等 20 多人。」〔註51〕據電化教育學系學生任光楨回憶，「在電化教

〔註51〕戴公亮，關於電化教育的回憶〔A〕//蘇州大學社會教育學院武漢校友會，

育專修科及電化教育學系任教的老師很多，由於時間相隔較久，能回憶起來的有戴公亮、史東山、鄭君里、徐蘇靈、馮四知、鄭伯璋、耿震、戴愛蓮、焦菊隱、朱智賢、杜維濤、盛家倫、程天智、許幸之、楊霽明、高亞光、李清悚、趙堂構、王健吾、陳汀聲、楊汝熊等。」〔註 52〕其中有的教師還在學院的社會藝術教育系〔註 53〕中任職，如史東山、焦菊隱等人。據學生張鳳生回憶，1946 年該院遷移蘇州，除續招電化教育專修科外又創辦電化教育學系（4 年制），系科主任由戴公亮和許幸之負責，專任教授除他和許幸之兩人外，有洪深、焦菊隱、潘愼明、張駿祥、楊霽明 20 多位，均爲影劇界一時之選。〔註 54〕《璧山縣文史資料選輯》中稱，「電化教育系系科主任先後由汪畏之、許幸之、戴公亮擔任，系內教授 7 人，副教授 2 人，講師 1 人，技師 2 人，學生 178 人。教師有洪深、焦菊隱、張駿祥、潘愼明、潘澄候、許幸之、楊霽明、戴公亮、鄭伯璋、錢家駿、譚玉田、陳天智等先生。」〔註 55〕

　　師資隊伍中，按專業背景可分爲兩類，即一類擅長戲劇文藝，另一類擅長電影攝製及電化教育技術。前者如洪深、張駿祥、焦菊隱。焦菊隱 1928 年畢業於燕京大學，後任北平第二中學校長、北平中華戲劇曲藝學校校長，1937 年獲巴黎大學文科博士學位，回國後歷任廣西大學、廣西教育研究所、國立戲劇專科學校、國立社會教育學院、西北師範學院、北平師範大學教授

　　　　　　嶔嶸歲月（第 1 集）〔M〕，蘇州大學社會教育學院武漢校友會，1987：349。
〔註 52〕任光楨，電化教育系、科簡史〔A〕//蘇州大學社會教育學院武漢校友會，
　　　　　　嶔嶸歲月（第 1 集）〔M〕，蘇州大學社會教育學院武漢校友會，1987：352。
〔註 53〕1941 年，國立社會教育學院設社會藝術教育專修科，學制 2 年，1945 年改爲
　　　　　　3 年，專修科主任先後由呂鳳子、應尚能擔任，其中音樂組主任先後由孫靜錄、
　　　　　　梅經香、劉雪庵、應尚能擔任；美術組主任先後由呂鳳子、韓天眷擔任；戲
　　　　　　劇組主任爲谷劍塵。共有教授 11 人，副教授 6 人，講師 1 人，助教 2 人，學
　　　　　　生 49 人，其中教師有楊村彬、應雲衛、陳白塵、向培良、鄭君里、朱之卓、
　　　　　　史東山、舒強、戴愛蓮、王光乃、張立德、陳新民、周貽白、李樸國、劉雪
　　　　　　庵、蔣仁、呂鳳子、謝孝思、錢仁康、務敷養、焦菊隱、劉葦、趙越、陸修
　　　　　　棠、吳人文、吳仞之等人。
〔註 54〕張鳳生，戴公亮與電化教育〔A〕//中國人民政治協商會議江蘇省崑山市委員
　　　　　　會文史徵集委員會，崑山文史（第 11 輯）〔M〕，中國人民政治協商會議江蘇
　　　　　　省崑山市委員會文史徵集委員會，1993：80。
〔註 55〕中國人民政治協商會議四川省璧山縣委員會文史資料委員會，璧山縣文史資
　　　　　　料選輯（第 1 輯）〔M〕，中國人民政治協商會議四川省璧山縣委員會文史資
　　　　　　料委員會，1988：58。

及北京師範大學文學院院長。後者如楊霽明、鄭伯璋。楊霽明於 1925 年考入上海美術專科學校，1927 年轉入上海藝術大學美術系，該院的前身是南國藝術學院，內設美術系、戲劇系和電影系，分別由徐悲鴻、田漢、洪深負責。1935 年，他到電通影片公司擔任攝影師，在電通影片公司期間他拍攝了影片《自由神》，該影片通過描述一個年輕婦女的經歷和遭遇再現了五四運動到一二八抗戰這一段歷史。楊霽明協助導演司徒慧敏在許多場面的處理上充滿了濃厚的時代氣息和生活氣息，使影片具有眞實、樸素的特點，特別是沙基慘案的一些場面穿插許多新聞紀錄片的鏡頭，增強了影片的時代感，在當時來說是頗爲新穎的。〔註56〕936 年，他到明星公司任攝影師兼攝製科副科長，次年，他到江蘇省立教育學院電影播音教育專修科任講師。1941 年，他到西北影業公司任攝影師兼技術科科長並拍攝了故事片《風雪太行山》。鄭伯璋1932 年畢業於上海中華無線電工程學校，1933 年在武昌參加鄭用之籌備的電影股並擔任錄音員。1936 年電影股由武昌遷到漢口，後於 1938 年遷至重慶，並改爲中國電影製片廠，攝製了《最後一滴血》、《塞上風雲》等影片，鄭伯璋任錄音師。同年，中國電影製片廠開辦電影放映人員訓練班，鄭伯璋等人擔任技術教官，訓練班結束後，將人員分爲三個放映隊，1940 年將三個放映隊擴大爲十個放映隊，國民黨中央宣傳部三廳成立放映總隊之際郭沫若、鄭用之兼任總隊正、副隊長，鄭氏兼任技師，放映隊後又增加到五十多個，基本遍及全國各大、中城市。1938～1942 年間，他在國立社會教育學院任電影技術副教授。

　　電化教育專修科成立之初就十分重視將教學和電化教育實踐結合起來。張鳳生回憶道，電化教育專修科成立後由戴公亮負責，「當時白手起家，器材缺乏，就連照相機幻燈片也須從國外進口，開展工作極爲困難，僅能攝製《鄭成功》、《文天祥》、《史可法》等幻燈片 18 套以及收錄抗戰新聞，抄錄後張貼市內。」〔註57〕據甘豫源回憶，「抗戰勝利後，社教學院遷到蘇州拙政園內。一年級新生住在南京東郊棲霞山，在那裡還辦了鄉村社教實驗

〔註56〕區永祥，楊霽明〔A〕//中國電影家列傳（第五集）〔M〕，北京：中國電影出版社，1985：262。
〔註57〕張鳳生，戴公亮與電化教育〔A〕//中國人民政治協商會議江蘇省崑山市委員會文史徵集委員會，崑山文史（第 11 輯）〔M〕，中國人民政治協商會議江蘇省崑山市委員會文史徵集委員會，1993：80。

區。二年級以上的學生住拙政園。此園仍開放遊覽。在玄妙觀開了七、八個班級的補習學校，可以從半文盲上升到初中，請富有經驗的馬祖武主持。在園林路北端橋堍，辦了個民眾圖書館兼社會服務處，光顧的群眾不少。院大門內天井（今蘇州博物館大門內）常常放映電影。」〔註58〕1946 年，國立社會教育學院在蘇州籌辦了實驗民眾學校和實驗補習學校，分為總務、教導、研究三股。在研究實驗方面含有教具研究一項，包括識字應用教具、識字幻燈片、識字影片等。〔註59〕此後，許幸之、錢家駿和戴公亮還編導了動畫識字教學片《耕田》，並由電化教育專修科學生參加實習，其內容包括製片、配字幕、教學等。除此之外，學院還十分注重延請院內外著名人士前來講學，「培養社會教育人才，不但注重教學，同時也注重實習、研究和訓導各方面。教學方面有講演，有討論，有閱讀。實習方面有本院實習，有出院實習。研究方面有學生自動的研究，有教師指定的研究。訓導方面有導師，有課外活動，有紀念周，有周末晚會。現在紀念周取消，改為學術講演。總之，本院培養社會教育人才，是注重修己善群，期能成為社會的導師，領導民眾，改造社會。」〔註60〕據報導，院內經常舉行學術演講活動，除邀請院內教師擔任外，還邀請各界知名人士如郭沫若、黃炎培、歐陽予倩等人。〔註61〕

　　國立社會教育學院十分重視學生開展實習活動，其頒佈的《本院各系科學生社教實習暫行辦法》中規定各系學生於第四學年上半學期要開展 6 個月的實習，教務處配備實習輔導員極力推進之，另由學校總務處、訓導處和各委員會積極配合協助，學生可自願參加社會服務。國立社會教育學院電化教育專修科遷入北碚北溫泉公園而變為國立電化教育專科學校後，積極與所在社區公園利用電影開展民眾教育工作。當時發表於《電影與播音》期刊上的《活躍在北溫泉的國立社會教育學院電教專修科》一文這樣描述道：「北溫泉這著名的公園，自從電教專修科遷來以後，無形中它更加繁榮，這生龍活虎

〔註58〕 甘豫源，國立社會教育學院的創立〔A〕//蘇州大學社會教育學院武漢校友會編，崢嶸歲月（第 1 集）〔M〕，武漢：蘇州大學社會教育學院武漢校友會，1987：13。

〔註59〕 國立社會教育學院設立旨趣與研究實驗〔M〕，國立社會教育學院，1947：12。

〔註60〕 國立社會教育學院設立旨趣與研究實驗〔M〕，國立社會教育學院，1947：2。

〔註61〕 中國人民政治協商會議四川省璧山縣委員會文史資料委員會，璧山縣文史資料選輯（第 1 輯）〔M〕，中國人民政治協商會議四川省璧山縣委員會文史資料委員會，1988：58。

似的一群（指學生——筆者注），拿著其洋溢的精力，在課餘在實習的時候，隨時隨地給它以培植，當然它是有長足的進步了，例如，每周的社會實習，就是以公園的居民遊客為對象，盡我們的力使它呈現著活躍的新氣象，北泉小學我們在計劃著將它作為特約電影教育實驗學校，更逢重要的節日，電影會在公園的草坪出現，這些都是我們給它動的有生命的力。」〔註62〕

　　國立社會教育學院電化教育專修科的學生之所以實習機會多、動手能力強，還由於它在抗戰時期與中華教育電影製片廠簽約，規定學生在第四學年時可由中華教育電影製片廠為之提供實習的機會。電化教育專修科的學生在實習的過程中，參與到許多製片工作及活動中，積累了豐富的製片實踐經驗，這為他們日後從事電影事業打下堅實的基礎。無論在抗戰期間，還是在戰後，國民政府為了發展電化教育，需要大量優秀的實用型人才，而上述就讀於國立社會教育學院並在中華教育電影製片廠實習過的學生自然成為其中堅力量，他們為近代中國電影、播音事業的發展做出了傑出的貢獻。截至1946年，學院已經有288人順利畢業，其中電化教育專修科50人。〔註63〕

表4-13　1943～1945年間國立社會教育學院電化教育專修科畢業生
　　　　簡況表

姓　　名	性　別	籍　貫	畢業時間	工　作　地　點
鄭金洽	男	河南	1943年7月	河南西平
李丕業	男	綏遠	1943年7月	綏遠托縣
孫子羈	男	甘肅	1943年7月	甘肅榆中
葉文禿	男	陝西	1943年7月	陝西榆林
鞠蔚	男	江蘇	1943年7月	江蘇泰興
何久夫	男	四川	1943年7月	四川璧山
胡建材	男	江西	1943年7月	江西萍鄉
方成正	男	廣東	1943年7月	廣東潮安
吳顯齊	男	廣東	1943年7月	廣東揭陽縣
黃錦鑾	男	廣東	1943年7月	廣東廣州

〔註62〕張先德，活躍在北泉的國立社會教育學院電教專修科〔J〕，電影與播音，1944（4）：18。
〔註63〕國立社會教育學院，國立社會教育學院概況〔Z〕，蘇州：國立社會教育學院，1948：11。

黃桂珊	女	廣東	1943 年 7 月	廣東龍川
崔澄中	男	湖南	1943 年 7 月	湖南豐縣
葉玉福	男	四川	1943 年 7 月	四川永川
萬子嵐	男	江西	1943 年 7 月	江西上饒
江麗□〔註64〕	女	廣西	1943 年 7 月	廣西荔浦
漢俊張	男	山西	1944 年 7 月	山西壽陽
賈尊德	男	四川	1944 年 7 月	四川合江車鎮
楊贊□〔註65〕	女	雲南	1944 年 7 月	雲南昆明
羅承憲	男	湖南	1944 年 7 月	湖南長沙
譚良庚	男	湖南	1944 年 7 月	湖南湘鄉
桂少昌	男	四川	1944 年 7 月	四川陳家場
徐增懿	男	安徽	1944 年 7 月	安徽安慶
尹荔華	女	安徽	1944 年 7 月	重慶
李振緒	男	湖南	1944 年 7 月	湖南鄉縣
唐孟輝	女	湖南	1944 年 7 月	湖南陽西
張能剛	男	廣東	1944 年 7 月	廣東潮安
楊德炳	男	四川	1944 年 7 月	四川銅梁
張光耀	男	湖南	1945 年 7 月	湖南桃源
何宗政	男	四川	1945 年 7 月	四川璧山蒲元鄉
丁亞辛	男	四川	1945 年 7 月	四川合江佛蔭場
金堯城	男	南京	1945 年 7 月	南京
朱夢良	男	上海	1945 年 7 月	江蘇武進
王式孟	男	河南	1945 年 7 月	河南湯陰
金時言	男	江蘇	1945 年 7 月	江蘇武進
張建紀	男	安徽	1945 年 7 月	安徽太和
趙礦	男	陝西	1945 年 7 月	陝西洛南縣
陳新福	男	江蘇	1945 年 7 月	江蘇浦鎮
汪育龍	男	浙江	1945 年 7 月	浙江新登
李雨農	男	遼寧	1945 年 7 月	不詳
張零	男	河南	1945 年 7 月	河南博愛

〔註64〕原件字跡模糊難辨。
〔註65〕原件字跡模糊難辨。

張先德	男	湖南	1945 年 7 月	湖南沅陵
任光禎	男	湖北	1945 年 7 月	湖南安陸
唐聯輝	男	四川	1945 年 7 月	四川宜賓
王治修	男	四川	1945 年 7 月	四川璧山
湯麟	男	漢口	1945 年 7 月	河南周家口
林傑	男	浙江	1945 年 7 月	浙江溫州
宋之	男	四川	1945 年 7 月	四川銅梁
李永祜	男	四川	1945 年 7 月	四川巴縣
劉清塵	男	河南	1945 年 7 月	湖北武昌

資料來源：國立社會教育學院校友錄〔M〕，國立社會教育學院校友會，1945：35～
39。

　　由表 4-13 可見，電化教育專修科學生以男生居多，籍貫遍佈全國，並不
局限於四川、江蘇，他們畢業後有不少回到原籍工作。

二、金陵大學理學院電化教育專修科的發展

　　一般來說，生源狀況在一定程度上反映了大學學科的教學狀況並左右學
科的辦學成效。1942 年後，金陵大學理學院電化教育專修科擴大招生規模，
據載，「該科最近新增有力師資及最新設備，於三十一年秋季擴大招生，以
應全國殷切需要。招生手續與全校各系同時辦理，入學考試日期為七月十六
十七兩日云。」〔註66〕金陵大學為了考慮平衡電化教育人才在全國分佈情況
及便利學生入學起見，特許理學院電化教育專修科自行招生，招生辦法包括
地方選送和考試擇優錄取兩種。《私立金陵大學理學院電化教育專修科各省
市保送學生入學辦法》中規定 1944 年第一學期下列省市得保送學生 1～2
人：「四川省、西康省、貴州省、雲南省、青海省、廣西省、廣東省、湖南
省、湖北省、福建省、寧夏省、江西省、浙江省、陝西省、甘肅省、新疆省、
重慶市、成都市」，受保送學生資格為「對於電影無線電學術及電化教育事
業有濃厚之興趣及相當經驗，曾在公立或已立案之私立高級中學（或同等學
校）畢業，經會考及格准予升學，並符合下列規定者（一）年齡在二十八歲
以下；（二）距中學畢業年份不超過五年。」「保送生有畢業後回原省服務之
義務，如至時各省無該項需要時，得由本校介紹至中央及他省或國際有關機

〔註66〕本校電化教育專修科擴大招生〔J〕，金陵大學校刊，1942（306）：1。

關，辦理電影及播音等教育技術或宣傳工作。保送生入學考試的規定為，各機關保送學生須依照該科招生簡章第九條規定如下考試科目，按下列分量舉行保送考試，嚴格選拔，國文、英文、數學占 20％，物理化學各占百分之12.5%」〔註67〕

表 4-14　1943～1944 年間金陵大學理學院電化教育專修科生源簡況表

年級	姓名	生　源　簡　況	備註
43 屆學生	屈應琛	陝西省立西安高級中學畢業，西北工學院電機工程系肄業一年	陝西保送
	李清萼	成都大同中學畢業	
	林運秉	電化教育服務處施教員三年並參加教育部電化教育人員訓練班受訓	廣西保送
	孫大營	西康省立雅安中學畢業，曾任該校附設第一民眾學校校長	西康保送
	唐思禮	上海正風中學畢業	
	王顯惠	省立資中中學畢業，曾服務於四川省教育廳電化教育服務處三年	
44 屆學生	張開坤	成都大同中學畢業	
	陳志遠	成都天府中學畢業	
	賈文昭	雅安西康省立雅安中學畢業	西康保送
	高玉華	西康省雅安中學畢業	西康保送
	顧秉良	上海中法中學高二修滿，曾服務於中國製片廠三年級國際宣傳處攝影科二年	
	李宗智	西安陝西省立與國中學畢業	陝西保送
	羅筱雲	西安陝西省立與國中學畢業	陝西保送
	孫崇禮	蘭州蘭州中學畢業	甘肅保送
	蕭藝	西安陝西省立與國中學畢業	陝西保送
	盛餘泳	四川合川國立四川中學高二下肄業，四川戲劇、音樂、學校戲劇系畢業，曾任川康鹽務管理局、鹽工巡迴教育劇團技術主任及成都市政府電氣主管科員	
	唐尚銳	四川省立成都高級工業職業學校電機科畢業，曾任交通部川康藏電政管理局都成電話總局三等技術員兩年	

〔註67〕私立金陵大學理學院電化教育專修科各省市保送學生入學辦法〔J〕，電影與播音，1944（3-3）：28。

鄧星銳	北平志城中學畢業，曾任中央廣播電臺傳音科幹事二年級中央黨部派駐南北各地無線電台臺長五年及上海聯華影片公司派駐北平第五製片廠編劇及演員一年	四川保送
董良	南通崇敬中學高二，修滿曾任軍事委員會政訓處電影股錄音助理員一年半及軍委會政治部中國電影製片廠錄音員四年半	中製保送
曹世芸	西安陝西省立西安中學畢業	陝西保送
段維綱	成都天府中學畢業	
萬文鵠	重慶東方中學高二修滿，曾任陸軍大學中尉附員半年	
王仲宣	成都成公中學高二修滿，曾任軍委會政訓處電影股錄音助理員一年半及軍委會政治部中國影片廠錄音員四年半	中製保送
魏宗非	成都清華中學畢業	
姚炘	重慶江蘇省立聯中學畢業，首任軍委會政治部中國製片廠攝影員五年	

資料來源：金陵大學理學院電化教育專修科三十一年學生調查與統計〔J〕，電影與播音，1942（1～7、8）：39～40。

表 4-15　1943～1944 年間金陵大學理學院電化教育專修科學生年齡和籍貫一覽表

年　齡	43 屆	44 屆	籍　貫	43 屆	44 屆
18	0	1	四川	1	6
20	0	6	江蘇	2	3
21	1	5	陝西	1	3
22	2	2	西康	1	2
23	1	3	浙江	0	2
25	1	0	廣西	1	0
26	0	1	湖南	0	1
27	1	1	湖北	0	1
			甘肅	0	1

資料來源：金陵大學理學院電化教育專修科三十一年學生調查與統計〔J〕，電影與播音，1942（1～7、8）：40。

　　表 4-14 和表 4-15 顯示，由於學院西遷成都華西壩，1943～1944 年間中西部學生數量明顯上升，1943 屆為 4 個，1944 屆為 12 個；年齡大多在 18～25

歲之間；從經歷上看大多有實際的工作經驗，如有不少人在中國電影製片廠、各地電化教育輔導處等機構擔任錄音員、演員、攝影師 1～5 年的經歷。

　　此期金陵大學理學院電化教育專修科的電化教育課程設置已比較完備。1942 年，公共必修課程有國文、英文、物理、算學、光學、音樂、美術、教育原理，共計 21 學分；專業必修課程有電化教育、機械畫、攝影初步、無線電學、教育電影、收音實習、電影文獻、攝影學、劇本編審、內燃機、無線電工程、無線電文獻、金工、電碼收發、電影攝製、暗室技術、電機工程、電信、無線電設計、播音實習、放映機修理，共計 50 學分。

表 4-16　1942 年金陵大學理學院電化教育專修科充實課程一覽表

	學　程	學　分	每周講授時數	每周實習時數
第一學期	國文	3	3	
	英文	3	3	
	物理	5	4	8
	算學	4	3	3
	電化教育	2	2	
	機械畫	2		6
	攝影初步	1	2	
	總計	20	17	17
第二學期	英文	3	3	3
	化學	4	3	3
	無線電學	5	3	8
	光學	3	2	3
	教育電影	1		2
	收音實習	1		2
	音樂	1	1	1
	美術	1		3
	電影文獻	1		2
	總計	20	12	27
第三學期	教育原理	3	3	
	攝影學	4	3	4
	劇本編審	2	2	
	內燃機	3	2	3
	無線電工程	4	3	3

	無線電文獻	1		2
	金工	1		3
	音樂	1	1	1
	電碼收發	1		2
	總計	20	14	18
第四學期	電影攝製	4	3	3
	暗室技術	3	2	3
	電機工程	3	3	
	電信	2	2	
	無線電設計	2	2	
	無線電修造	2		6
	播音實習	1	1	1
	放映機修理	1		3
	總計	18	13	16

資料來源：金大理學院電化教育專修科充實課程〔J〕，電影與播音，1942（1～2）：2。

　　1943 年，增設電化教育專業選修課（美術 1 學分、電影鑒賞 1 學分、暗室技術 3 學分、錄音工程 3 學分、攝影化學 2 學分、無線電設計 2 學分）以及理學院選修課（如內燃機 3 學分、機械學 3 學分、光學 3 學分、聲學 2 學分、電訊 2 學分）等課程。〔註68〕另外，當年改爲學分制，改制後學生可以選修其他系的課程，而該科課程亦開放供其他系學生選修。可以說，自 1943 年採用學分制後啓用了課程的開放選修制度，使得專修科和外系的學生都可以自由選修電化教育專修科的課程，這有利於具有不同學科和專業背景的學生相互交流。1943 年秋學期，電化教育專修科共開設電化教育 2 學分（段天育講授）、攝影初步 2 學分（張劍文講授）、電影文獻 2 學分（呂錦瑷講授）、音樂 1 學分（王雲階講授）、教育概論 3 學分（董離講授）、劇本編審 2 學分（孫明經講授）、無線電學（上）4 學分（倪尚達講授）；1944 年春學期，除了上述課程外，還開設了攝影學、電影攝製、放映實習、放映機修理、無線電修造、無線電學（續）、無線電文獻等課程。

　　《私立金陵大學理學院電化教育專修科概況》中詳細說明了電化教育專修科專業必修課程的基本內容，鑒於同時期美國南加利福尼亞大學電影系也

〔註68〕黃小英，中國早期電化教育專業課程創建的實踐探索──以金陵大學電化教育專修科爲例〔J〕，電化教育研究，2012（1）：116。

開始開設電化教育學課程，茲將二者列表如下，以求進一步發現前者課程的特點。

表 4-17　1943 年金陵大學理學院電化教育專修科課程說明一覽表

課程名稱	課　程　要　點	教科書/重要參考書
電化教育	電化教育之理論及行政，分述標本、模型、表格、圖片、幻燈、電影、留聲機、無線電、電視等工具之施教方法。	C.F.霍本和 S.B.傑斯曼（C.F.Hoben and S.B.Zismam）合著的《視覺化課程》.（Visualizing The Curriculum）；E.C. 鄧特（Ellsworth C.Dent）著《電化教育手冊》（Audio-visual Handbook）
攝影初步	攝影學藝術部分，如布局及塑形。注重提起學生對攝影藝術興趣及對於照片之鑒賞能力；並對於各種常用器械得有相當認識。	教科書為特定講義
教學電影	電影在課室教學上之效能及實施方法，注重教學影片之內容。	以教學影片代教科書
收音實習	指導學生習用各種收音機之收音方法，並熟悉各電臺播音節目配備及各種情況下收聽之效果。	教科書為特定講義
放演見習	指導學生對電影放映及公演一切技術之常識及實踐。	教科書為特定講義
電影文獻	指導學生閱讀與電影技術有關之英文雜誌及圖書，講授中隨機解說若干技術上之重要問題及最新發展。	教科書為特定講義
音樂初步	訓練閱讀樂譜及合唱之能力，啓發對於管絃樂及各種高級音樂之鑒賞能力，為有聲電影施教及錄音工程，易於著手。	教科書為特定講義
教育概論	一般教育知識，為將來推行電化教育時，有教育理論之根據	教科書為特定講義
攝影學	攝影學之基本理論，利用 H 及 D 曲線闡揚感光材料之特性、曝光標準、沖洗條件及控制方差之方法，根據視覺之生理構造闡揚景深色調原理及天然色攝影之技術，除攝影技術本身而外，注重電影攝影學程之準備訓練	C.B.勒比特（C.B.Nebette）著《攝像術理論與實踐》（Photography Principle and Practice）;C.E.K.莫斯（C.E.K.Mees）著《攝影術》（Photography）

劇本編審	分析電影內容結構，講授編作劇本之方法及技術，介紹電影技術術語，及劇本審查之標準。是電影攝製之準備課程。	托馬・蘭斯（Tammar Lance）著《劇本寫作新技巧》（The New Technique of Screen Writing）
無線電文獻	指導學生閱讀與無線電及聲響工程技術有關的英文雜誌及圖書，於講授中隨時解說若干技術上之重要問題及最新發展。	教科書爲特定講義
電碼收發	培植收發電碼之能力，包括莫爾斯、國際莫爾斯及我國通用數字電碼。	教科書爲特定講義
音樂	是音樂初步課程的繼續。加強學生對音樂之認識及在播音及電影加配音樂之要點。	教科書爲特定講義
電影攝製	電影技術之基礎理論、導演要點、影片特性、攝影機件構造、曝光、取景、光效、聲效、技巧攝影、活動畫及錄音。	M.C. 克蘭（MC Clelland）著《電影攝製入門》（Approach to Film Production）
放映及修理	修理放映機及其附件的一般知識。	教科書爲特定講義。
播音技術	管理播音機實地播送、編纂播音節目、演奏與報告之聲調及技術。	教科書爲特定講義
社會教育	社會教育之基礎理論及工具，調查統計之技術	教科書爲特定講義
無線電修造	訓練自行裝置及修理各式收音機及其零件	教科書爲特定講義
放演實習	訓練使用各式無聲有聲放映機，加用公共演講機、電動留聲機、移動發電機及電影施教之方法	教科書爲特定講義

資料來源：私立金陵大學理學院電化教育專修科概況〔R〕，金陵大學理學院，1943。

表 4-18　1942 年美國南加利福尼亞大學電影系課程一覽表

課程名稱	課　程　要　點
電影原理	美國影片工業之歷史及其組織——娛樂及非戲劇的電影藝術與電影科學之範圍及關係
影片分析及辨別之技術	歐美主要影片公司之歷史、攝影場組織及管理
影片之估價	技術的、藝術的、商業的及社會的各種影片之基本型式及其關係——娛樂的、人種的、新聞的、紀實的、教育的、工業的、活動畫的及實驗的。

影片技術	基於本電影方法之學理及定律、技術之印證與練習。用 16 毫米及 35 毫米之設備
銀幕文學	有聲電影問世以來，電影劇科之審閱，主要作品之研究，尤著重於著名戲劇、小說、短篇故事、傳記等，爲基料所攝製的影片，體察其發表後獲得電影劇本。
電影攝製	一：攝影機之構造、保護與使用之原理——16 毫米與 35 毫米光學原理、光線與布局、音響與攝影機之關係、洗印程序
剪輯	影片估價、配景、過場、化景及淡景、編輯影片、處理配景、輯片器之使用、剪接技術之練習、編輯全套電影
錄音學	錄音原理，儀器種類、同步配聲、洗印工作、戲院及家庭各式發聲設備之管理及使用
電影美術	攝影場中美術部之組織，美術在影片中對成品及效果之作用、服裝、道具、內部裝飾及置景；色彩之問題及性能；研習美術字體印證諸原理及方法
發行與公演	商業原理應用於影片之審查、廣告、樣片、交換公映、及戲院管理
電影音樂	音樂與影片的關係，攝影場中音樂部分對其他部分的關係底作用，字幕與加配音樂之分部研究，音樂對於戲劇的渲染及表現之關係
教育電影	以影片爲教育工作，工業影片之估價，各班水準內視覺教育資料之研究
電影導演	劇本之分析與解釋、原理之探討印證——結構、描繪、演化、節奏與啞劇
電影的社會及心理的研究	心理學對於出品與公映的作用，兒童與成人的、個人心理與群眾心理底反應、家庭的、教育的、商業的、工業的、科學的及國防性的各組影片之反響
電影審美學	比較研習各國電影之權威、導演、劇作家、攝影師、置景師及剪輯者等所維護之學理、形式及方法；建築、雕刻、文學、音樂及舞臺之審美學，在電影上之影響、美術性及戲劇性的錯覺問題
銀幕寫作	個案設計，作一電影原稿，編製一小說，戲劇式，短篇故事，預備一電影劇本之劇評，現代問題之解析，著重於個性描寫、對話、情節、創造及電影之處理
影片攝製	16 毫米影片、實錄影片、教育及娛樂影片，監製實習

資料來源：區永詳，美國南加利福利亞州州立大學電影學系學程介紹〔J〕，電影與播音，1942（1～5）：21～22。

　　由表 4-16、表 4-17 和表 4-18 可知，金陵大學理學院電化教育專修科的課程基本可以分爲電化教育理論（教育類課程）、電化教育技術、電化教學法、電影劇本製作（藝術類課程）四類。其中屬於電化教育理論類的有電化教育、

教育概論、社會教育等課程，屬於電化教育技術類的有攝影初步、收音實習、音樂初步、攝影學、電碼收發、電影攝製、放映及修理、播音技術等課程，屬於電化教學法的有教學電影、電影文獻、無線電文獻、放演實習等課程，屬於電影劇本製作的有劇本編審。可見，四類中電化教育技術類和電化教學法佔據了大多數。相比之下，南加利福尼亞大學電影系課程也大致可以分為上述四類，四類課程的分佈較為平均，並無明顯的偏向，如屬於電化教育理論類的有電影原理、影片的估價、教育電影、電影的社會及心理的研究，屬於電化教育技術類的有影片技術、電影攝製、錄音學、影片攝製，屬於電化教育實施法的有影片分析及辨別之技術、剪輯、發行與公演，屬於電影劇本製作的有銀幕文學、電影美術、電影音樂、電影審美學、銀幕寫作。

　　從金陵大學理學院電化教育專修科所使用的教材來看，除了電化教育、攝影學、劇本編審、電影攝製等理論性和技術性較強的課程使用外文教材之外，其他課程基本上均使用特定講義。考察其教材內容，便可發現此期金陵大學電化教育專修科的課程與世界學術前沿保持一致，教科書多為學科經典之作，並多來自於美國。以「電化教育」課程所用教科書《電化教育手冊》為例，該書作者為 20 世紀 30 年代美國著名的視聽教育人師 E.C.鄧特，書中開宗明義地寫道：「如其標題所述，這本小冊子專為那些可能對視覺教育和電化教育感興趣的人而備，這群人通常分為兩組：（1）那些對於需要瞭解電化教育工具性能和電化教育方法指導的普通教師、研究生導師和行政人員；（2）那些正在上電化課程的學生，他們需要瞭解的東西也和前者一樣。這本小冊子被壓縮成目前的篇幅主要基於兩點考慮：其一是為了節省經費開支，收錄眾多的材料而不經過選擇往往要簡單得多；其二是書中選取的材料經過視覺教育課程使用後反饋良好。該手冊第一版的需求量比預期的要高，在第二版面世以前已供不應求。本著不斷完善書中內容的原則，相信其第三版將給那些電化教育工具使用者和電化教育工具愛好者以更多的幫助。廣大關心電化教育工具的人非常需要這本書，在本書第一版出版以前，甚至很難找到一本關於電化教育工具使用的著作。」〔註69〕

　　《電化教育手冊》一書分為六章，分別為：視覺教學（Visual Instruction）的地位，視覺輔助（Visual Aids）工具的類型和使用法，學校聽覺輔助工具

〔註69〕Ellsworth.C.Dent. The Audio-Visual Handbook[M]. Chicago：The Society for Visual Education INC 1939：Author's Note.

（Sound Aids）的類型，電化教育（Audiovisual Aids）工具的類型，電化教育服務的組織，信息、材料和設備的資源。該書主要闡述視覺輔助工具和聽覺輔助工具的類型和使用法、電化教育工具類型和使用法以及如何管理電化教育工具三個問題。其特點主要爲：首先，側重介紹各種視覺教育工具的使用，技術性、工具性的特徵明顯。該書認爲，視覺教育工具包括圖表、地圖、表格、圖片、印刷物、立體畫、幻燈片、電影片等，並介紹了它們在工業上、學校中的作用和使用法，例如，在第二章中主要論述一般視覺教育工具的類型和使用法，第四章專門介紹電化教育工具的類型和使用法，所以從總體上看，該書更像一本技術指導書；其次，從「視覺教育」到「視聽教育」，帶有理論更新的意味。書中將視覺教育工具分爲「視覺輔助」工具、「聽覺輔助」工具和電化教育工具三種，由於電化教育工具兼具前兩種工具的功能，書中用兩章的篇幅著重介紹其類型和在學校單位、課堂、課外活動、特殊領域中的使用和管理方法，可見，該書對美國教育技術理論從「視覺教育」到「視聽教育」的轉化起了重要的推動作用。

另外，「電影文獻」課程所使用的教材均係金陵大學理學院電化教育專修科電化教育資料室中所藏的英文期刊，它們緊緊跟進世界學術的腳步，幾乎囊括了當時重要的電影刊物；從期刊所屬國別來看，除了《英國攝影書刊》屬於英國外，其餘全部來自於美國。這些刊物及時更新，即使是在抗戰時期資料運輸不便的情況下，也通過各種途徑來獲取資源。

表 4-19　金陵大學理學院電化教育專修科電化教育資料室重要電影刊物一覽表

英文原名	中文譯名	簡　　介
Year Book of Motion Picture	電影年鑒	影片日報社（The Film Daily）主編，以該社之材料，每年輯成巨冊。
The Educational Focus	教育焦點（季刊）	包羅（Bausch and Lomb）光學公司出版，內容介紹掃光學器械在教育上之應用。
U.S. Camera	美國攝影機（雙月刊）	內容大致分爲三部：第一部分爲攝影藝術，第二部爲攝影技術，第三部爲電影攝製。
Journal of the Society of Motion Picture Engineers	電影工程師學會（月刊）	電影工程師學會出版，該會成立於 1916 年，爲美國第一流電影工程師之組合。其內容專門介紹電影工程上之新發明，爲電影界最高之技術刊物。

Motion Picture Herald	電影論壇（月刊）	為介紹及評論電影之權威刊物，另出版有副刊一種，名《好劇院》（Better Theater）。
National Board of Review Magazine	全美電影評論（月刊）	全美電影評鑑協會出版（六、七、八月停刊），專門介紹好影片。
Kodak Research Laboratories Abstract Bulletin Monthly	柯達研究院文摘（月刊）	柯達研究院出版，專供該公司研究人員閱讀，內容為攝影及有關之技術的科學論文摘要。
American Cinematographer	美國電影攝影師（月刊）	美國電影攝影師學會出版，專門討論電影之攝製及有關技術問題。
American Photography	美國電影攝影師（月刊）	美國攝影出版公司出版，內容專門討論攝影之藝術與技術，每年舉行世界攝影展覽一次，將得獎作品分期發表。
Photo Tectonics	攝影技術（月刊）	專門討論攝影之技術，頗重攝影程序之科學理論與實踐。
Educational Screen	教育影幕（月刊）	專門討論視覺教育及聽覺教育之刊物，美國芝加哥教育影幕編刊社出版（七、八月停刊）
Business Screen	商業影幕（月刊）	商業影幕期刊社出版，每年 12 期，包括 4 期特號，內容注重商業宣傳電影。
Film News	影片消息（月刊）	美國影片中心社出版，刊登世界各國紀實影片和教育消息。
Notes from Current Mail	攝影工業簡報（週刊）	柯達公司出版，專供公司重要人員參考，內容係各有關期刊中選錄之要點，油印本。
The British Journal of Photography	英國攝影書刊	創刊於 1854 年，為世界最老資格的攝影雜誌，專門介紹攝影知識，為職業與業餘攝影師之參考讀物。
The Film Daily	影片日報	創刊於 1919 年，為電影日報之最早者，每日出版一期，週六週日及休假日停刊。
Motion Picture Daily	電影日報	昆各利（Quigley）出版公司出版，週六週日及休假日停刊，內容除電影新聞外播音新聞亦加以介紹。

資料來源：附金陵大學電化教育資料室電影重要刊物〔J〕，電影與播音，1943（2～5）：23。

　　某些涉及基本理論和實習使用的教材大多為特定講義，此外在教學過程中還大量使用各類教輔工具和設備，由於資料的限制已無法得知，但可從1943 年《電影與播音》上刊登的「金陵大學 55 年校慶電化教育展覽」的系列文章中發現某些線索，這是因為上述文章的作者均為積極參與電化教育教學活動的金陵大學理學院電化教育專修科的師生。《幻燈與燈片》一文係金

陵大學 55 年校慶電化教育展覽的工作總結之一，作者萬文鵠首先介紹金陵大學教育電影部的幻燈片種類，計有蔡司舊型燈機 1 具，蔡司新式燈片及圖畫兩用幻燈機 1 具，最舊式用煤油燈之幻燈機 1 具，其他舊式幻燈數種；另外，袖珍幻燈機有柯達第一型第二型各 1 具，Argus CD 型 1 具，SVD AAA型 1 具，及標準型玻璃彩色燈片數百張，幻燈軟片 70 卷，還附有洛杉磯地圖及好萊塢風景彩色圖片多幅。其次，該文對幻燈教育的對象對了一番分析，指出主要有兩類對象：一類是對科學較有興趣者，另一類是知識較淺者，兩類對象關注點常常不同，前者關注幻燈機之放映法及用途、幻燈機的製造法、展覽的膠捲數，後者較為關注幻燈的清晰度、普及衛生類常識的幻燈片。〔註 70〕李宗智的《暗室設備》一文認為「暗室內之任務，即是將所攝成的底片，經一番手續，沖洗成明顯的底片，再印成美麗的正片。要將影片放映在觀眾面前，暗室是必經的一步。」〔註 71〕沖洗影片的程序包括：第一步為顯影，顯影液以化學藥品為主，主要有 D72，D73；顯影液中主要成分為對苯二酚（Hydroquinone）、亞硫酸鈉（Sodium Sulfite），碳酸鈉（Sodium Carbonate）等；顯影所用的器具有顯影盤，有活頁顯影罐，可裝底片 12 張；35 毫米顯影罐，可裝影片 5 英尺，閉合後用手轉動中間的軸以發影，兩種顯影罐均不漏光。第二步為定影，定影液也有若干配方，如柯達 F5，定影液中主要成分為硫化硫酸鈉（Hypo）或更加一些鉀明礬（Potassium Alun）等堅膜劑。第三步清洗與乾燥，定影後須將片上定影液充分洗淨，放在清潔而無風的地方晾乾，並避免移動，直至完全乾燥。三項沖洗步驟在暗室中進行，必須注意使用溫度計、新舊放大器、照相機、自動印照片機、安全燈等輔助器材。〔註 72〕《影片剪輯》一文指出，剪接師在剪接前，應事先充分將所需的劇情作出詳細的計劃，然後按照分幕將攝製完成的影片依照規定的劇情剪接好，將不必要的剪去，具體步驟包括檢查影片、接片、倒片。〔註 73〕《錄音原理》一文開頭介紹了兩種簡單的錄音法，力圖通過最簡單的語言闡明錄音的基本原理，文中風趣地寫道：「當這類寶貝（指錄音機——引者注）被打開時，並沒有什麼了不起，僅僅是些線圈、反光鏡、透鏡、小燈泡，以

〔註70〕萬文鵠，幻燈與燈片〔J〕，電影與播音，1943（2-5）：9。
〔註71〕李宗智，暗室設備〔J〕，電影與播音，1943（2-5）：10～11。
〔註72〕李宗智，暗室設備〔J〕，電影與播音，1943（2-5）：11。
〔註73〕教育電影部，影片剪輯〔J〕，電影與播音，1943（2-5）：15。

及一塊磁鐵」。〔註74〕《活動畫》一文中的「活動畫」即今天的「動畫片」，此文是金陵大學 55 週年校慶電化教育展覽工作總結之一，作者王仲宜介紹道此次活動畫展覽包括活動畫的原理圖、活動畫動的原理實驗、活動幻燈片、手搖電動兩用放映機、活動畫劇本、活動畫劇本分幕、壓縮空氣噴色筆之使用、凡諦仙樂彩色原畫紙 12 張；在介紹原理時，作者以實物結合講解的方式，清晰而生動地介紹了「視覺暫留」的原理在活動畫影片中的應用。〔註75〕可見，此類課程的教材多是師生們在電化教育實踐活動中形成的經驗總結，內容涉及校內電化教育工具的介紹、電化工具使用的程序，包括攝影、錄音等前臺工作和洗印等後臺工作等。

　　1945 年秋，金大電化教育專修科隨校遷回南京後便與教育電影部一起佔用金陵大學應用科學館的三、四兩層，包括設有 100 座位的大放映室、兩個 30 座位的小放映室、資料閱覽室、播音室（即「大學之聲」，每日定時向全院播音）、暗房、翻拍室、繪畫室、感光材料實驗室等。〔註76〕這些設備為學生開展電化教育實習提供了便利的條件。

　　綜上所述，此期金陵大學理學院電化教育專修科學生大都為年齡在 18～25 歲之間的具有一定實踐經驗的高中畢業生及技術員，其籍貫多在西部地區。電化教育專修科的課程設置已趨於完善，涉及電化教育理論、電化教育技術、電化教育實施法、電影劇本製作四方面，所使用的核心教材和理論性較高的教材採用外文原著，而一般理論教材和實習用教材則採用自編講義。

三、江蘇省立教育學院電化教育專修科的復辦

　　1946 年，江蘇省立教育學院遷回無錫，在原址復校。是年，學院設有社會教育系（原為民眾教育系），內分社會教育行政組、社會教育事業組、地方自治教育組、圖書館教育組；農業教育系，內分農藝組、園藝組、畜牧組、農業經濟組；電化教育專修科；勞作教育專修科。學院復校後，當時的主要教授有陳汀聲、戴公亮，劉季洪、趙冕等人也經常受聘來院講學。電化教育專修科重建後，由陳汀聲任科主任，講授擴音機裝置與修理、廣播電臺技術

〔註74〕董良，錄音原理〔J〕，電影與播音，1943（2-5）：18。
〔註75〕王仲宜，活動畫〔J〕，電影與播音，1943（2-5）：27。
〔註76〕任傑，北京電影學院志（1950～1995）〔M〕，北京：北京電影學院，2000：
　　　531。

管理、教育播音課程；院長童潤之聘戴公亮爲兼任教授，講授照明與洗印、幻燈片製作、電影概論課程，顧詳千講授電工學課，錢同誼講授無線電與收音機、汽油發電機課，秦柳方負責指導學生實習、實驗。此外，電化教育專修科還從上海等地聘請當時電影、廣播領域傑出人士擔任專職或兼職教授，如司徒慧敏講授音響課，萬古蟾講授動畫課，許幸之講授置景課，時塘講授無線電收音機課，並邀請田漢和歐陽予倩到電化教育專修科講學。秦柳方先後在江蘇省立第三師範學校、江蘇省立民眾教育學院學習，1930 年畢業後任江蘇省立民眾教育學院指導員、教員，1929 年參加由中央研究院社會科學研究所陳翰笙和王寅生主持的無錫農村經濟調查組，共調查 22 個自然村，1204 戶農戶。1936 年，秦柳方受聘於江蘇省立教育學院任教員、指導員及電影播音教育專修科教師，次年冬無錫淪陷前秦柳方與江蘇教育學院的部分師生轉移至桂林，自此他在桂林堅持工作 7 年多，直到 1944 年疏散，才離開桂林。1938 年學院在桂林復課，秦柳方任講師，講授經濟學和農村經濟，同年 9 月學院招收新生，他講授民眾教育等課程。1942～1943 年間，他還曾兼職桂林私立西南商專教授，講授經濟學。1942 年冬，秦柳方與張錫昌等人發起創辦了《中國工業》月刊，張錫昌任主編，秦柳方爲編委，他就工業建設、工業貸款、工業與稅捐、工業救濟扶持等問題進行了研究，撰寫發表了多篇論文。1945 年初，秦柳方受國際工會委員會的委託，對重慶 35 個工業合作社進行調查，撰寫了《渝市工合社調查報告》，發表在中國工業合作協會出版的《工業合作》月刊上。

　　司徒慧敏於 1928 年赴日本留學，入東京上野大學美術學院圖案科，同時參加了由夏衍、沈西苓、許幸之等人組織的「左翼美術家同盟」，在業餘時間他參加了日本大學電影研究班，入早稻田大學電子系當校外生，業餘搞無線電。他於 1930 年回國，1932 年進入天一公司，任影片的布景設計師。此間司徒慧敏以極大的興趣學習和研究電影錄音技術，並和曾在美國華盛頓大學研究過機械工程的馬建德一起研究有聲電影錄音技術。1933 年秋，他們製作的「三友式」錄音機尚在試驗階段，田漢、夏衍便多次組織任光、安娥、袁牧之等人到他的錄音技術研究室來試錄，「三友式」錄音機誕生後，司徒慧敏和馬建德、司徒逸民集資成立了電通股份有限公司，經營「三友式」有聲電影錄音還原設備，同時辦理各種電機工程的設計。司徒慧敏作爲錄音師，先後爲明星公司的《姐妹花》、《脂粉市場》、《二對一》等影片錄音。「三

友式」錄音機製成後，第一次用此錄音機爲聯華公司的《漁光曲》、《大路》、《新女性》、《浪淘沙》、《到自然去》以及電通公司的《桃李劫》、《風雲兒女》、《自由神》、《都市風光》等影片錄音。1935 年，司徒慧敏導演了由夏衍編劇的《自由神》，次年他轉入聯華影業公司，除了擔任導演職務外，仍擔任錄音員，在「聯華」，他導演了由蔡楚生聯合編劇的《兩毛錢》和《前臺和後臺》。1937 年抗戰爆發後，他與蔡楚生、譚友六等先後到香港，開展抗戰電影工作，完成抗戰粵語片《血濺寶山城》，於 1938 年 4 月在香港上映。

　　萬古蟾早年畢業於上海美術專科學校，在該校和商務印書館任圖畫教員，先後在長城畫片公司、明星影片公司、新華聯合影片公司、中華電影公司、香港長城電影公司等任布景師、卡通室組長、動畫技術員、卡通部主任和美工科科長等職。1925 年，他在商務印書館任美術設計，和萬籟鳴、萬超塵等兄弟一起承擔了該館急需的動畫廣告的繪製工作，創作了《舒振東華文打字機》等 3 部共 400 餘尺的動畫廣告。1926 年，萬氏兄弟入長城畫片公司擔任美工，業餘時間爲該公司製作藝術性動畫短片，在此期間他創作了我國第一部無聲動畫片《大鬧畫室》。1940 年，萬氏兄弟應上海新華聯合影片公司邀請成立新華「卡通」部，萬古蟾任主任，在此期間萬氏兄弟創作出中國第一部長篇動畫片《鐵扇公主》。

　　歐陽予倩 1904 年到日本讀中學，後攻讀明治大學商科，並在早稻田大學文科做校外生，從 1906 年起他業餘學習京劇，1910 年回國。1915 年他正式成爲京劇演員，曾編寫《臥薪嘗膽》、《黛玉葬花》、《鴛鴦劍》、《晚霞》等二十多部戲曲。1929 年參加南國社，1929～1931 年間在廣東創辦戲劇研究所，並辦附設戲劇學校、音樂學校和管絃樂隊。1932 年冬，他到歐洲考察戲劇，在法國半年，在英國三個月，又曾兩次赴蘇聯，參加過蘇聯第一屆戲劇節，回國後曾參加福建人民政府，失敗後赴日本。1935 年冬，他回到上海從事電影工作，曾在新華影片公司、聯華影片公司、明星影片公司擔任電影編導。1938 年，他應廣西大學校長馬君武之邀到桂林，與馬君武、白鵬飛等共同發起成立廣西戲劇改進會，著手桂劇的改革工作。1939 年，他再次來到桂林，主持廣西戲劇改進會，並組織成立桂劇實驗劇團，任團長。1940 年，他任廣西省立藝術館館長。1938～1944 年間，他在桂林推動桂劇的改革與普及。1946 年紀念「五四運動」時，歐陽予倩在講話中批評曾任美國總統的胡佛利用糧食爲誘餌，破壞東歐國家的團結，這次講話引起了國民黨當局對他的迫害。

在 1946 年修訂的《本院續辦電化教育專修科計劃大綱》中，規定復辦後的專修科名爲「電化教育專修科」，分電影教育和電播教育兩個組。

表 4-20　1946 年江蘇省立教育學院電化教育專修科課程一覽表

課 程 類 別		課 程 內 容	課程門數
普通必修課程		倫理學、社教概論、國文、英文、國語與演說、音樂、教育概論、聲光電、高級物理學、應用電工學、社會學、教育心理學、現代中國文學、普通教學法	17
專門必修課程		戲劇理論與舞臺實際、電影教育之理論與實施、電影編劇術及劇本譯讀、電影放映術及機械修理	9
分組必修課程	電影教育組	電影劇本寫作、有聲教育電影、電影機件維修等	9
	電播教育組	無線電學、電池學、播音劇本寫作、播音教學法等	8
各組選修課程		不詳	11

資料來源：本院續辦電化教育專修科計劃大綱〔Z〕，江蘇省立教育學院，1946：33～39。

由表 4-20 可見，與停辦前相比，此期電化教育專修科的課程總量明顯增多，其中以普通必修課程數量增加最多，由停辦前的 8 門增加到 17 門，普通必修課程中增加的課程大多爲停辦前的專門必修課程，教育類的課程也均歸入普通必修課程之中。另外，此期專門必修課程和分組必修課程的名稱與停辦前的有較大差異，如電影教育組方面，比較重視電影劇本寫作和電影機件的維修等方面，這與復辦後攝影器件的缺乏有很大關係，電播教育組的課程則明顯增多並與電影教育組基本持平。該時期，專修科課程有三十多種，約八十個學分，除了部分的基本功課外，教育的課程與技術上的課程，都特別注重。另一方面，由於物質條件的限制，使得研究有點偏重了無線電，特別看重實習，重視考察學生實際操作能力、將理論與實際結合的能力等。據稱：「訓練課程：所要讀的學程有三十多種，約八十個學分，除了部分的基本功課外，教育的課程與技術上的課程，平均注重，另一方面，由於物質條件的限制，使得我們的研究，多多少少偏重了無線電一方面，這並不是說我們在無線電方面研究得怎樣有成就，而是說一切差的很遠，但是電影方面也許較無線電差的更遠。此外我們的實習也特別著重，實習室是整天的開放

著，同學們大部分的時間，也消磨在那裡。」〔註77〕

　　學院在戰前原設有無線電廣播電臺一座，規模相當大，但戰爭爆發後這些設備均不復存在。至於電影方面，「在開始的一學期，電影方面我們連一架有聲放映機都沒有，而影片更成問題，《鐵鳥》、《小玩意》是我們絕無僅有的幾部寶物，攝影方面攝影機很少，攝影場根本談不上，連暗室都沒有，倒是在無線電方面，稍微有一點器材做做實驗，其他什麼也沒有。但是我們並沒有因此而裹足不前，我們要盡人力來彌補一些缺陷，像電影放映機吧，我們將教育部發給我們的一架 De Vry 無聲放映機重新設計改成有聲機。像變壓器吧，我們固然沒有現成的可用，即使漆包線紗包線這一類的材料都沒有，我們也只有用土造來代替客貨，這一種東西，應用起來當然不太便當，但是我們心上，卻感受著另外一種快慰。」〔註78〕電化教育專修科在復辦之初就擬定了計劃，即首先集中力量發展電影，「經過一個學期的慘淡經營，我們完成了兩個放映隊，一隊是有聲片，一隊是無聲片，經常於周圍一二百里內放映，也惟有在這種物質條件較差的情形下，使得每個同學的警覺性提高。因為我們不能不時刻注意到我們的機件會不會有毛病。」〔註79〕經過努力，學院電化教育專修科擁有電影放映隊兩支，一隊巡迴城市，包括無錫、江陰、武進、蘇州等縣；一隊巡迴鄉村，以實驗區鄉村為主，遠及其他鄉村。學院特訂立了《電影放映辦法》，選擇學院從教育部和英美大使館新聞處借來的具有教育意義和娛樂價值的影片放映，由於租借來源的限制，這些影片主要為 16 毫米的新聞片和科教片，放映前還需要編製說明書，加強教育效果。「凡遇到外文片要做翻譯工作，遇到無聲片要做配音工作，遇到教育影片要在附近學校內做課室教學工作。這樣我們的足跡，走遍了崑山、蘇州、江陰、常州、宜興、鎮江和無錫等各縣，觀眾達六十九萬二千五百餘人之眾（本年 3 月 15 日以前統計）。每當一次影片借來時，都要接連收到好幾封特約放映的信件。惜乎影片供給困難，機件設備不夠，以致有些地方不盡如人意。播音方面，除了播送一般的娛樂節目外，更有各種的教學教育節目，每日錫地（指無錫——筆者注）商情報告，更廣泛的服務於各地商界聽眾，有社會服務經常與各地聽眾聯絡，而聽眾的來信亦日有數封，遠的來自浙江嘉

〔註77〕孟爾典，介紹江蘇省立教育學院電化教育專修科〔J〕，影音，1948（3）：68。
〔註78〕孟爾典，介紹江蘇省立教育學院電化教育專修科〔J〕，影音，1948（3）：68。
〔註79〕孟爾典，介紹江蘇省立教育學院電化教育專修科〔J〕，影音，1948（3）：68。

興和蘇北南通等地。兒童故事更受一般孩子歡迎。」〔註 80〕與此同時，學院恢復廣播電臺，因爲戰前本院的電臺已和無錫各界人士發生了聯繫，所以電化教育專修科恢復後，經過自身的努力和各方的贊助，於 1947 年開始播音，學生們經常利用課外時間到學院電臺實習。據《江蘇省立教育學院校聞》報導，1947 年夏在原有器材的基礎上添置一部分設備，由電化教育專修科師生合作，自行裝置完成，同年 11 月開始試播，呼號爲 XLIJ，周率爲 1110 千周，波長 270 公尺，電力 100 瓦，每日播送十三小時，節目分社會服務、補習教育、休閒教育等及學術、常識、電化教育三講座。試播以後，成績異常良好，除京滬線各地外，其他如浙江、安徽等地區聽眾均不時來信報告成績並提出意見，交通部也允許頒發電臺執照。〔註 81〕此後，學院又著重改造攝影方面。據報導：「我們以很少的錢，購置了幾架照相機，作爲同學實習之用。攝影機有戰前的遺物二架，大抵還可應用，我們又布置了暗室，添設了各種印象沖洗的設備，所遺憾的，我們目前只能做到靜映卷片爲止，拍電影還沒有當眞的嘗試，而第一批同學，倒快要離校。這未免不有幾分難過。除了這些設施外，我們還有些臨時設備，你如果有機會到無錫看一看，也許會看到一大批的收音機和電影機，器材並不算少，其實那許多只能算暫時的設備，因爲不久人家會拿去的，我們知道自身的設備太少，特訂有服務辦法，替外界義務修理收音機或電影機，於人家不無便利，於自己多得些實習機會，也可算一舉二得的小玩意兒。」〔註 82〕

學院恢復後仍堅持小規模辦學的特色，學生則來自於全國各地，如 1946 年學院在院學生共 3988 人，內分社會教育系 211 人，農業教育系 128 人，電化教育專修科 34 人，勞作師資專修科 24 人，研究生 1 人。〔註 83〕

第三節 近代中國電化教育學標誌性專業期刊《電影與播音》述評

如前所述，在前一時期近代中國電化教育專業期刊《電化教育》問世，《教育與民眾》期刊也大量刊登電化教育文章；這一階段，金陵大學又創辦

〔註 80〕 孟爾典，介紹江蘇省立教育學院電化教育專修科〔J〕，影音，1948（3）：69。
〔註 81〕 恢復設立廣播電臺〔N〕，江蘇省立教育學院校聞，1948-3-10，（3）。
〔註 82〕 孟爾典，介紹江蘇省立教育學院電化教育專修科〔J〕，影音，1948（3）：68。
〔註 83〕 資料室，本院實施基本教育的概況〔J〕，教育與民眾，1946（8）：20。

了《電影與播音》期刊，它作爲近代中國電化教育學的標誌性專業期刊，遂成爲發表和傳播電化教育研究成果的重要載體。

一、《電影與播音》創刊的學術背景

20 世紀 20～30 年代，國內的教育期刊已刊登了相關電化教育學研究論文，如 1933 年刊載於《時代教育》〔註84〕的《電影與社會教育》一文談到電影作爲 20 世紀最新和強有力的藝術表現形式，其主要優點在於易於普及，「它能夠把握住比其他藝術更廣大的群眾的力量」，電影的兩大重要作用一爲政治宣傳，二爲實施教育；文中還將當時推行電影教育得力的日本和蘇俄作爲模範，號召政府積極推進實施以民族意識教育爲中心的電影教育。〔註85〕1937 年刊登於《社會與教育》〔註86〕的論文《電影教育論》更像是前期研究成果的綜述，文章開頭從政治和藝術的關係談起，既然藝術和政治是可以並存的，那麼教育和政治宣傳也可並存，「雖然宣傳與教育我們一向都以爲著它底差異，但這是不要緊的，在電影的領域內，我們很可以混合起來或平列起來使用。」〔註87〕從內容上看，該文分爲電影之史的發展、電影教育的效能、電影教育在國際和中國三方面。在論述電影之史的發展時，作者依次從照相史、幻燈片發展、電影史入手，認爲 1812 年法國人尼泊斯（Niepce）完成了世界上第一張照相，開世界照相史之開端，而電影的發明則歸功於美國人塞勒斯（Sellers）、愛迪生和英國人愛德華·邁步里奇（Edward. Muybridge）。關於電影的效能，作者認爲電影能夠將娛樂融於教育，使得觀眾在娛樂的同時受到教育；在論述電影的副作用時，又引用了美國勃魯謀爾（H. Blumer）和郝綏爾（Hauser）有關電影對於青年犯罪者的影響的調查結果。1937 年，陳友松主編刊印《電化教育》雜誌，如前所述它是國內最早的電化教育專業期刊，其內容涉及教育電影攝製藝術（包括取材）、電化教育設備、技術研究、教育

〔註84〕「九一八」事變後，國人對當時教育不符合民眾需要的批評增多，教育改革的呼聲漸高。1933 年，北平市社會局教育科以「應協助教育改革進行之需要而誕生」爲宗旨，創辦《時代教育》月刊。該刊出至 1935 年第 4 期終止，共出版 18 期。

〔註85〕齡，電影與社會教育〔M〕，時代教育，1933（10）：55～57。

〔註86〕1937 年，《社會與教育》月刊創辦於廣州，主要刊登探討廣東社會教育問題的文章。該刊出至同年第 8 期即終止，共出版 8 期。

〔註87〕許更欣，電影教育論（上）〔J〕，社會與教育，1937（7）：108。

電影教學法、國內外教育電影發展現狀等問題，但僅辦 5 期即告終止。

　　總的說來，20 世紀 20～30 年代教育期刊及電化教育期刊或因辦刊時間較短而未及刊登電化教育學相關論文，如《電化教育》；或由於主題和篇幅的限制無法大量刊登電化教育學論文，如《時代教育》、《社會與教育》。從文章內容來看，其主要缺陷在於：（1）聚焦在教育電影方面，而忽視教育播音，事實上隨著 20 世紀 30 年代後期國內播音設備的普及，教育播音由於經費更爲節省、受眾更廣等優勢而受到電化教育界的大力推崇，但相關期刊對其研究成果尙付闕如。（2）關於教育電影技術和原理的探討不夠深入，近代中國電化教育發展之初的研究對象即偏向近代先進的電化教育媒體和技術，但只是關心媒體技術的使用方面，甚少對其背後的技術原理加以深入的探討，而後者才能促進媒體技術不斷更新和改造。上述現象無疑成爲學科發展的嚴重障礙。

二、《電影與播音》的作者群體、主要內容和意義

　　1942 年 3 月 15 日，一本油印刊物《電影與播音》在成都華西壩金陵大學理學院問世，成爲近代中國創辦時間最長的電化教育學專業期刊。據該刊自述，辦刊的原因有 4 條，其一是專修科主任孫明經「赴美考察教育電影事業期間，採集資料甚豐，因限於文字及份數，大都未能及時廣爲利用」；其二是專修科成立後「至感教材之困難」；其三是「國內電教同志均感有加強聯繫的必要」；其四是「國外電教同志亦急需適當媒介，以便向國人介紹其所見所聞」。〔註88〕孫明經也指出辦刊的原因主要在於：「一、影音技術和教育的中文讀物太少，我們既然辦理影音專修科，必須爲學生們準備一些中文的參考資料。二、各教育機構和社會人士漸增的興趣，使我們感覺到這個使命。許多教育當局和有關機構來信問各種問題，與其一一答覆，不如刊行雜誌，作總的答覆。三、作者從美國帶回約五六百磅的文獻，如不整理發表，便不能公諸同好。四、這刊物可作本校影音教育和學生以及影音事業人員專修、發表和實習的園地。五、影音事業，尤其影音教育事業在中國還被稱爲『新玩意』，須讓社會人士有準確的認識」。〔註89〕

〔註88〕吳在揚，中國早期的電教刊物——《電影與播音》〔J〕，外語電化教學，1992（3）：49。

〔註89〕曾巍，篳路藍縷，以啓山林——孫明經先生早期電化教育思想解讀〔J〕，現

1942～1946 年間，《電影與播音》辦在成都，由於經費、編輯人員、稿件來源缺乏以及印刷設施不完善等原因，辦刊十分困難。《本刊三週年紀念——追述草創經過》一文中談道，人員方面由於該刊並沒有資金援助，只能由主任孫明經擔任寫作、編輯以及出版發行諸方面事項，自一卷五期至三卷四期，金陵大學理學院電化教育專修科助教區永詳協助編輯，做了許多工作，但在 1944 年 4 月返回家中奔喪，「適逢桂粵淪陷，其初抵里時會來一電，自後迄無消息，為本刊一大損失。」三卷後，該刊才有金陵大學教育電影部教師曹守恭和英文秘書李鑄晉兩人加盟，編輯陣容有所增強。由於該刊不付給作者稿費，所以在收集稿件方面十分困難，「兩次以鉅款徵求亦未得到良好效果」，但該刊也擁有一些固定和熱心的投稿者，他們就成為該刊能夠堅持下去的動力，「若干言明不受酬之稿件仍不時由讀者源源寄來。」〔註90〕儘管困難重重，但並未迫使金陵大學理學院因此改變其辦刊初衷，在編輯方針上仍堅持嚴謹的學術態度和原則，即便經濟上較為措據仍堅持按期出刊。

在成都的 4 年中，《電影與播音》一共發行了 38 期，該刊在每年年底最後一期中均刊有總目錄索引，以方便讀者查閱。其欄目分為「本刊專稿」、「一般論述」、「技術研究」、「國內電教」、「教育論述」、「海外文摘」、「海外消息」、「國內消息」、「佳片介紹」、「人物志略」、「參考資料」、「金大電教」等。其中前五項為雜誌的主打欄目。總體觀之，這一時期《電影與播音》雜誌雖然受到經費困難、編輯力量和稿件短缺等外部環境的約束，但仍堅持按期出版發行。

表 4-21 1942～1946 年間《電影與播音》部分電化教育論文一覽表

論 文 作 者	論 文 題 目	卷 期
潘澄候	打破電化教育實施困難	1942（1-1）
孫明經、唐思禮	電影術語名詞辯正	1942（1-2）
曹守恭	新式交直流接收機之介紹	1942（1-2）
傅南棣	活動畫影片	1942（1-2）
孫明經	三十五毫米幻燈軟片	1942（1-3）
區永詳	檔案軟片	1942（1-3）
李曉舫	電化教育	1942（1-4）

代教育技術，2011（12）：6。

〔註90〕編輯室，本刊三週年紀念——追述草創經過〔J〕，電影與播音，1945（2）。

曹守恭	單系及復系錄音法	1942（1-4）
曹守恭	變積錄音聲帶之音質控制	1942（1-4）
范厚勤	十六毫米電影	1942（1-4）
侯寶璋	醫學與電影教育	1942（1-5）
孫明經	電影與動員民眾	1942（1-5）
王湛	中國教育電影協會近況	1942（1-5）
范厚勤	略談 35 毫米電影與 16 毫米電影	1942（1-5）
陳毅	無線電與國防	1942（1-6）
張藹蘭	電影教育法舉例——與中國兒童共同生活	1942（1-6）
趙國振	實施播音教育小意見	1942（1-6）
呂錦璦	怎樣做自己用的底片	1942（1-6）
但功泓	攝影術的老前輩	1942（1-6）
范厚勤	貝浩公司十六毫米有聲放映機	1942（1-6）
管恒之	電化教育配合國民教育實施記	1942（1-6）
范厚勤	音樂用於閃電戰	1942（1-6）
范厚勤	無線電自述	1942（1-7、8）
羅無念	電視向電影挑戰	1942（1-7、8）
段天育和本刊編輯室	播音十戒	1942（1-7、8）
孫明經	攝影學上的密度	1942（1-7、8）
孫明經、毛應驥	攝製電影	1942（1-7、8）
林崇明	電影與聲音	1942（1-7、8）
曹守恭	變積錄音聲帶之音質控制	1942（1-7、8）
譚天客	日冕電影攝影機——預測電磁擾動	1942（1-7、8）
林崇明	聲音與電影	1942（1-7、8）
姜贈璜	電影到農村去	1942（1-7、8）
陳鐵生	漫談配音	1943（1-1）
電子	我們的戰時國際電信	1943（1-1）
陳鐵生	談配音	1943（2-1）
姚炘	新聞片與紀實片	1943（2-1）
范厚勤	反正片與負片正片之比較	1943（2-1）
盛餘泳	一個理想的電化教育專修科學生	1943（2-1）
李清萼	感光材料之特性曲線	1943（2-1）
姚炘	飛機上接收電視節目	1943（2-1）

顧秉良	十六毫米袖珍有聲放映機	1943（2-1）
屈應琛	視覺教育的價值	1943（2-2）
羅筱雲	十六毫米影片在空軍上之應用	1943（2-2）
林運秉	有聲電影教練的幾個原則	1943（2-2）
李清萼	軍事訓練影片之輯片政策	1943（2-2）
孫明經	電視的領域	1943（2-2）
戚作鈞	短波之特性及其應用	1943（2-3）
孫明經、張鄉蘭	三種電影教學法效用之比較	1943（2-3）
段天育	教育方案	1943（2-3）
呂錦璦	影調觀摩之循環——由實物至摹本	1943（2-4）
范厚勤	論銀影（The Silver Image）	1943（2-4）
孫明經	電視的機械分像法	1943（2-4）
孫明經	光電學（Photo Electricity）	1943（2-4）
鄭星鏡	業餘無線電展覽大要	1943（2-5）
唐尚銳	業餘無線電講解大要	1943（2-5）
李宗智	暗室設備	1943（2-5）
顧秉良	電影攝製	1943（2-5）
教育電影部	影片剪輯	1943（2-5）
董良	錄音原理	1943（2-5）
區永詳	電教文獻	1943（2-5）
王仲宜	活動畫	1943（2-5）
杜維濤	電化教育漫談	1943（2-6）
孫明經	電化教育與戰後建設	1943（2-6）
林運秉	攝影感光片	1943（2-6）
鈕長德	負片與正片	1943（2-6）
孫明經	光電管之作用及其種類.	1943（2-7）
屈應琛	影片損傷之原因	1943（2-7）
孫明經	他們用電影作戰	1943（2-7）
楊弘武	蘇聯電影近況	1943（2-7）
不詳	攝影化學的淵源	1943（2-7）
孫明經	電視的特種分像法	1943（2-8）
屈應琛	景深關係	1943（2-8）
孫明經	景深是什麼？模糊圈是什麼？	1943（2-8）

不詳	美國空軍大量攝製訓練影片	1943（2-8）
陳晨	憶中國電影攝影學會	1943（2-8）
王式孟	軍中文化電影至上論	1943（2-9）
郭祝崧	濾色鏡	1943（2-9）
不詳	時間之測定保存與廣播	1943（2-9）
不詳	論國際廣播與時間問題	1943（2-9）
區永詳	立體電影之演化	1943（2-9）
兒	美國電影事業之近況	1943（2-9）
孫明經	電視的無線電接收器	1943（2-9）
呂錦瑗口授、蔡德培筆述	百年來攝影化學的進展	1943（2-9）
區永詳	電影的八面觀	1943（2-10）
孫大營	攝製電影十戒	1943（2-10）
孫明經	電視的展望	1943（2-10）
羅靜予	美國電影事業鳥瞰	1944（3-2）
曹守恭	無線電城內 NBC 十週年紀念	1944（3-3）
李鑄晉	電影效力於美國空軍	1944（3-3）
呂錦瑗講授、陳馥英筆述	潛影是什麼	1944（3-3）
孫明經	「新生活」影片擬稿	1944（3-3）
區永詳	全美教育影片流通協會成立	1944（3-3）
曹守恭	電話研究實驗室致力戰時工作	1944（3-3）
林崇明	放映機之選擇	1944（3-3）
董良	敷膜鏡頭	1944（3-3）
張先德	活躍在北泉的國立社會教育學院電教專修科	1944（3-3）
那兆鳳	戰時美國電機工程師之貢獻	1944（3-3）
溫福立	戰時大眾教育的新工具——袖珍放映收片	1944（3-4）
張建文	人像攝影的要訣	1944（3-4）
范謙衷	模型與視覺教育	1944（3-4）
劉之介	何謂視覺教育	1944（3-4）
徐明鑫	華納公司影片洗印廠	1944（3-4）
孫良錄	無線電搜索器——搜索空中敵機最有效的利器	1944（3-4）

溫福立	第二戰場與袖珍片	1944（3-6）
曹守恭	袖珍放映機之剖視——由現代化的袖珍放映機精巧的構造產生教育與宣傳上意想不到的效果	1944（3-6）
李鑄晉	蘇聯電影工業的技術進步	1944（3-6）
盛餘泳	教育廣播節目	1944（3-6）
段天煜	戰後的電影教育	1944（3-7、8）
孫明經、唐思禮	景深之測定	1944（3-7、8）
孫明經	電化教育與西康建設	1944（3-7、8）
陳彪	戰時的英國國家廣播公司	1944（3-7、8）
高亞光	教部社教工作隊負責人談放映袖珍片經驗	1944（3-7、8）
曹守恭	O型袖珍放映機	1944（3-9、10）
陳彪	十六毫米有聲放映機之保養與使用	1944（3-9、10）
陳彪	戰時的英國國家廣播公司	1944（3-9、10）
楊恩榮	軍中電影縮短訓練時間——電影訓練縮短百分之四十的時間	1944（3-9、10）
王陸	我們應常廣播什麼節目	1944（3-9、10）
王紹清	「中國為何而戰」的製作及其價值	1944（3-9、10）
孫明經	三原色與四原色彩色攝影法	1945（4-1）
呂錦瑗	柯達色與新柯達色	1945（4-1）
盛爾鎮	特藝天然彩色發明人——柯美思夫婦	1945（4-1）
杜維濤	電化教育的回顧與前瞻	1945（4-2）
羅靜予	美國軍教電影的設施	1945（4-2）
李鑄晉	宗教片的復興	1945（4-2）
劉紫林	英國無線電閃電戰	1945（4-2）
曹守恭	革命化的廣播方法調頻 frequency modulation	1945（4-3）
張士正	在戰爭與和平中的廣播大學	1945（4-3）
孫明經	發展我國電化教育當前的任務	1945（4-4）
王公維	攝影學之園地一覽	1945（4-4）
王家驥	攝影科學的理論	1945（4-4）
解連生	美國廣播事業近況	1945（4-4）
翟馥	嗅覺電影	1945（4-4）
	戰後我國電影攝製之題材路線與片型取決	1945（4-5）

呂錦瑗	印象紙與放大紙之製備	1945（4-5）
范謙衷、孫明經、段天育、劉之介	中國戰後電影事業建設方案	1945（4-6）
曹守恭	一個電影施教機構應具備些什麼器材？	1945（4-6）
范益之	利用電影加強教學	1945（4-6）
曹守恭	電教展覽	1945（4-6）
孫明經	鋼線錄音	1945（4-7、8）
編輯室	戰後電影將何如?	1945（4-7、8）
呂錦瑗	製備感光材料用凝膠之製法及其性質	1945（4-7、8）
曹守恭	揚聲器之配合及其裝置法	1945（4-9、10）
趙光濤	美國廣播事業概況	1945（4-9、10）
趙光濤	蘇聯廣播事業概況	1945（4-9、10）
區永詳	敵偽電影事業調查	1945（4-9、10）
李鑄晉	傳記影片論	1945（4-9、10）
蕭樹模	如何發展教育電影	1945（4-9、10）
余朝剛	顯影液葫蘆裏是些什麼藥？	1945（4-9、10）
李清萼	無線電攝影	1946（5-2）
趙光濤	戰前蘇聯教育電影事業	1946（5-2）
趙光濤	戰前意大利教育電影事業	1946（5-2）
劉柳影	電化教育的前途	1946（5-8、9）
孫明經	如何利用電影教學	1946（5-8、9）
胡福源	影片沖印技術管理要點	1946（5-8、9）
孫良錄	磁性錄音	1946（5-8、9）
杜維濤、呂錦瑗	攝製訓練影片經驗談	1946（5-8、9）
曹守恭	放映打炮之認識	1946（5-8、9）
呂錦瑗	電影在電視上的地位	1946（5-8、9）
區永詳	影片字幕製作	1946（5-8、9）
杜維濤	電化教育實施問題	1946（5-8、9）

資料來源：據 1942～1946 年《電影與播音》各卷、各期目錄編製。

　　從作者群體看，大學師生占絕大多數，其中又以金陵大學理學院師生為最，如金陵大學理學院教師有孫明經、呂錦瑗、王式孟、范謙衷、曹守恭、范厚勤、管恒之、區永祥、姜贈璜等人，理學院學生有但功泓、屈應琛、林運秉、李宗智、李清萼、顧秉良、董良、王仲宜等人；另外還有與金陵大學

一起遷至成都華西壩的華西大學、齊魯大學、燕京大學等校的教師，如羅無念、侯寶璋、李曉舫等人；除此之外，教育行政人員、民眾教育館館員和電影工作人員也占一定比例，如杜維濤、羅靜予、趙光濤、高亞光等人。可見，《電影與播音》的作者群以大學師生爲主體，其學科背景呈多元化特點，但專治電化教育者已較多，如孫明經、范厚勤、管恒之、區永祥、姜贈璜等人。在濃厚的學術氛圍薰陶之下，金陵大學理學院學生研究能力普遍較強，研究熱情十分高漲，故相繼在該刊上發表多篇論文。

從內容上看，這一時期《電影與播音》上刊發的文章側重於研究電影、播音的技術及其在社會教育、電化教育中的功能作用，以求喚起人們對大眾傳播媒介教育功能的關注。按其主題來劃分，大致可歸納如下：

1. **闡釋電影的教育功能和效果**。教育電影是視覺教育工具的一種，故對教育電影的闡釋首先牽涉到對視覺教育的闡釋。《模型與視覺教育》一文探討模型在視覺教育中的應用，以該文之見，模型乃「一種實物放大或縮小之仿照，用實際材料或代用材料製造，用於視覺教育者也。如地質地勢模型係按原物縮小或代用材料製造而顯示其概要者也。細胞模型顯微公務模型則用其他材料按原物放大而顯示微細之結構也，用實際材料製造縮小如火車機頭模型、軍艦飛機等屬之。」〔註 91〕《何謂視覺教育》譯自美國俄亥俄州立影片流通處處長奧古辛巴（Aughinbaugh）之原著，原文名爲「What is Meant by Visual Education」。文中將人的印象分爲經驗印象和間接印象兩種，圖畫、電影、書本等視覺教育工具均能實現經驗印象和間接印象的通訊，其中電影能夠將經驗印象記錄下來，而且還能打破視覺範圍的限制，如用延時攝影法（Time lapse photography）、高速攝影法（High Speed Photography）可將動作時間延長或加快，故「把各種記載視覺印象的記載方式加以估價，我們不難確定立體有聲電影最有價值，最能傳眞，如僅重動作，則普通的電影價值亦高，普通照片價值列於最後」〔註 92〕《視覺教育的價值》探討了電影的教育效果，文章分析道：「由視覺得來的知識不僅有趣而生動，且可引申其意，舉一反三，由此知彼，由簡而繁，注意集中，趣味豐富，易收教育之效果，電影恰能雙面顧到」，「電影在教育上並不是一種代用品，而是極佳的輔助，唯其利用爲輔助，用得合宜，乃能產生倍加優越的教育成果」。〔註 93〕

〔註91〕范謙衷，模型與視覺教育〔J〕，電影與播音，1944（3-4）：5～6。
〔註92〕劉之介，何謂視覺教育〔J〕，電影與播音，1944（3-4）：7～8。
〔註93〕屈應琛，視覺教育的價值〔J〕，電影與播音，1943（2）：2。

區永祥在《電影的八面觀》一文中認爲電影是一件綜合的東西，人們從不同的角度看待它，自然會得到不同的輪廓。區永祥從八個不同的視角剖析了電影，得出了「電影是應用科學、電影是高尚娛樂、電影是龐大商品、電影是綜合藝術、電影是新型教育、電影是國防工業、電影是宣傳武器、電影是文化使節」的結論。〔註94〕孫明經在《如何欣賞電影》一文中指出了影片欣賞的三個元素，即意義、藝術、技術，文章解釋道：「欣賞意義，就是欣賞影片的中心思想，編劇者的體驗見解，領會他對觀眾的啓示」，「欣賞藝術，就是欣賞影片基本畫面的布局，聯絡各段落的結構，演員的表情，辭句的練達，導演的手法，音樂的節奏，色調的適當，以及影、聲、動作和色彩交互間所構成的韻律」，而「欣賞技術就是欣賞洗印的恰到好處，濃淡適宜，錄音的清晰，輕重有致，布景的巧妙，燈光的得體，以及種種效果的有效配合」。〔註95〕孫明經在《電影是什麼?》一文中闡述了他的電影功能觀：「電影是記錄和傳播文化的媒介，電影是教育和建設的利器，電影是促進國際和平的橋梁，電影是促進世界大同的媒介」。他指出人們對電影所持的目的不同，則電影所具有的功能作用就迥異，有些人進電影院爲的是「曲線畢露」、「銷魂落魄」或「光怪陸離」、「神奇莫測」等目的，那麼「對於這些人，電影便是發揮低級趣味的工具」；有些人單純只是被電影富麗堂皇的色彩所吸引，對於內容是什麼卻不在意，「對於這些人，電影只是張燈結綵的作用，熱鬧而已」；還有一些人是爲了欣賞演出的藝術和文藝的內容，「對於這些人，電影是藝術，或是高尚的娛樂」；還有一部分人爲的是影片特殊的意義，「對於這類人，電影無異是一部專書，或一本雜誌」。〔註96〕

《電影與動員民眾》一文主要針對電影的效果，強調電影由於具有視覺上活潑生動的特性，在某些方面超過文字。爲了充分說明這一點，作者孫明經列舉美國俄亥俄州立影片庫曾做過的將電影與文字效果做比較的實驗，得出電影所生的印象可以持久的結論；他還結合自己在金陵大學放映電影的經驗，指出電影本身便是吸引觀眾的對象，因而它可以打破文化隔膜、動員民眾。〔註97〕姜贈璸在《電影到農村去》一文中主要強調電影在鄉村教育工作中的重要性，他對當時中國的農村做了一番調查，得出經濟、健康、團體（如

〔註94〕區永祥，電影的八面觀〔J〕，電影與播音，1943（10）：1～3。
〔註95〕孫明經，如何欣賞電影〔J〕，電影與播音，1946（10）。
〔註96〕孫明經，電影是什麼〔J〕，電影與播音，1946（10）。
〔註97〕孫明經，電影與動員民眾〔J〕，電影與播音，1942（1-5）：2。

農改所、合作社、農會、農業改進所）等數據，並用「貧」、「弱」、「愚」三字來概括農民的特徵，爲了改變這種現狀，必須應用能夠使農民接受強烈的刺激並使之易於接受和消化知識的教育工具，電影即爲理想的選擇，甚至連文盲也能看懂，而最適合農民觀看的電影題材應該是衛生和常識。〔註98〕孫明經的《他們用電影作戰》一文譯自《讀者文摘》，原作者爲小芬曼‧羅伯特（Robert T.Furman.Jr），原文名爲「They Fight With Film」，文章介紹二戰期間美國軍部通訊大隊（Army Signal Corps）攝影人員不斷用攝影機拍攝戰爭的實況，「美國進攻，大批的 M4 式坦克車經過平曠的戰地衝向敵方戰線。戰鬥機低飛擲彈並掃射敵方的一切。接著步兵在飛機坦克充分掩護下挺進。在一座小山崗的右面隱伏於叢林中，一隊攝影師正冷靜的把上述詳情一一攝製下來。」〔註99〕這些電影作用十分重大，在屏幕上出現什麼實況，可以爲新老兵提供下次如何應對的方法。在美國，電影還被用於訓練軍隊作戰，故新兵一入訓練營就要在軍中電影院看軍事影片。蕭樹模認爲電影是發展教育的最佳工具，他在《戰後電影將何如？》一文中首先梳理了電影在歷史上對人類做出的貢獻，如電影曾轉易風俗，使人們認識罪惡，提起人們對於娛樂的興趣，使人們在笑聲中增長見聞，20 年前電影已被教育家重視，電影成了加速軍訓的法寶等；戰後電影具有修補戰爭創傷，指導文化低的民眾，推進商業運作等用途。〔註100〕在《如何發展教育電影》一文中，蕭樹模主張要發展教育電影事業，首先必須認清什麼是教育電影，認清教育電影與娛樂電影不可混爲一談；他認爲國民需要教育電影甚於衣食住行，而「娛樂是超乎衣食住行以外的需要條件」，「我們要用教育電影這個有力量而且最經濟的工具來補救此種缺點」。此外，「教育電影可以離開學校獨立存在，發揮它在國民教育或社會教育上至大的功能，映放電影的場所，就是實施民國教育或社會教育的場所，銀幕就是講臺」〔註101〕。《電化教育漫談》一文寫道：「電化教育是運用近代發明的電的工具，以實施各種教育，其特點在能以最短的實踐支配最廣的空間，以最少的物質發揮最大的效力。」〔註102〕文中認爲，抗戰期間電化教育有利於集中力量動員民眾；有利於打破地域界限，以便對西北地區

〔註98〕姜贈璜，電影到農村去〔J〕，電影與播音，1942（1-7、8）：34。

〔註99〕孫明經，電影到農村去〔J〕，電影與播音，1942（2-7）：11。

〔註100〕編輯室，戰後電影將何如?〔J〕，電影與播音，1945（4-7、8）：168～170。

〔註101〕蕭樹模，如何發展教育電影〔J〕，電影與播音，1945（9-10）。

〔註102〕杜維濤，電化教育漫談〔J〕，電影與播音，1943（2-6）：1。

民眾進行教育；有利於打破國際界限，充分接受世界優秀的文化。最後，該文強調理想的電化教育應是將整個教育電化，全部的電化器材都能發揮教材教具的作用，充分發揮其教育功能，具體措施包括在全國公私立大中學中至少有新式電影放映機一架，教育電影十部，收音機及擴音機、幻燈機、留聲機各一架，電工職業學校、一般社會教育機關、電化教育巡迴工作隊等均應有成套的電化教育器材，另須設立電影教育館，包羅各種各樣的電化教育教材教具。〔註103〕《醫學與電影教育》一文主要介紹電影教育在醫學上的應用，包括在外科、實驗醫學和衛生教育三方面。

《電化教育與西康建設》一文首先論及電化教育具有傳播人類訊息的重要功能，但電化教育在西康具有特殊作用，因為在西康這種文化偏遠的地區語言文字的傳授存在一定的隔閡，而電影則全無這種限制，「對於看電影，則無不樂從，記得五年前到教廳施教隊，到巴安放電影，當時真的萬人空巷，齊集城外廣場，可惜天公不作羨，下起雨來，放映人員，正要收場，觀眾靜候不散，放映人員，大受感動，便在雨中放映，歷二小時，觀眾皆作落湯之雞，淋漓盡致。語言、文字、漢藏之分，全不成問題。」〔註104〕文後總結道：「綜合的說，電化教育是應用高度效率教育工具的教育方式，是具體的、活潑的、機動的、進步的。今日所舉的工具，不能為明日的限制。」

2. **考察教育電影的歷史與現狀。**區永詳在《立體電影之演化》一文中認為燈影戲是電影的始祖，而走馬燈則是立體電影的始祖。文中梳理了立體電影發展的歷程：從發明之初到紅綠眼睛看的立體電影，從偏極光器給科學家的啟示到莫斯科上演的新型立體電影，再到當時剛上映的立體電影《凡締仙樂》，指出：「電影發明以來，顯著的改進有兩次：就是從無聲到有聲和從黑白到彩色。時至今日，人們對於視覺與聽覺三度變化的要求，愈加熱烈，勢必促成電影技術的三次大革命，所以，立體電影的演進，已成為今後必然的動向了。」〔註105〕《百年來攝影化學之進展》一文從1929年美國紀念百年前泰伯特（William Fox Talbot）奠定近代攝影術基礎講起，攝影化學的進展為攝影術的進展的基礎，內容包括底片片基的進展、底片藥膜的改進、敏化中心的發現、染敏料化劑的作用、天然彩色的使用。《美國電影事業鳥瞰》一文採用倒敘的方法，先從美國電影界人士當時的社會地位談起，再追溯美國電影

〔註103〕杜維濤，電化教育漫談〔J〕，電影與播音，1943（2-6）：1～3。
〔註104〕孫明經，電化教育與西康建設〔J〕，電影與播音，1944（3-7、8）：14。
〔註105〕區永詳，立體電影之演化〔J〕，電影與播音，1943（2-9）：12～15。

的歷史，其中以珍珠港事件的爆發爲分界點。〔註106〕《美國廣播事業概況》
介紹美國廣播事業簡況和美國當時各大廣播公司概況，如國家廣播公司、哥
倫比亞廣播公司、聯合廣播公司；〔註107〕同期發表的相關論文還有《蘇聯廣
播事業概況》、《敵僞廣播事業調查》。《全美教育影片流通協會成立》一文係
研究教育電影流通管理機構的文章，它介紹當時美國成立的全美教育影片流
通協會，旨在防止國內重演美國過去種種重複與不相屬的缺憾，以求用最少
影片發揮最大功用；該會的功能主要有聯絡、供應、交換、集思廣益、期刊、
資料、推廣等。李鑄晉在《蘇聯電影工業的技術進步》一文中探討了蘇聯在
過去十年中的電影技術進步，文中寫道：「十年前蘇聯的電影幼稚的程度與我
們不相上下。今日蘇聯已有獨立的成就，可以自傲，遠非我國所可以項背。
其十年來進展的程度大有足爲國人參考之處，本文係蘇聯國家電影工業總工
程師出席美國電影工程師學會所報告。」該文認爲蘇聯過去十年電影工業技
術上的進步主要表現在錄音的改良、感光片的改良、沖印的改良以及彩色影
片、立體電影、放映技術的改良。〔註108〕

　　3. **研究攝影和播音的技術與設備**。攝影技術包括前臺攝影器件及應用技
術（如鏡頭、放映機的使用）和後臺洗印器件及應用技術（如底片、暗室的
操作）兩個方面。前臺器件方面，《光電管之作用及其種類》一文介紹了光
感發射管、光感電導管、光感福特管三種光電管。「以上三種光電效應之發
現，後述者最早，首者最遲，而納於應用之途者，則第一反最早，第三反在
最後，蓋其原理之發明實第一者在先，而第三者在後也。有聲電影放映機之
光電管爲第一類；光電繼電器多用第二類或第三類，新式光電曝光計多用第
三類。」〔註109〕《放映機之選擇》一文探討放映機構造、大小、價格方面
常見問題。如電動倒片裝置如何？中心注油量裝置如何？有無回映設備？等
問題。〔註110〕《袖珍放映機之剖視》一文主要介紹袖珍放映機，包括放映
機之心臟——光源和燈泡之命名原理、透鏡組可使光線集射於放映片上、如
何避免放映片感受過度熱量、活動片門玻璃可避免放映片在換幅時的摩擦、
影像不正每使觀眾發生不快之感、偏輪可使換幅迅速而不見察覺、單雙幅放

〔註106〕羅靜予，美國電影事業鳥瞰〔J〕，電影與播音，1944（3-2）：3～4。
〔註107〕趙光濤，美國廣播事業概況〔J〕，電影與播音，1945（4-9、10）：204。
〔註108〕李鑄晉，蘇聯電影工業的進步〔J〕，電影與播音，1944（3-6）：14～16。
〔註109〕孫明經，光電管之作用及其種類。〔J〕，電影與播音，1943（2-7）：3。
〔註110〕林崇明，放映機之選擇〔J〕，電影與播音，1944（3-3）：11。

映可任意選用、袖珍單片換片器材四種等內容。《O 型袖珍放映機》一文介紹 O 型袖珍放映機的構造、使用法、放映前的準備。其中使用法包括裝片、校對焦點、調正畫幅及影像位置、放映。〔註 111〕《露天電影放映幕》一文介紹金陵大學理學院教育部設計的露天電影放映幕。〔註 112〕為應電化教育界人士之請求設計電化教育施教機構所需器材，曹守恭特作《一個電影施教機構應具備些什麼器材？》一文，文中介紹了電影放映機及其附件的種類和功能。《敷膜鏡頭》一文譯自美國《教育雜誌》，原作者為麥爾生（E.W.Melson），文中認為敷膜鏡頭的功能是使放映時去掉反光，攝影像增加反光。〔註 113〕《濾色鏡》一文介紹了攝影機鏡頭表面常用的對象——濾色器，主要介紹了濾色鏡的種類、性能以及其與底片的關係。〔註 114〕

前臺攝影技術方面，《景深是什麼？模糊圈是什麼？》一文專門解釋了「景深」和「模糊圈」的概念，關於景深，「假如你照相的對象同時由甲乙兩個，甲距照相機 6 尺，乙距照相機 14 尺，如果你對這兩個對象所照成的相同樣清晰，而在稍前或稍後的景物即模糊，這時甲乙之間的距離就是景深。」模糊圈的概念由景深而來，「凡是鏡頭的景深都要依著模糊圈來推算。」〔註 115〕《景深之測定》一文係金陵大學電化教育專修科教材，文中首先介紹模糊圈的定義道：「在理論上，對正焦點的位置只有一個，除此在任何位置放置感光片，必與這光線相割，所得影像為一圓圈，而非一點，通常鏡頭的露光孔為一圓圈，所以對正焦點不確而成的圓圈影像，我們就叫他『模糊圈』」。接下來文中談及景深的決定因素 I＝鏡頭主焦距，U＝目的物的距離（按理論上校對焦點的距離），D＝相對光圈的直徑，c＝可以容忍的最大模糊圈的直徑。另外，景深可由影像清楚時物體的最遠和最近距離來推算，而超焦距可用來推斷最遠最近清晰點。為了更清晰地說明景深與物距、光圈號數的關係，作者還採用了函數圖解法。〔註 116〕《攝製電影十戒》主要從攝影技術的角度出發，認為電影攝製應注意取景太短、持相機不穩、搖景太多、搖景太快、搖景往復、缺乏特寫、發條不足、光圈不好、距離不准、構圖亂雜等 10 條。〔註 117〕

〔註111〕曹守恭，O 型袖珍放映機〔J〕，電影與播音，1944（3-9、10）：1～3。
〔註112〕范厚勤，露天電影放映幕〔J〕，電影與播音，1943（2-2）：14～15。
〔註113〕董良，敷膜鏡頭〔J〕，電影與播音，1944（3-3）：11。
〔註114〕郭祝松，濾色鏡〔J〕，電影與播音，1943（2-9）：3
〔註115〕孫明經，景深是什麼？模糊圈是什麼？〔J〕，電影與播音，1943（2-8）：13。
〔註116〕孫明經，景深之測定〔J〕，電影與播音，1944（3-4）：9～11。
〔註117〕孫大營，攝製電影十戒〔J〕，電影與播音，1943（10）：4。

後臺洗印器件及技術方面，楊紘武的《攝影化學的淵源》一文取材於華西大學化學系攝影化學課程筆記，作者認爲攝影化學即來源於光化學。〔註 118〕《潛影是什麼？》一文主要闡述「潛影」的基本特徵和來源，引徵豐富、說理透徹。〔註 119〕《攝影感光片》一文分導言、配置感光乳劑、增加感光速度、敏化中心、敏化中心的形成、反敏化（Desensitization）、正色與全色、珂珞玎片幾部分進行介紹。《負片與正片》一文將感光材料分爲正片和複片兩種，正片用於複製，負片用於攝影，屬於常識的介紹。〔註 120〕《感光材料的特性曲線》一文採取實驗法研究感光材料密度（Density）與曝光程度之間的關係。〔註 121〕《顯影液葫蘆裏是些什麼藥？》詳細解析了顯影液的配方，包括顯影液、保護劑、促進劑、制止劑、清水。〔註 122〕《印象紙與放大紙之製備》認爲印象紙與放大紙之所以重要，在於其能使每一張照片在一張不透明的片基上用發射光來看，並介紹了它們的配備材料和步驟。〔註 123〕《製備感光材料用凝膠之製法及其性質》，該文譯自勒夫（E.W. Love）的「What you want to know」一文，分引言、性質、製法三部分，製法分爲浸灰、洗滌、中和、煮膠、澄清及過濾、濃縮、漂白、冷卻、乾燥等環節。〔註 124〕

另有一些兼論前臺和後臺技術的文章，此類文章通常理論性較強。色彩學是現代攝影技術的重要理論來源，《三原色與四原色彩色攝影法》一文回顧了過去的彩色攝影法，介紹了色類、色價、色調、三色法、加色法（Addictive process）、減色法的定義和原理。〔註 125〕同類的文章有《色迷》、《感光材料之感光範圍》、《柯達天然色軟片成色原理》、《柯達天然色》、《柯達天然彩色片》、《彩色攝影》、《新柯達色》。此外，呂錦璦的《柯達色與新柯達色》一文詳細地說明了柯達色與新柯達色的原理。《特藝天然彩色發明人——柯美思夫婦》係金大電專課程「電影文獻」選譯，文章按特藝色來源、特藝色原

〔註 118〕楊紘武，攝影化學的淵源。〔J〕，電影與播音，1943（2-7）：11。

〔註 119〕呂錦璦，潛影是什麼？〔J〕，電影與播音，1943（3-3）：4～5。

〔註 120〕鈕長德，負片與正片〔J〕，電影與播音，1943（2-6）：9。

〔註 121〕李清萼，感光材料之特性曲線〔J〕，電影與播音，1943（2-1）：13～14。

〔註 122〕余朝剛，顯影液葫蘆裏是些什麼藥？〔J〕，電影與播音，1945（4-9、10）：225。

〔註 123〕呂錦璦，印象紙與放大紙之製備〔J〕，電影與播音，1945（4-5）：114～115。

〔註 124〕呂錦璦，製備感光材料用凝膠之製法及其性質〔J〕，電影與播音，1945（4-7、8）：174～178。

〔註 125〕孫明經，三原色與四原色彩色攝影法〔J〕，電影與播音，1945（4-1）：5～7。

理、特藝色發展的順序來展開論述。

播音設備與技術方面,《革命化的廣播方法調頻》一文主要介紹新式的無線電調頻法,此法著重解決如何消除天空靜電和其他人為雜音的干擾。在原理部分,文中首先解釋了調頻波和調幅波的不同、頻移和頻移比,接著解釋調頻的兩大優點,即調頻發射機的輸出和無振幅的帶動,所以不論調波或未調波,其發射電力均無改變,收音時雜音遂可減至最低。此外,該文還介紹了調頻訊號的方法——機械式調波器、電抗電阻調波器、電抗調波器。《超等外差式接收機之設計》一文係介紹超等外差式接收機的設計基本原理,「超等外差式接收機之基本原理,乃在機內另其振蕩部,將外來任何頻率之訊號,均變為機內固定之中間頻率。」〔註126〕《揚聲器之配合及其裝置法》一文中論述道,揚聲器是無線電接收機、擴音機和有聲電影放映機中不可缺少的工具,但揚聲器須與其他設備配合使用才能奏效;如輸出變壓器為揚聲器與擴音器或有聲電影擴音部配合的關鍵,擴音器與揚聲器配合的方法有串聯法、并聯法、串並聯法。文中附錄了9幅圖以表明各種連接法。〔註127〕《剛線錄音》一文介紹鋼線錄音的優勢在能夠克服舊式留聲機易打碎的缺陷,通常一卷鋼線可以連續使用一小時之久,文中還介紹了剛性錄音的原理、發展和功用、衍生使用法等。〔註128〕

4. 介紹電視的發明及其原理。題為《電視》的連載譯文由孫明經譯自《電視》一書,該書是世界上第一本介紹電視的專著,10篇譯文分別為《電視的領域》、《電視的器械》、《電視的機械分像法》、《電視的陰極線分像法》、《光電管之作用及種類》、《電視的特種分像法》、《電視的特種分類法》、《電視的無線電接收器》、《電視的廣播節目》、《電視的展望》,主要介紹了電視的原理和技術,分析了電視三種分像法的原理,即機械分像法、陰極線管分像法和特種分像法。如在《電視的特種分像法》一文中,孫明經從媒介發展史的角度認為電視也是攝影機在曝光時間不斷縮減後產生的衍生品,但是「高清晰度電視最大的困難就是不能在這短期間從每個單元像得到適量的能力。依平常的光度,每單元像使光電管產生的電子極少,只要在導體裏走過時便有被導體裏自由電子擾亂而失去的可能。」然而,徐華清(Zworykin)發明的

〔註126〕曹守恭,超等外差式接收機之設計〔J〕,電影與播音,1945(4-3):64。

〔註127〕曹守恭,揚聲器之配合及其裝置法〔J〕,電影與播音,1945(4-9、10):199～203。

〔註128〕孫明經,剛線錄音〔J〕,電影與播音,1945(4-7、8):167。

顯影管解決了這個問題。總的來說，電視的發送系統有兩類，一類是利用攝影管，如馬克尼 EMI 系統，另一類利用析像管和電子放大器（electron Multiplie），它們的原理都在於「將目前的物的影像映在光電發射板上，在板上各部分所發射的電子多寡也和該部影像的照明度成正比。」文後介紹了陰極線管分像法，它的基本原理是控制電子束的偏轉速度，即用速度調幅，而非強度調幅。最後，該文對有色電視、立體電視和留影的發展空間作了前瞻性的展望。〔註 129〕

　　5. **探討電化教育人才培養**。《戰後的電影教育》一文認為教育電影應用的方式有兩類，即應用於教室的教學電影和應用於民眾教育的教育電影，故應在國內各師範學院開設使用新教育工具的課程，並於戰後多設專修科培養實施電影教育的人才。〔註 130〕《攝製電影》一文對攝影師提出很高的要求，指出必須兼具「技術」和「藝術修養」，而且還要能夠與導演密切合作、與演員有良好的關係。作者孫明經認為攝影師應不斷進行學理的研究，應與沖片人員討論、考察布景和服飾，另外還需要技巧攝影等。〔註 131〕《一個理想的電化教育專修科學生》一文述及一個理想的電化教育專修科學生應該具備的素質：其一是有學業的認識，學生要認識到電化教育工作的重大，並能夠克服生活上的艱苦；其二是基本課程的基礎，由於電化教育總要涉及電影、無線電、電視等新興的視覺教育工具，所以學生應具備物理、化學、數學等基本學科知識，同時還必須精通英文，以便國際交流；其三是活動的才能，由於施行電化教育要經常走訪學校、工廠、街頭、軍隊、鄉村等社會的各個角落，因此學生必須具有活動的才能，以便能發揮電化教育普遍、廣大、迅速的特點；其四是多才多藝。前兩點主要是專業素養，後兩點主要是個人能力。

　　6. **分析電化教育的教材和教學法**。孫明經在《電影與動員民眾》一文中對教育電影的劇本內容提出了自己的見解，指出電影的內容不限於小說，電影的表現方式不受限於文字，打破了時間、空間的隔閡，更能吸引民眾的注意力，因此電影與文學相比更具有激發民眾愛國情懷的潛質。他總結道：「電影是通訊工具中最有效的一種，可以給觀眾以直接的印象，可以給觀眾刺激，可以打破文字語言隔閡，化除空間的障礙，超出時間的限制，並且能由具體

〔註 129〕孫明經，電視的特種分像法〔J〕，電影與播音，1943（2-8）：14～17。
〔註 130〕段天煜，戰後的電影教育〔J〕，電影與播音，1944（3-7、8）：1。
〔註 131〕孫明經，攝製電影〔J〕，電影與播音，1942（1-7、8）：26。

的環境引入抽象的幻境，而領悟更多的事實和理論」。〔註132〕《傳記影片論》一文認為傳記影片是電影劇本類型的一種，以描寫歷史或當代人物生活的真實情況為目標，有別於純粹商業化的歷史電影或生活電影，所以從題材上看，它比一般電影更具有教育價值。因此，在作者看來，「今日的中國卻異常迫切地需要傳記片，因為我們時常發現許多中學生心目中的英雄多半是外國的人物，而對自己的民族偉大卻異常模糊，傳記片是補救這缺點最好的工具。」「當時傳記影片一方面可以當做學生的課外讀物，同時又可算是一種娛樂。它是學生們最好的精神食糧。」〔註133〕《戰後我國電影攝製之題材路線與片型取決》一文論述戰後電影攝製的題材路線及片型問題，題材路線方面包括不宜以好萊塢賣座電影為範疇，即注重追求好演員、追求大場面、追求攝影的藝術，題材應以教育為主，「電影可用作教科書，電影可用作新聞紙，娛樂品非電影的主要用途，今日的教室內如無黑板設備則不成其為教室，明日的教室內如無電影設備更不成其為教室。」作者強調，戰後電影題材的發展應以世界市場為出路，以我國的地理、人文、衛生、農事、工業為主要題材，採用活動畫，改良戲劇作為歷史及公民教材；在片型選擇方面，宜採用 16 毫米電影片型、攝製大量袖珍片。〔註134〕

　　教育播音教材方面，《教育播音節目》節譯自 E.C.鄧特的《電化教育手冊》一書，文中認為教育播音節目應有完整性和中心思想、所選擇的題材應有教育性、節目應引起大多數聽眾的興趣、能夠讓聽眾獲得要領、題材應能夠使學生激動；提升播音節目趣味性的方法為：第 1 分鐘內須引起聽眾未來的情節的好奇心、針對對象的特點、劇本應流利、對話應簡短中肯、要花樣翻新、事先準備聲音和動作、供給導演音樂指導等。〔註135〕

　　電化教育教學法方面，《三種電影教學法效用之比較》一文譯自美國《教育銀幕》（The Educational Screen）月刊的一篇文章，原作者為瓊尼‧漢森（Jone Elmore Hansen），原文題為「A Study of the Comparative Effectiveness of The Three Methods of Using Motion Pictures in Teaching」。該文係一實驗報告，實驗主要聚焦於有聲電影能否使學生在心理上得到訓練，具體切入點在研究有聲

〔註132〕孫明經，電影與動員民眾〔J〕，電影與播音,1942（5）。
〔註133〕李鑄晉，傳記影片論〔J〕，電影與播音，1945（4-9、10）：213。
〔註134〕戰後我國電影攝製之題材路線與片型取決〔J〕，電影與播音，1945（4-5）：9～13。
〔註135〕盛餘泳，教育播音節目〔J〕，電影與播音，1944（3-6）：17～18。

電影說白是否有助於教學。該實驗對象爲高中第二學期的生物班學生，分爲甲乙丙三組，對應三種教學法，採用美國電器出品公司課室影片部（Erpi Classroom Films,Inc）出品的有聲科學電影《植物生長》、《植物的根》、《葉》和《花》，但在實驗的過程中根據組別不同加以修改，即甲組刪除有聲電影的聲音，再照樣重演一遍，在觀看電影後有教師講解；乙組先觀看有聲電影，重演時刪除有聲電影的聲音，教師不講解；丙組先觀看有聲電影，重演時同樣播放一遍，教師不講解。評估環節爲通過觀看柯達公司教學電影部（Teaching Film Division）出品的無聲電影《綠色植物》和《由花至果》後對學生進行測驗，測驗題目有 20 大題，每大題有 5 小題，共有 100 題。實驗結果爲丙組教學效果最好，大出當時實驗者預料。〔註 136〕《播音十戒》一文全面論述了播音時播音員需具備的播音技巧：「戒臨時胡談、戒咳嗽怪吼、戒臨時走動、戒擁抱話筒、戒翻稿做聲、戒講稿冗長、戒讀稿呆板、戒缺乏想像、戒表演作勢、戒不服指導」。換言之，在播音前播音員需要進行充分的準備，如講稿的準備、節目時間的把握等；因爲室內雜亂的聲音很容易經過擴音器傳輸給聽眾，所以播音員務必要與話筒保持適當的距離，不要隨意走動，更不能咳嗽、怪吼；播音稿件內容應注意時間上的掌控，不宜過長；播音員播音時，需要注意語調的協調，聲音不能太過於硬朗，更不能毫無感情。〔註 137〕

基於金陵大學理學院良好的學術環境，《電影與播音》既集中反映出近代中國電化教育學理論的進展，又有力促進了學科的建設，對近代中國電化教育學的發展具有重要作用及意義。

首先，有助於拓寬電化教育學的研究領域，完善近代中國電化教育學的學科體系。《電影與播音》刊登了近十篇教育播音方面的文章，重點介紹美國、蘇聯兩國的播音教育情形，密切追蹤超等外差式接收機、揚聲器、剛性錄音等最新的教育播音設備及技術，並對教育播音的節目和內容作了較爲深入的探索，從而進一步確立了教育播音理論身爲電化教育學兩大研究領域之一的地位，並完善了近代中國電化教育學的學科體系。

其次，有助於豐富和深化電化教育理論。《電影與播音》的若干文章選題新穎，填補了當時某些研究領域的空白，如《醫學與電影教育》、《攝影化學的淵源》、《製備感光材料用凝膠之製法及其性質》等文開創了醫學電影教育、

〔註 136〕孫明經，三種電影教學法效用之比較〔J〕，電影與播音，1943（3-3）：13～16。
〔註 137〕段天育等，播音十戒〔J〕，電影與播音，1942（7-8）。

攝影化學等新領域，其中部分文章還成爲金陵大學電化教育專修科和華西大學的教材；而且，有些文章在探討一些理論問題時並不滿足於表面，而嘗試從多角度出發深入挖掘，具有一定深度，如《電影與播音》上發表的多篇文章從技術、社會、語言學等多個層面解構電影的「本體」，改變人們對電影片面而膚淺的看法。

再次，有助於促進電化技術和設備的改進。《電影與播音》開設「技術研究」專欄，刊登了大量電化技術和設備方面的文章，涉及收音機、電影機、幻燈機、照相機、電視等的基本原理、使用、維護以及最新的設備信息等。據統計，該欄目共有 178 篇文章，占全刊論文總數的 34%。〔註 138〕這些文章緊跟世界潮流，介紹當時較新的電化技術和設備，如超等外差收音機、剛性錄音、電視等；此外，還積極解決國內電化教育實施過程中遇到的問題，如影片的保養與修復、自製教育電影等。

《電影與播音》期刊內容充實，富於特點，並具有較大的影響力，故它受到教育部的重視和資助，1946 年教育部決定該刊由教育部社會教育司與金陵大學《電影與播音》月刊社合辦，再次肯定了該刊所具有的不同尋常的作用和價值。〔註 139〕

三、近代中國電化教育期刊比較考察——以《電影與播音》爲中心

20 世紀 30 年代中葉，隨著教育電影及電化教育理論和實踐的深化，各類期刊開始探討電化教育問題，其中以《教育與民眾》和《電化教育》最爲活躍，影響力最大；20 世紀 40 年代，隨著包括教育電影與教育播音的兩大電化教育領域確立及其理論漸趨成熟，電化教育學專業期刊《電影與播音》問世。

一方面，《電影與播音》與《電化教育》均爲留美學生創辦的電化教育專業期刊，對引進歐美的視聽教育理論頗有貢獻，也均以探討電化設備與技術問題爲主。但若將二者做一對比，可發現：（1）作者群體逐漸拓寬，其學術水平也明顯提升。雖然《電化教育》創刊之初就從中國教育電影協會上海分會中招攬特約著述人，其中有不少爲政界、教育界和電影界的名人，但實際

〔註 138〕召那蘇圖、那木拉，《電影與播音》與中國早期電化教育研究〔J〕，電化教育研究，2015（9）：100。
〔註 139〕沈雲龍，第二次中國教育年鑒（五）〔G〕，臺北：文海出版社，1986：72。

上爲該刊撰稿的僅有方治、蔣建白、劉之常、盧蒔白、徐公美等數人，其餘作者多爲民眾教育館工作人員，由此可見該刊的作者來源比較單一，稿源也比較缺乏。相比之下，《電影與播音》的作者群體則要豐富得多，不僅有金陵大學理學院電化教育專修科爲代表的大學師生，爲數眾多，如孫明經、范謙衷等人；還有不少教育行政人員、民眾教育館館員、期刊編輯和電影機構的工作人員，其中也不乏知名者，如趙光濤、杜維濤、羅靜予等人。而且，《電影與播音》作者群體的學術水平普遍較高，這更是《電化教育》作者所難以望其項背的，其中，有的人已獲得歐美著名大學的碩士、博士學位，30 年代就開始引進歐美視覺教育理論，研究電化教育已逾十餘年，成果突出，如范謙衷；有的人爲國內培養的第一批電化教育教師，有豐富的出國交流經歷，並在重要教育刊物《中華教育界》、《電影與播音》上發表了大量電化教育文章，如孫明經；有的人則有長期從事電化教育管理的經驗和紮實的理論功底，繼而還出版了電化教育譯著，如杜維濤〔註 140〕。（2）文章數量增多，內容也更豐富而深入。從刊物的欄目來看，《電化教育》共設五大欄目，但僅有「電教技術」和「電教研究和討論」兩個欄目刊登電化教育文章，《電影與播音》則幾乎全刊刊登電化教育文章，故文章數量和集中度明顯優於前者；從文章的內容來看，《電化教育》中的電化教育文章多探討如何攝製和使用教育電影、幻燈片等問題，而《電影與播音》則廣泛探討教育電影、教育播音、電視、傳眞等各種電化教育工具的技術、設備，並深入研究電化教育原理、電化教育教材、電化教育教學法等問題，深度上較前者跨出了一大步。

另一方面，《教育與民眾》作爲一個以研究民眾教育問題爲宗旨的刊物，而《電影與播音》是電化教育學專業期刊，故兩刊所發表的文章在主題、視角等方面不可避免地存在諸多差異，主要表現在：

（1）主題上的差異。電化教育學涉及各種研究主題。從電化教育基本理論來看，《教育與民眾》基本上未對此作任何探討，而《電影與播音》則進行了專門的探討，如《何謂視覺教育》、《視覺教育的價值》中專門探討了視覺教育的概念和價值，《電化教育漫談》則明確給出了電化教育的定義，《電影的八面觀》、《電影是什麼？》等文中還探討了電影的藝術性等問題；從電化教育管理來看，《教育與民眾》上發表了一些相關論文，如潘公展的《電影教育運動的檢視》、陳汀聲的《電化教育人才的培養問題》等文，主要檢

〔註140〕關於杜維濤的經歷及研究成果，詳見本書第五章。

查電影教育中存在的不足，《電影與播音》上此類文章相對較多，如《如何發展教育電影》、《中國戰後電影事業方案》、《戰後的電影教育》、《全美教育影片流通協會成立》，這些文章以國外電影教育管理爲藍本，旨在爲抗戰結束後用電化教育重新恢復國力提供指導和借鑒；從電化教育技術及設備來看，《教育與民眾》中幾乎沒有關於硬件設備、攝影技術類的文章，而此類文章則是《電影與播音》中的重頭戲，如《光電管之作用及其種類》、《放映機之選擇》、《袖珍放映機之剖視》、《O 型袖珍放映機》、《露天電影放映幕》、《一個電影施教機構應具備什麼器材？》、《敷膜鏡頭》等等。主題上的差異實際上摺射出兩刊性質的不同，《教育與民眾》是一個民眾教育刊物，其刊載的電化教育論文大多聚焦在民眾識字、推廣農村教育電影、民眾電化教育教材製作等民眾教育中電化教育問題的解決方法上，而對電化教育理論、電化教育設備與技術等問題並不十分關注；《電影與播音》作爲一個電化教育學的專業期刊，旨在提升電化教育學術的質量，並推動全國範圍內民眾教育、學校教育、特殊教育、家庭教育等各領域中的電化教育事業的發展，故其理論性更強，關注的範圍也更廣。

（2）視角上的差異。所謂視角，主要是指研究同一主題的不同邏輯起點，電化教育學的邏輯起點通常可以分爲三類：第一類側重教育；第二類側重技術；第三類側重藝術。例如關於國內電化教育發展狀況這一主題，《教育與民眾》側重從電化教育事業的角度來闡述，《本院利用無線電播音實施民眾教育》、《意大利國立教育電影館概況》、《本院教育電影實施概述》等文介紹了國內外重要電影機構、大學開展電化教育的情形；相比之下，《電影與播音》中的文章側重從電化技術演變的角度來分析和探討，如《立體電影之演化》、《百年來攝影化學之進展》等文揭示了電影、立體電影、攝影化學的淵源。再如關於電化教育教材的編製這一主題，《教育與民眾》中文章偏重如何選擇適用的電化教育教材，如劉之常在《非常時期電化教育之教材》中選擇了教育電影教材 48 部，教育唱片 24 部，施教者只要從中篩選若干進行教學即可，而《電影與播音》則更強調電化教育教材編製的自主性和藝術性，如《電影與動員民眾》、《傳記影片論》、《戰後我國電影攝製之題材路線與片型取決》對攝製教育電影的體裁、題材、形式等問題作了較爲系統的探討。總之，由於《教育與民眾》面對的讀者通常是民眾教育工作者和廣大的民眾，所以它的視角集中在如何利用電化教育工具進行民眾教育，故而更關注教育；而《電影與播音》面對的讀者通常是專業的電化教育工作者，它的

視角集中在如何系統掌握電化教育理論、技術、方法，故更為關注技術、藝術。

（3）方法上的差異。電化教育學是一門綜合性的學科，這就決定了其學科所運用的方法是多種多樣的。《教育與民眾》作為一本研究民眾教育的刊物，其研究成果多通過深入調查民眾生活的基礎上完成的，故較為重視調查法的應用，正如《教育與民眾》期刊編輯部所說：「在教育科學發展的進程中，的確是一朵璀璨之花。對於教育的實施與效果的測驗，個人或團體的智慧、心理現象、品性、體力……等等的度量，都可以由較為客觀、標準的答覆。民眾教育的對象，是廣大的群眾，無論年齡、智力、職業、興趣……都是充分的表現者紛歧與複雜。所以要得有適當的、妥當的施教，測驗方法的應用，實在是刻不容緩的事。」〔註141〕如《二十四年份國產電影的陣容》等文作者深入中國各大城市電影院、電影市場、電影公司作詳細的調研而得出若干結論，這些結論有助於時人瞭解中國電影及教育電影的客觀狀況。相比之下，《電影與播音》則更為重視計量法和實驗法的應用，《景深關係》、《景深是什麼？模糊圈是什麼？》、《景深的測定》等文章主要運用數學公式和函數圖解法來推算景深；而《感光材料的特性曲線》、《三種電影教學法效用之比較》等文已能較為妥當地選擇實驗的課題，初步確定研究對象，安排實驗組和對比組，並採用有效的實驗程序和步驟。

本章小結

為了適應「抗戰建國」的新形勢，南京國民政府強化了電化教育管理措施，對電化教育的理論研究、人才培養和社會服務提出了更高的要求，從而在一定程度上進一步優化了電化教育學學科建設和發展的整體環境和條件。

這一階段開設電化教育課程的大學數量並無顯著增長，但其辦學層次和質量明顯提升，專業性更為突出。大多數高校都經歷了數次課程調整，課程數量、學分、課時明顯增多，多樣性增強。有的大學增加了選修課，進而確立了學分制和開放選修制度，嘗試與國外頂尖大學接軌；有的大學將原有的專修科升格為本科，理論與實踐並重。從課程比例來看，通識課程比例上升，旨在培養學生廣博的知識基礎，專業課程仍注重技術，但增加了幻燈片、廣

〔註141〕卷首語〔J〕，教育與民眾，1936（7-8）。

播收音等設備和技術等內容，也開始注重電化教學法、電化教材編製等方面。這表明這一階段大學電化教育課程的專業性已明顯提升，較之以前更重視學生教育、教學能力的培養和提高，旨在使學生成為具備電化教學能力和綜合素養的教育專家，而不是僅會使用電化設備的技術人員。

這一階段電化教育學專業期刊開始活躍，有力地促進了電化教育學研究的發展。此前《電化教育》、《教育與民眾》已刊登了電化教育論文，這一階段電化教育學專業期刊《電影與播音》、《電教通訊》等深入探討電化教育功能、設備、技術、管理、教材、教學法等問題，拓寬了電化教育學的學科研究領域，並提升了電化教育學理論研究的水準。從某種意義上講，這一階段電化教育學專業期刊所開展的學術研討為下一時期近代中國電化教育學集大成之作的問世起到了「催生」的作用。

第五章　近代中國電化教育學發展晚期 （1947～1949）

　　經過幾十年的醞釀和發展，這一時期已進入近代中國電化教育學發展的晚期，也進入了電化教育學學科趨於成熟的階段。大學電化教育層次普遍提高，國立社會教育學院電化教育學系此期進一步發展，金陵大學創立了影音系和影音部，而且開設電化教育課程的大學增多。這一時期出現了近代中國電化教育學的集大成之作，標誌著近代中國電化教育學研究達到了一個新的水準，在一定程度上反映了其理論體系的建立。由於這一時期國民黨面臨政治、經濟、軍事的總崩潰，政府對文化教育事業及電化教育的控制開始瓦解，不少著名電影人紛紛脫離官營電影機構而加入民營電影機構，並拍攝了一批反映社會現實的影片，爲近代中國電影及電化教育事業帶來了嶄新的面貌。

第一節　大學電化教育學系科及課程建設的發展

　　抗戰勝利後，國內各項文化、教育事業步入短暫的復蘇期，高等教育發展亦呈現出小高峰。抗戰時期停辦的電化教育系科及課程開始復辦，堅持辦學的電化教育專修科大都升格爲本科或研究科，一些大學還新增了電化教育選修課。然而，隨著內戰導致國統區局勢動蕩，這種良好的發展勢頭再一次受到遏制。

一、大夏大學教育學院的復辦與電化教育課程的開設

　　1942～1945 年間，大夏大學教育學院停辦，在此期間大夏大學僅有三個

學院、九個學系，如 1942 年大夏大學分文學院（下設中國文學系、外國文學系、歷史社會系）、理學院（下設數理系、化學系）、法商學院（下設法律系、數理系、工商管理系、銀行系），並附設鹽務訓練班。〔註1〕1945 年，經大夏大學校董會議決議，並呈教育部批准，在大夏大學文學院下設教育學系，並於當年順利招生。教育學系中開設電化教育相關課程。

表 5-1　1946 年秋大夏大學教育學系教育類課程一覽表

課　程　名　稱	擔　任　教　師	學　分
教育心理學	張耀翔	3
社會心理學	張耀翔	3
小學各科教材及教法	沈百英	3
教育行政	杜佐周	3
教育研究	杜佐周	3
中國教育史	陶愚川	3
訓育論	陶愚川	3
教育實習	陶愚川	2
職業教育	石顯儒	5
教育概論	石顯儒	3
電化教育	盧世魯	3
西洋教育史	石顯儒	3
近代社會學理論	蘇希軾	3
社會調查	鄭安侖	3

資料來源：大夏大學三十五年秋季總課程〔J〕，大夏周報，1947（23～5）：13～14。

　　由表 5-1 可見，較之 30 年代末，電化教育課程數量和學分數均減少，僅見一門「電化教育」，仍由盧世魯講授。盧世魯為中國近代化工專家、教育家，1931 年畢業於大夏大學教育學院，後歷任大夏大學助教、講師、副教授，貴州省教育廳電化教育主任。1938 年 6 月 1 日，大夏大學在圖書館前放映《上海抗戰》、《上海本校未毀前之全部校舍、內部設備、學校風景》等影片，時任社會教育系講師的盧世魯曾親自組織放映。他曾在《新大夏》、《大夏周報》上發表《從運動戰與機械化說道汽油問題》、《推進播音教育與收音機電源問

〔註1〕　本學期之教務狀況〔J〕，大夏周報，1943（19-3）：8。

題及其解決方法》等論文。同時，他還支持學生運動，1947 年曾與大夏大學文學院蘇希軾等教授在《大公報》上發表《大夏大學教授爲本校學生被捕陳述書》，要求上海市政府釋放當年 5 月 30 日因學潮被抓捕的學生。

　　1947 年，大夏大學遷滬辦學後規模逐漸擴大，據記載，「本校自復員以來，學生激增，已超過戰前人數，本年秋季學期，更形增中，不僅學校房屋發生恐慌，即課程亦增開甚多。」〔註2〕1947 年秋各學院共同必修課程共 66 門，教育學院有 24 門。〔註3〕同年 10 月恢復了教育學院，教育學院下設教育學系、教育心理學系、社會教育學系三系，黃敬思爲院長，陶愚川爲教育學系主任，曾作忠爲社會教育系主任，張耀翔爲教育心理系主任，並於該年正常招生。黃敬思 1918 年畢業於北京高等師範學校英語部，1927 年獲美國哥倫比亞大學教育學博士學位。回國後，1927 年 8 月至 1931 年 7 月、1932 年 8 月至 1935 年 7 月、1947 年 8 月至 1951 年 7 月這三段時期他在大夏大學執教 11 年，先後任教育行政系及教育系主任、師範專修科主任、教育學院院長等職，是大夏大學的教學骨乾和資深教授。1935 年他到中央大學任教授，抗戰軍興後執教於西北聯合大學，抗日勝利後先後任青島大學教育學院院長、安徽大學文學院院長。其學術專長爲鄉村教育研究，著有《師範教育》、《教學輔導》、《學校調查》等。曾作忠早年畢業於國立北京師範大學，旋留學美國，入華盛頓大學獲博士學位，1938～1941 年間任西南聯合大學教育系教授、公民訓育系兼任教授並兼實習導師 4 年，後任國立桂林師範學院教授及南寧師範學院院長，1946 年辭職赴上海任國立復旦大學教育系教授，1947～1949 年間任大夏大學社會教育系主任兼教授，執教期間潛心鑽研學問，平時亦頗能接近學生，深得其愛戴。〔註4〕

　　1947 年 11 月 2 日、12 月 6 日，大夏大學教育學院召開教育學院課程審查會議，訂立該院共同必修課程和各系必修課程、選修課程及其學分。

〔註2〕　童世駿、陳群主編，大夏大學編年事輯（下）〔M〕，上海：華東師範大學出版
　　　　社，2013：687。
〔註3〕　童世駿、陳群主編，大夏大學編年事輯（下）〔M〕，上海：華東師範大學出版
　　　　社，2013：687。
〔註4〕　郭景儀編，大夏大學人物志〔M〕，上海：上海財經大學科技發展有限公司，
　　　　2004：272。

表 5-2　1947～1948 年間大夏大學教育學院課程一覽表

教育學院共同必修課程	普通心理學 6、教育生物學及實驗 3、教育概論 3、教育統計 3、中國教育史 3、西洋教育史 3、教育行政 6、教育心理學 6、心理及教育測驗 3、普通教學法 3、教學實習 4。
教育學系必修、選修課程	中等教育 6、國民教育 3、教育社會學 6、比較教育 6、訓導原理及實施 3、教育研究法 3、教育哲學 3、教育視導 3、發展心理學 6、鄉村教育 3、學校調查 3、學科心理 3、課程論 3、師範教育 3、小學各科教材及教法 3、幼稚教育 3、社會教育事業 6、電化教育 3、圖書館學 4。
教育心理學系必修、選修課程	社會心理學 6、心理衛生 3、發展心理學 6、教育哲學 3、學科心理 3、成人學習心理 3、訓導原理及實施 3、教育研究法 3、國民教育 3、比較教育 6、課程論 3、圖書館學 4、教育社會學 6、犯罪心理學 3、中等教育 6、兒童心理學 3。
社會教育學系必修、選修課程	社會教育概論 3、社會心理學 6、社會調查 3、社會教育事業 6、電化教育 3、圖書館學 4、教育社會學 6、教育哲學 3、教育研究法 3、心理衛生 3、教育視導 3。

資料來源：黃敬思，一年來教育學院概況〔J〕，大夏周報，1948（24～14）：7。

　　由於課程初定，實施時難免不甚統一，若干課程名稱與表 5-2 所列有所出入。例如，1947 年第一學期大夏大學教育學院各系科開辦課程有心理及教育測驗、西洋教育史、教育概論、中國教育史、普通心理、比較教育、社會教育概論、初等教育、圖書館學、學校調查、社會心理學、犯罪心理學、普通教學法、中等教育、發展心理學、師範教育、教育統計、電化教育、成人學習心理、小學教材及教法、教育行政、普通心理學、教育心理學、教學實習。1947 年第二學期教育學院各系課程有教育概論、西洋教育史、普通心理、變態心理、發展心理、教育視導、小學各科教材及教法、鄉村教育、課程論、社會教育事業、圖書館學、幼稚教育、課外繪圖、教育生物學、中國教育史、訓導原理及實施、教育心理、社會心理、心理衛生、國民教育、教育哲學、教育研究法、教育社會學、比較教育、教學實習、教育圖示法、兒童心理。〔註5〕

〔註 5〕侯懷銀、李豔莉，大夏大學教育系科的發展及啓示〔J〕，華東師範大學學報（教育科學版），2011（29-3）：84。

表 5-3　1948 年大夏大學教育學院課程一覽表

必修課程	教育生物學及實驗、教育概論、教育統計、中國教育史、西洋教育史、教育行政、教育心理學、心理及教育測驗、普通教育學、中等教育、國民教育、教育社會學、比較教育、訓導原理及實施、教育研究法、教育哲學
選修課程	幼稚教育、師範教育、職業教育、公民教育、鄉村教育、中學各科教學法、學校衛生、社會教育概論、教育原理、婦女教育、性教育、教育視導、特殊教育、學科心理、學校調查、邊疆教育、小學各科教材及教法、課程論、學校財政、教育思潮、電化教育

資料來源：侯懷銀、李豔莉，大夏大學教育系科的發展及啓示〔J〕，華東師範大學學報（教育科學版），2011（29-3）：84。

　　由表 5-2、表 5-3 可知，大夏大學教育學院 1947 年共開設 50 門課程，1948 年共開設 35 門，與 1938 年 71 門課程相比大爲減少。此期電化教育課程名爲「電化教育」，與 1938 年電化教育課程相比，其課程內容有如下特點：（1）已將教育電影和教育播音合爲一體，並增加了有關新興媒體等電化教育工具的內容。（2）重視電化教育學的學科綜合性，將教育學、心理學等學科融入電化教育學學科中來。無論從大夏大學的電化教育研究傳統還是近代中國電化教育研究傳統來看，均比較重視媒體技術的掌握和教學方法、方案的實施，而對於電化教育受教育者學習心理的研究比較缺乏，隨著 20 世紀 40 年代美國視聽教學理論的發展及其傳入國內，國內學界開始關注和重視受教者的探討，其中以杜維濤譯《視聽教學法之理論》一書出版爲代表，該書探討了受教育者經驗分層問題和視聽教具對其經驗的影響機制。〔註6〕大夏大學積極吸收國內外先進的研究成果並使之成爲課程的內容，無疑是其注重理論研究的體現。

　　此期學生人數穩步增長，據記載，1947 年第一學期全校共有學生 1895 人，文學院教育學系共 142 人。1948 年，全校共 3705 名學生，男生 3076 名、女生 629 名，教育學院教育學系 294 名學生，男生 147 名、女生 147 名；社會教育學系共 84 名學生，男生 52 名、女生 32 名。〔註7〕

　　1947 年 11 月，大夏大學教育學院召開院務會議，討論由社會教育學系主管辦理民眾教育實驗區事業事宜，實驗區主任唐茂槐帶領七十餘名學生參

〔註6〕戴爾撰，杜維濤譯，視聽教學法之理論〔M〕，上海：中華書局，1949。其內容詳見本章第二節。

〔註7〕各學院系學生人數統計表〔J〕，大夏周報，1948（25-4）：8。

加支教，爲此開會商討實施民眾教育辦法，組成工人學校、中山義務學校、實驗國民學校、電化教育、民眾娛樂、家庭訪問及福利農場等八組，並開始向外界募捐、認股籌集所需經費。唐樹槐十分注意在民眾教育實驗區中使用電化教育工具，他在《怎樣實驗民眾教育》中指出實驗區辦理民眾教育需要一臺電影放映機或幻燈，它「可以借這號召力擴大粉筆教學的能量，造成一種默化作用」、「也不妨運用機會以遊藝興趣的調節。」〔註8〕在他的帶領下，該實驗區於次年開始開展鄉村電化教育。

大夏大學教育學院各系爲增加學生對於電化教育的實際經驗，還組織學生參觀展覽會和電影機構。1947 年，學院曾組織學生參觀中華書局基本教育圖書教具展覽會，該會展出豐富的電化教育器材，據記載，「第三室是各種電化器材的展覽，大休息室內，有架自動連續放映發聲的機器，高約一丈，寬約三尺左右，據說可裝十六米釐（即毫米——筆者注）的影片四千尺，上面從玻璃上反映出膠片〔註9〕，下面同時發出配合的音樂和語聲，這種放映機，是英美等國放在教室裏作教授用的。」〔註10〕1948 年，大夏大學教育學系組織學生參觀上海市教育局電化教育放映隊，據記載，「大夏大學教育系電化教育班，學生二十餘人，爲實習電影教育之實用起見，特於昨日下午集隊前往教育局參觀電化教育放映隊，當由該隊負責人領導參觀，並開映最佳之教育影片，招待參觀學生。」〔註11〕

大夏大學學生課外活動豐富，據報導，「除口琴、音樂仍請王、張校友繼續組織外，並再組織繪畫攝影，請名畫家陳倚石先生來校擔任指導，至攝影一項，聞擬請名攝影師朗靜山先生擔任，並向各處接洽於每星期來校放映教育影片雲。」〔註12〕

二、金陵大學影音系的成立和影音部的發展

這一時期，隨著高等教育的發展，程度較好的高中畢業生通常不願報考電化教育專修科，而大學就學費用常少於中學，故能讀 2 年的學生都有財力讀 4 年，讀 4 年便可獲大學學位，畢業後就業較易且社會地位也較高；而且，

〔註 8〕 唐樹槐，怎樣實驗民眾教育〔J〕，大夏周報，1947（24-10）：12。
〔註 9〕 即電影放映機的光學原理，從放映鏡頭中放映電影膠片。
〔註 10〕 誕先，基本教育展覽會參觀記〔J〕，大夏周報，1947（24-4）：4。
〔註 11〕 大夏學生昨參觀電化教育放映隊〔N〕，申報第二張，1948-1-15，（6）。
〔註 12〕 提倡課外活動、放映教育影片〔J〕，大夏周報，1948（24-11）：11。

由於當時大學電化教育系科本科課程均爲 4 年，而電化教育專修科訓練時間爲 2 年，課程不得不大爲緊縮。爲了適應新的社會需要，1947 年孫明經開始籌備將電化教育專修科改爲影音系，另設影音研究所以培養研究生，設影音實驗所以協助校內外電化教育機構解決技術問題。《申報》曾就此事介紹道：「影音教育，漸爲各方矚目，金陵大學理學院影音部主任孫明經教授，日前來滬，參加基督協會大會，據稱：金大在國內各大學中，首先指導應用影音教學」，「現該科（指電化教育專修科——筆者注）明年將參加教部規定調整課程，改科爲系，四年畢業後，亦可獲得大學學位。並另立影音實驗所。」〔註13〕1948 年，金陵大學理學院電化教育專修科正式改爲影音系。

表 5-4 1948 年金陵大學理學院影音系三、四年級專業課程簡況表

課 程 名 稱	學 分 數
錄音教育	3
攝影初步	2
教學影片	1
靜片攝製	3
影片選評	不詳
影片洗印	不詳
影音音樂	2
美術	2
放映技術	3
攝影化學	3
影音稿本	2
播音技術	2
動片攝製	3
實用無線電	4
錄音概要	2
影音討論會	2

資料來源：李金萍、辛顯銘，我國綜合性大學早期培養電化教育專業人才的先例和經驗（上）——金陵大學推行電化教育 30 年系列述評之一〔J〕，電化教育研究，2005（7）。

〔註13〕金大將成立影音系〔J〕，申報，1947-12-3，（6）。

　　影音系學制爲 4 年，課程設置上前 2 年爲基礎課程，後 2 年爲專業課程。表 5-4 顯示，專業課程中技術類課程包括攝影初步、靜片攝製、影片洗印、放映技術、攝影化學、影音稿本、播音技術、動片攝製、實用無線電、影音討論會等共 9 門，約占 30 學分；教育類課程包括錄音教育、教學影片 2 門，占 3 學分；藝術類課程包括影音音樂、美術兩門，占 4 學分。技術類的課程仍占絕大多數，教育類和藝術類的課程則維持一定比例，這與影音系旨在訓練高級影音技術人才的培養目標密切相關，而影音教育則主要施諸具有教育基礎的學生或師範生，並使其接受影音技術的專業訓練。孫明經指出，影音系應「注重技術之訓練，學生畢業後儘量在影音工程及企業方面發展，以樹立國內能自行發展影音事業及影音教育之基礎，不必於發展影音事業中專爲舶來品作廣告，本國之影音工程基礎確定後則影音教育自易發達。至於影音教育之善爲運用，最好求諸教育工作者或師範學生，使彼等於影音講習會中學習若干影音技術，即可發揮影音教育功能。如欲從頭訓練，則對技術有興趣者往往對教育毫無興趣，畢業後亦不願參與教育工作。而全部教育學的訓練重心移去後，而以力量集中於影音技術，在目前中國情形與經濟之立場，於需要之立場均有此必要。此處所謂之避開教育乃係指高級人才之訓練。且避開教育並非不重視教育，而繫於需教育時以有教育基礎者更增影音之訓練以充之，而非以受影音訓練者更增教育之訓練。」〔註 14〕從課程內容及類型來看，此期出現了若干新型及特色課程，如錄音教育、教學影片、靜片攝製、影片選評、影音討論會，這些課程有的爲總結新的電化教育實踐而形成的理論成果，如教學影片一課爲校內開展教學影片放映和實驗的經驗總結。據載，1948 年金陵大學理學院聯合外文、中文兩系及教育、心理兩組，利用電影、幻燈片和唱片等影音工具開展輔助英文及中文教學的實驗，其中有聲影片包括《標點》、《主詞、動詞、賓詞》，唱片有《英語會話》、《基本英語》各一套，幻燈片有《基本英語》六本、《基本英語》一套，共 17 種。〔註 15〕靜片攝製一課直接指向教育電影部的幻燈片攝製，影片選評一課爲曾留學美國參與影片選評與推廣農業影音的石咸坤擔任，影音討論會一課則聚焦於校內外開展的各類影音討論會。據載，1947 年南京市電化教育工作者座談會召開，「京市（指

〔註 14〕 孫明經，我國影音事業中之人材訓練問題〔J〕，中華教育界，1947（復刊 1-7）：11。

〔註 15〕 金大利用影音工具輔助教學試驗〔J〕，教育通訊，1948（復刊 6-4）：26。

南京市——筆者注）電化教育工作者座談會的前身是一個三人小組會議，這小組會議即教育部社會教育司杜維濤科長、中國電影製片廠羅靜予廠長及金大電影部主任孫明經教授三人自然組成而成。因為他們都抱有同樣的宏願，要把中國電影與播音事業導入教育的途徑。現該座談會係由美國新聞處劉瑞智、金陵大學孫明經、中華教育電影製片廠李清悚、美國大使館卜瑪麗、中國電影製片廠羅靜予、中央電影攝影場裘逸葦、航空委員沈民九、國際宣傳處顧秉良、中國業務無線電協會朱其清、益世廣播電臺楊慕時、南京影院公司總經理處唐菊新、中央廣播電臺吳道一、教育部英千里等單位人士所組成，已舉行十餘次座談，每次會議除有工作報告、學術講演及專題討論外，並放映影片助興雲。」〔註16〕上課的方式也與前期有所不同，如1947年後呂錦瑗對全校開設「攝影化學」、「教學影片」課，外系學生選聽的也比較多，課上每周放映一部影片，請一位專家講解，學生寫一篇心得報告，既擴大了學生的知識面，又有助於宣傳推廣教學影片。〔註17〕

　　另一方面，1946年金陵大學遷回南京後，教育電影部更名為影音部，辦理放映、流通、攝製電影和幻燈片以及大學之聲廣播臺等日常工作，成為全校教學和社會教育的服務機構。據載，「影音部專職人員的班子在後期人數最多時，全部只有十餘人。每人都兼做好幾件工作，包括教學和輔導學生。早期取得一些攝影電影經驗的人，有好幾位被延聘到其他單位推行電化教育去了。至於各系教師義務兼任和各系學生參加臨時工作（工讀自助）的人數先後共計約數十人。」〔註18〕為了便利若干科目的教學並供給課外參考，1946年金陵大學特舉辦三種專題放映，連同週五的大學放映和週三的教學示範放映及週一的教職員預演，共計有六種定期放映。1947年，影音部新聘教授董遠觀博士（Dr. Rinden）到校，並準備大量攝製袖珍影片。由於影音部業務繁忙，又擴充大小放映室兩間，放映工作室也予以設計改進，影片目錄仿照學校圖書館卡片方式編排，以利於查詢。同年，首都電影與播音工作者座談會在電影部舉行大會多次，1月14日第13次常會到會五十餘人，〔註19〕代

〔註16〕京市電化教育工作者座談會成立經過〔J〕，教育通訊，1947（復刊 2-9）：25～26。

〔註17〕李鎮，孫建秋訪談錄〔J〕，當代電影，2007（4）：108。

〔註18〕孫明經，回顧我國早期的電化教育（下）〔J〕，電化教育研究，1983（4）：67。

〔註19〕電化教育專修科放映工作加強，充實大學之聲廣播佳音〔J〕，金陵大學校刊，1947（358）：6。

表首都十餘廣播電臺及若干電影機構，特請中央廣播事業管理處處長吳道一演講「中央廣播事業」，該會主席朱其清報告海南島考察經過，並由呂錦瑗講演「彩色攝影原理」，孫明經講映彩色片「美國大觀」。「『大學之聲』播音臺本期節目至為活躍，經常播音節目外，每日中午十二時三十分至一時三十分，逐日由該校同學組織之五個播音社分別播送，如交響樂、話劇、生活問題研究、歌詠、宗教等節目。」〔註20〕據載，「1946 年遷回南京後，有了更多擴音設備，便在全校最高處北大樓塔頂向不同方向安裝了三個揚聲器，在影音部所在的應用科學館也安裝一個揚聲器，並在影音部布置了一間很小的播音室，供經常使用。有大型播音節目時就在放映教室舉行，裝置了擴音設備，供影專學生使用，把學生組成幾個播音小組，每日定時在這個『大學之聲播音臺』練習廣播。另外，全校各系學生業自由結合組織了若干播音小組，輪流在這裡播音。播音臺逐漸增置、積累了一批唱片，備有收音機和風琴外，同學們也各自收集了許多他們愛好的音樂唱片，並組織了各種小節目，包括學生活動等校內新聞，每日課間休息時定時廣播若干次。在節日裏曾舉行過較長時間的廣播，由許多學生小組到臺播出。」〔註21〕「當時個人有收音機的極少，有電唱機的就更少。聽『大學之聲』既能聽到時事和新聞，又能欣賞和鍛鍊音樂演出，所以頗受同學歡迎。」〔註22〕此外，1947 年金陵大學影音部籌集了獎學金，吸收大學畢業生作為研究生到影音部研究電化教育。培養研究生的工作曾於 1948 年開展了一段時間，研究生中有長沙雅禮中學的物理教師和中央大學教育系的畢業生。

　　1947 年，金陵大學影音部攝製了若干出色的有聲電影。據報導，「於民十九成立影音部〔註23〕，訓練人才，供應各方需要，十七年來，各項課程設置，漸臻完備，攝製科學教育影片數百種，最近並試攝彩色有聲影片兩種《印西村》及《民族前鋒（應為《民主先鋒》──筆者注）》，曾在美放映，極獲好評，足為我國有電影以來第一部自攝成功的彩色片。」〔註24〕《民主先鋒》的解說、音樂十分和諧，畫面節奏感強，其中「返鄉途中」、「重慶大轟炸」、

〔註20〕金大影音〔M〕，影音，1948（2）：48。
〔註21〕孫明經，回顧我國早期的電化教育（下）〔J〕，電化教育研究，1983（4）：76。
〔註22〕孫明經，回顧我國早期的電化教育（下）〔J〕，電化教育研究，1983（4）：76。
〔註23〕所謂「影音部」即金陵大學理學院教育電影部，成立時間為 1936 年，而非 1930年，故此處《申報》報導有誤。
〔註24〕金大將成立影音系〔J〕，申報，1947-12-3，（6）。

「初到南京」等段落視覺效果強烈，情感豐富飽滿。

1948 年後，由於考慮到幻燈片放映費用更省、效果更好，金陵大學影音部遂以攝製幻燈片爲主。據報導，「該部近大量攝製靜映卷片（指幻燈片——筆者注），前出品鄉村衛生片，《三個壞東西》複印片一批，早已售罄，茲應各方需要，特再大量複印，如有需要者，可逕向該部接洽。又出品《武訓》一片，業已問世，該片畫面極爲生動，說白十分有力，頗能將武訓精神發揮。歡迎各界採購。」〔註25〕金陵大學影音部於 1948 年 5 月製成《武訓》幻燈卷片一部，《申報》稱：「巴黎聯合國教科文組織於上周向其教育部門高級人員放映，被認爲該組織所收到各國靜映卷片中最有教育意義者，包括英國、法國、美國出品在內。國內方面，除教育部已購二十份外，各省市教育廳局影校教會亦有數十處各購一份，以至數份不等。」〔註26〕

表5-5 1948 年金陵大學影音部教育電影放映節目表

次序	日 期	片 名	主 講 人
1	2 月 25 日	怎樣用影片教學（M）	石咸坤
2	3 月 3 日	家庭看護（M）	李美筠
3	3 月 10 日	種樹與護樹（M）	陳宗一
4	3 月 17 日	電影與攝製（S）	孫明經
5	3 月 24 日	愛護自然（M）	范謙衷
6	3 月 31 日	兒童保育（M）	魏貞梓
7	4 月 7 日	植物生長（M）	史德蔚
8	4 月 14 日	戀愛之道（S）	呂錦璦
9	4 月 21 日	世界花園（M）	A.C.斯科特（A.C.Scott）
10	4 月 28 日	英國勞工福利（S）、工廠衛生（M）	吳楨
11	5 月 5 日	功在農間	章元瑋
12	5 月 12 日	攝影評鑒（S）	董遠觀
13	5 月 19 日	鑄情（S）（朱麗葉與羅密歐）	川浩然
14	5 月 26 日	美國總統選舉程序	J.貝勒特（J.Bennet）
15	6 月 2 日	怎樣用影片教數學	張圖謨

說明：M 爲動片，S 爲靜片；放映時間：每週三下午四點半；地點：應用科學館 303
　　號。資料來源：教學映片系統放映表〔M〕，影音，1948（2）：48。

〔註25〕金大影音〔J〕，影音，1948（2）：48。
〔註26〕金大影音部創製武訓靜映卷片〔J〕，申報，1948-6-11，（6）。

表 5-6　1948 年金陵大學影音部出品及經銷幻燈片一覽表

片　名	幅數	內　　容	每卷售價	備　註
武訓	90	描述武訓一生求乞興學的經過，畫面 90 幅，附有特編之歌詞兩首	3000 萬元	本校出品
三個壞東西	49	敘述蒼蠅、蚊子，及蚊子對人之危害，以及防禦之方法	1000 萬元	本校出品
小小水滴歌	22	主旨為勿以善小而不為，勿以惡小而為之，為普天頌讚第 465 首之歌詞全文，而以簡單圖畫演描其意義	50 萬元	本校出品
小眼望天歌	35	主旨鼓勵兒童行善，為普天頌讚第 470 首歌詞	50 萬元	本校出品
中國無線電工業城	80	以資源委員會中央無線電製造廠為主，說明製造無線電設備之過程及無線電事業之重要與前途	200 萬元	本校出品
西餐禮俗	35	以西洋餐桌上普通之禮節，作一規範式表演，為赴歐美人士之良好參考	50 萬元	本校出品
四季	34	敘述四季與太陽之關係	100 萬元	本校出品
如何防止戰爭	150	共分八段，敘述戰爭之殘酷，戰爭發生之歷史循環，過去促成世界大同之企圖及其失敗之原因，及世界政府之必要	200 萬元	本校經銷
基本英語	1375	分 17 卷，包括英語基本字 850 個字，借簡單線條畫面啟示而使學者易於瞭解，全片半為教學用，半為測驗成績用，為學習英語之最佳新工具	1700 萬元	本校經銷
肺病	72	敘述肺癆病之傳染病狀，防止及治療	150 萬元	本校經銷
瘧疾	39	敘述瘧疾之傳染病狀，防止及治療	150 萬元	本校經銷
霍亂	39	敘述霍亂病之傳染病狀及防治	100 萬元	本校經銷
如何應用靜片	139	應用靜片之得當與否，關係教學得失至深，本片示以放映機之構造、用法、放映場所之布置以及教學之秘訣	200 萬元	本校經銷
五種應力	65	按力之作用方式，可分為五種：張力、壓力、彎力、扭力及切力，本片敘述每一種力之作用及設計機械之要點	100 萬元	本校經銷

說明：以上價目在 1948 年 6 月 15 日之前有效。

資料來源：金陵大學影音部出品及經售靜映卷片目錄〔M〕，影音，1948（2）：48。

　　《電影與播音》期刊於 1947 年 6 月改爲《影音》，並採用羅靜予設計的刊頭，即「影音」兩字的圖案。1946 年，孫明經、羅靜予、杜維濤〔註27〕三人常交談電影播音用於教育的問題，並共同發起舉行較大範圍的座談會。從 1946 年 7 月 22 日起，每兩周週二晚舉行一次，陸續推選過十屆主席，每屆主席負責籌備並召集六次座談會，共開會近 60 次，到會人數逐漸增加，常在 30～100 人之間，他們多爲當時專門從事電影或播音方面工作而關心教育的人，會上主要研討、介紹電影和播音的新技術、新器材、新發展等。此外，1947 年中國基督教協進會曾與金陵大學合辦第一屆影音講習會，《影音》中不時對之發表相關報導，如《影音工作者座談會鎖記》一文記述了第 38 次和第 39 次影音座談會的情形。第 38 次座談會包括「三個講演、三組放映」，當天出席人數 120 人以上，放映影片《集體婚結綵色片》。第 39 次座談會也包括三個演講，其一是張道藩報告他編著《再相逢》影片劇本的經過，其二是中央廣播事業管理處處長演講「美國廣播最近近況」，其三是鄭崇蘭演講「我國自製之 35 毫米動片攝製機與靜片放映機」；最後放映上海吳特電影公司攝製的《塑形物》彩色片。〔註28〕金陵大學影音系的學生可以自由參加，他們在這一活動中得到一些課堂上得不到的知識。

　　更爲重要的是，《影音》期刊還陸續刊登了一系列研究性文章，以理論研究的方式協助課堂教學及人才培養。《電影置景時如何可減少錄音的困難》一文從理論和實踐兩方面來考察攝影場置景如何避免傳音過程中音質變劣的問題，其原理主要爲「這是因爲布景板面的傳音物質大都對低周率音波的反射力特別強的緣故。」「如果在靠近面積大而質料硬的平面（特別是平行的平面），語言錄音時此弊尤爲顯著。如果在很小而又封閉的場所內錄語言時，也有此弊，因爲此時布景物體本身就起了共振現象，而這共振的周率又恰恰在語言周率以內的緣故。前者因音能反射的弊病，可用不平行的牆壁或軟質材料減低其弊；後者因共振而起的弊病，可用軟質材料或除去其易振之部分而避免之。」〔註29〕依照上述原理，文中列舉了 10 種具體解決方法，其中包括天花板、走廊、屋頂、窗戶、地板的平行性以及材料、播音員日常的生活行爲等方面。《不用電的靜片放映機》一文介紹了當時美國紐約倍思理公司

〔註27〕杜維濤的相關情況將在本章第二節中詳細介紹。
〔註28〕影音工作者座談會鎖記〔J〕，影音，1948（7-1）：174。
〔註29〕孫良錄，電影置景時如何可減少錄音的困難〔J〕，影音，1948（7-3）：56。

（Charles Beseler Co.）出品的一種油燈幻燈放映機，該放映機以汽油燈作電源，全重 26 磅、高 17 英寸、長 18 英寸、寬 8 英寸，可放映大型幻燈片，加上附件後可放映 35 毫米燈片，文章還列出了放映機與屏幕間距離與各種單片在幕上放映後大小的對應關係，並認為距離 29 英尺為最宜。〔註30〕

三、國立社會教育學院電化教育學系的發展

這一時期國立社會教育學院電化教育學系課程與該系設立之初並無差別，按照學院《學則》第 12 條規定，各學系學生須在 4 年修學期間修滿 132～148 學分〔註31〕，體育、普通音樂、講演術、注音符號等四門為當然必修課程，按照教育部章程及《學則》其學分另計，不在上列學分數內；各學系學生第 4 年應實習一年並完成畢業論文；完成所有應修課程、畢業論文和畢業實習，成績合格的學生才能畢業。

電化教育學系課程分為全校共同必修課程、本系必修課程（分本系共同必修課程和分組必修課程）、本系選修課程三種。

表 5-7　1948 年國立社會教育學院電化教育學系課程設置一覽表

類　　別	課　程　及　學　分
全校共同必修課	三民主義 4，倫理學 3，國文 6，外國文 6，中國通史 6，社會學 3，經濟學 3（電教系可免修），理則學或哲學概論 3（電教系可免修），政治學 3（電教系可免修），教育概論 3，普通心理 3，教育心理學 3（電教系可免修），世界通史 6，社會教育概況 3，普通教學法 3，物理、化學、地理學、生物學合為 6，注音符號 2，普通音樂 2，講演術 2，體育 16。合計 64，部分課可為系必修課。
電化教育學系共同必修課	化學 6，機械大意 3，微積分 3，電化教育 2，應用電學 2，電源 2，無線電學 4，電工學 2，聲學 1，光電管 1，錄音術 2，傳聲工程 3，內燃機 2，金工 2，機械畫 1，畢業實習 4，畢業論文 2。合計 30，部分課可代全校必修課。
播音教育組必修課程	無線電收訊工程 5，無線電發訊工程 5，電子管學 1，天線及地線 1，無線電機修理學 9，無線電測量儀器 2，無線電傳影學 2，短波及超短波 1，播音術 1，播音臺管理 1，播音教育實施法 2。合計 30。
電影教育組必修課程	照相化學 2，攝影學 4，沖洗學 2，光學 2，色彩學 1，電影器械學 2，電影器械維修學 2，幻燈片攝製法 2，電影攝製學 3，電影放映術 2，有聲電影學 2，編劇 1，導演 1，布景 1，電影教育實施法 2，剪接術 1。合計 30。

〔註30〕大偉，不用電的靜片放映機〔J〕，影音，1948（7-3）：64。
〔註31〕國立社會教育學院概況〔Z〕，蘇州：國立社會教育學院，1948：14。

電化教育學系選修課程	休閒教育 2，電影戲劇研究 2，化妝術 2，教材之收集及編輯 3，中國風俗史 3，素描 2，聲音效果 1，電影欣賞 1。合計 16。

資料來源：國立社會教育學院概況〔Z〕，國立社會教育學院，1948：31～36。

　　由表 5-7 可知，電化教育學系課程理論與實際並重，因電化教育是以科學爲工具、藝術爲方式、教育爲目的的教育，故課程內容包括科學、藝術與教育三方面，以期學生能製造、修理及使用科學工具，採用藝術方式而達教育的終極目的，從而把學生培養成爲具有科學家的頭腦、藝術家的手段、教育家的胸懷的電化教育人才。因電化教育學是一門實踐性、操作性特強的學科，該系對學生實習的重視程度大於理論的探討。

　　電化教育學系主任由汪畏之擔任，電影教育組主任爲戴公亮，播音教育組主任爲吳英劍。截止 1948 年，該系共有教授 7 人，副教授 2 人，講師 1 人，技師 2 人。〔註 32〕李清悚、錢家駿、陳天智、洪深、焦菊隱、張俊祥、潘愼明、潘澄侯、許幸之、楊霽明、鄭君里、鄭伯璋、譚玉田、舒新城均曾任教。汪畏之歷任江蘇省立教育學院、大夏大學等校教授，全國童子軍教練員訓練班無線電教授，中華書局儀器廠總工，防毒器材廠廠長兼總工，空軍總司令部南京飛機維修廠電氣股股長等職。曾發表《提倡自製教具以謀改進我國現代小學教育之計劃》、《民眾教育館之科學儀器問題》、《工人科學教育之實施》、《電化教育與新中國建設》、《從推行電化教育說到訓練人材問題》等文章。他人品高尚，善於教學，得到許多學生的好評。據彭時平同憶，「一有空閒，我常隨貫一（即趙貫一，爲汪畏之的學生——筆者注）到電教系去找畏之師（即汪畏之——筆者注）閒聊。有時看他們如何攝製幻燈片，或去看我院廣播電臺如何播音。時間一久與畏之師就逐漸熟悉，有時也到蘇州葛百戶巷畏之師家裏去收收音機或閒談。畏之師和藹可親，待人寬厚。每次去拜望，他都熱情接待，師生相處十分融洽。」〔註 33〕「四八年春末，畏之師、公亮師率電教系技師、幹事、同學等七八人去常熟虞山、興福室玩遊，貫一和我亦隨同前往。他們在各個優美風景點拍攝影片，貫一和我也要求他們爲我倆拍照。他們讓我和貫一擺好姿態還要求走動，我倆很高興地照著他們指

〔註32〕國立社會教育學院概況〔Z〕，蘇州：國立社會教育學院，1948：9。
〔註33〕蘇州大學社會教育學院，崢嶸歲月（第 2 集）〔M〕，成都：四川校友會編輯出版社，1989：228。

點的動作做，只聽攝影機軋軋轉動幾秒鐘就停止。」〔註34〕吳英劍曾發表《交流四管電源式四管收音機》、《收音機診療臨床試驗錄》、《代乙電器設計》、《無線電學 ABC》、《三十五瓦特發報機改裝百瓦特之經過》等論著。

該系注重以研究輔助教學，如汪畏之在《從推行電化教育說到訓練人材問題》中對下述重要問題進行了較為系統的闡述：

（1）電化教育的性能。汪畏之認為，電化教育是利用電的力量和電的新工具來刺激人的感官，使之容易發生反應，以完成教學過程的教學方法，它並不局限於電影和無線電。電化教育有助於解決國內教育界教育經費困難和師資缺乏兩大困難，「所以電化教育方法，是最經濟的教育方法，可以解決目前教費短少的困難問題，同時因為電化教育的施教方法，它本身具有保持學習興趣的能力，不把教師來做中心，施教人員程度的高低和施教方法的良莠……只需能使用機件，選擇教材，就可從事施教工作。」〔註35〕

（2）電化教育推行機構。在汪畏之看來，播音教育需要教育電臺，施教地點應為學校、民眾教育機構和商店、家庭。電影教育最適宜的推行機構為教育電影攝製廠，該廠除了必要的設備外，還應設置攝製教材的編供部，負責教育影片攝製內容的搜集和編導，電影教育的施教地點為學校和民眾教育機關。

（3）電化教育人才培養。汪畏之指出，電化教育人才分為施教員、中級幹部和高級幹部三種，施教員應掌握收音和放映技術、收音機和放映機修理技術和選擇教材的技能，宜在電化教育工作人員訓練班培養；中級幹部應熟悉教材的搜集和編訂，播送節目的編排和播送，播音機件的使用和管理，掌握電影片的編導、攝製、沖洗、錄音、剪接以及卡通技術，並勝任電影教育器材廠的管理、材料研究等工作，宜在電化教育專修科中培養；高級專門人才是電化教育的中心人物，他們的強弱直接影響到整個電教工作，故應瞭解和掌握設立電臺的工程技術和手續，機械障礙的修復和改進，掌握電影攝製廠方面的所有高級技能以及管理電化教育中樞機構需要的各種知識，這類人才應由電化教育學系來培養。

〔註34〕 蘇州大學社會教育學院，崢嶸歲月（第 2 集）〔M〕，成都：四川校友會編輯出版社，1989：228。
〔註35〕 汪畏之，從推行電化教育說到訓練人材問題〔J〕，中華教育界，1948（復刊 1）：12。

他進一步指出，訓練人才需要充實的設備，訓練施教員的電教人員訓練班至少要有各種各樣的電影放映機和無線電收音機、擴音機、話筒、電唱機等；訓練中級幹部的電化教育專修科除了電教訓練班所需的設備外，還要有教育廣播電臺，攝製教育影片的攝影機和卡通設備、錄音設備、沖洗設備，以及研究電化教育的小型工場和試驗室等，以供學生研究實習使用；訓練高級專門人才的電化教育學系除上述設備外，還需各種測定工具，如電量及無線電應用的各式測量器、光學儀器、精密度量衡器等，以便師生開展深入細緻的研究工作。

此外，汪畏之認為，由於當時電化教育人才訓練的困難主要在於人力、物力匱乏，其解決之道應為：（1）把某一種訓練集中到某一個學校裏，即把某一科目的人才和器材都集中到一個學校來增強其實力；（2）增強某一訓練機構的力量，把所有的專家和設備都集中到這一訓練機構裏來，該機構可以提供各種共同必修的科目，除去在各地開設之弊。

為了更好地踐行社會服務功能，電化教育學系通過攝製識字電影片、幻燈片，創設教育廣播電臺等方式實施電化教育。此外，學院也設立了推廣委員會，該會由甘瑓源負責，其主要工作包括擴充教育、民眾教育、社會服務，具體為：（1）舉行各種公開學術演講。（2）開放學校圖書館及其他設備。（3）開展各項課外活動，如電影、播音、展覽、話劇等。（4）輔導各地辦理社會教育及代行訓練各項社教人才。（5）舉辦各種實驗學校及實驗區。〔註36〕該會承青樹基金團、中華書局分別補助經費及16毫米電影底片，開始攝製識字教育影片，影片攝製完畢後即翻印借各機關予以推廣。

除此之外，該系還努力繼續擴充設備，逐年增購及仿製各項電教器材，並添設電影攝影場、實驗工廠及電化教育施教場；擴充學系，籌劃將電化教育學系擴充為電影教育及播音教育兩學系，以培養兩方面的專門人才；加強實驗工作及擴大施教範圍，分期完成全國電化教育網。

電化教育學系十分重視學生的實習，系內添設了大量電影與播音實驗設備，以便學生動手操作，增強實踐技能。例如，電影設備有 16 毫米電影攝影機 2 臺、直流發電機 5 臺、幻燈機 2 臺、電動機 4 臺等，播音設備有 100w 發射機 1 臺、擴音機 1 臺、馬達唱盤 1 臺、言語播放機 1 臺、交流收音機 4 臺、直流收音機 1 臺等，另建有電影製片室、沖洗室、剪輯室、無線電及金

〔註36〕國立社會教育學院〔N〕，益世報，1948-2-19，（3）。

工實習室、電影放映室等。有了較為完善的電教設備，學生們得以積極參與製作教育電影和推廣教育播音的工作，據記載，「本學繫年來正從事於教育電影之攝製，系內設有教育電影片攝製委員會，已先後完成初級識字教育片四百尺，正在攝製中者有初中高各級識字片十五本。此外尚有由學生實習所攝之《今日之蘇州》史地教學片四百尺，可供學校補充教學之用。播音方面，設有實驗廣播電臺，定期播送各種教育節目。至於推廣工作，則與本院整個推廣工作相配合，經常巡迴各地放映電影及幻燈片，以期社會教育之迅速普及」。〔註37〕

　　1948年，電化教育學系有一、二年級學生38人。〔註38〕學生課餘生活及活動豐富，設有學會，常由各教授指導出版刊物，舉行學術講演會及座談會。訓導處對學生課外活動很關心，課外活動有文藝研究、書法研究、國語講演、英語講演等十餘種，每種都請老師指導，當然不足之處也是存在著的，如有的文章寫道：「但實際工作往往虎頭蛇尾，而每週一個鐘頭的活動，又多半由指導者作一番講演完事，同學們能從活動得到什麼，實在很難說。」〔註39〕

　　電化教育學系培養了大批電化教育人才，其中不少為新中國的電化教育事業做出了貢獻。畢業生有何永慶、陳國梁、陳於旦、張劍平、任志新、王光世、趙祖搓、闈禹執、田俊人、李壽頤、俞貴庚、潘鈺孚、周祖禹、費龍等人。何永慶建國後在北京電影洗印廠工作，出版《攝影加工化學》、《基礎攝影科學》、《彩色照相沖擴技術》等著作，發表《電影膠片加工的簡明化學》、《電影洗印廠多排影片加工後的裁切》等論文。田俊人建國後在上海電影局生產技術處、上海市電影電視技術學會等處工作，發表《多媒體雜交的電影工藝技術》、《電影業的滑坡與重振——論科學技術與電影事業的關係》、《我國電影放映技術的進展》、《電影技術淺談》、《試談城市影院試行單機放映電影》等論文。費龍1950年畢業於國立社會教育學院電化教育學系，當年入北京電影製片廠任攝影助理、攝影師，1953年拍攝了《健美體操》、《流溪河畔》、《柴達木盆地》、《寧夏！我的故鄉》、《國畫大師張大千》等影片，編導並攝影紀錄片《在新民州上》、《巴黎國際時裝節》、《彩錦繡》等，1975年曾參加中國電影代表團赴柬埔寨藝術大學講授攝影課程。

〔註37〕國立社會教育學院概況〔Z〕，蘇州：國立社會教育學院，1948：9。
〔註38〕國立社會教育學院概況〔Z〕，蘇州：國立社會教育學院，1948：9。
〔註39〕陳望平，國立社會教育學院在蘇州〔J〕，讀書通訊，1947（126）：22。

四、其他大學電化教育學學科建設概述

此期江蘇省立教育學院仍設社會教育學系、農業教育學系、電化教育專修科和勞作師資專修科，還創設社會教育研究所、民眾教育實驗區、實驗民眾學校、教職工子弟學校初中班、代辦中心國民學校等。期刊方面，《教育與民眾》自 1945 年復刊，但至 1948 年 4 月終刊。學院復辦後，由於經費欠缺，教師數量一直不能有較大提升，且教師的工資不能如期發放。1947 年，教職員方面，江蘇省立教育學院共有教授 15 人，副教授 13 人，講師 10 人，職員 16 人，計共 54 人，其中專任教師 43 人，兼任教師 11 人。〔註 40〕據載，「1947 年春季學期廳令核定員額爲 45 人，自上學期起經童潤之院長一再向教育廳請求，增加爲 57 人；而實際因課務支配，職務分掌，人手仍嫌不夠，本學期（指 1948 年春學期——筆者注）教職員數專任者計 55 人，兼任者 13 人，每月超支薪給，爲數仍不少雲。」〔註 41〕1947 年後，江蘇省立教育學院電化教育專修科主任爲陳汀聲，蕭紀正和戴公亮兼課。畢業生有董大光、邵浩聲、馬俊方、徐金城等，日後大多在廣播電臺以及電影放映機構工作。

教師在授課之餘積極撰寫研究論文。例如，1948 年陳汀聲在《電化教育小試》中總結了過去江蘇省立教育學院電化教育工作的成績，並提出該院今後電化教育宜改進之處，包括增設常識講座、攝製幻燈片、進行電化教學實驗。〔註 42〕蕭紀正的《教育影片之運用》一文譯自芬恩（George H. Fern）和樂賓思（Eldon Robbins）合著《影片教學之實施》（Teaching with Films）的第一章，該文主要論述教育影片的作用和電影教育人才培養問題。文中認爲，教育電影是重要的輔助教具，它能反映槍彈的飛行、電焊的光弧、金屬內部的張力和壓力，也能使人觀察植物的生長過程，且能吸引觀眾的注意力，故開展電影教育可收到事半功倍的效果。該文進而指出，教師需學習如何使用影片，因爲電影教學是一種基於各種學習規律的技術，並且須認識影片在教室裏的地位和任務，但一個在職教師訓練計劃的實施，並不需要很久的時間，只要再加上一些實習的作業就可以完成，學校裏的視聽教育輔導人員應輔助解決教師在開展電化教學時所遇到的困難。

社會服務方面，江蘇省立教育學院通過成立實驗教育廣播電臺、組織電

〔註 40〕江蘇省立教育學院近況一斑〔J〕，教育雜誌，1947（2）：106。
〔註 41〕本學期教職員數〔N〕，江蘇省立教育學院校聞，1948-3-10，（2）。
〔註 42〕陳汀聲，電化教育小試〔J〕，江蘇省立教育學院，教育與民眾，1948（12-3、4）：25～27。

影施教隊、輔助學校教育等方式建成廣播臺。1947 年，該院在教育部及江蘇省政府的贊助下，以 1500 萬的經費動員一部分電化教育專修科的學生，利用暑假的時間建成廣播臺，經試播成績良好，頻率爲 120K.C，後經交通部審查通過，更名爲「江蘇省政府無錫廣播電臺」，呼號爲 X.P.A.A，每日播音 10 小時，重要節目有常識講座、社會服務、文化娛樂、聽眾聯絡等。1947 年春，該院開始對外放映電影，至 1948 年 3 月止，共放映 138 場次，觀眾達 395000 人，〔註43〕主要方式包括：（1）特約放映。該院因經費困難，器材補充不易，故訂立特約放映辦法，1948 年起每場酌收 300000 元，放映設備及影片由該院提供使用，後又請教育部配備新式放映機和發電機一套，以便擴大範圍至農村巡迴放映。（2）巡迴放映。該院在無錫、常州、鎮江、江陰、蘇州、崑山、宜興等地進行電影巡迴放映，以無錫放映次數最多，放映場所有工廠、學校、農村合作社、衛生院等。該院除了利用電化教育進行社會教育外，還特別重視輔助學校教育工作，其中包括：（1）設置常識講座，分類播送講稿，每日輪流播送；（2）攝製幻燈片，如 1948 年該院攝製了《我們的無錫》、《無錫的風景》等幻燈片；（3）進行電化教學實驗，如 1948 年該院在無錫崇安市補習學校利用收音機及幻燈機在教室內進行電化教育實驗，並在此基礎上得出若干可靠的結論。例如，「環境衛生」一課晚上 7:30 分由電臺播放，教室內學生靜聽，播放後由教師主持討論，然後放映幻燈片《英國的衛生事業》，從中總結出如下結論：（1）電臺播送課文，不如教室內老師講讀清楚，電臺播送者應製作有趣味的補充材料，使學生和教室外的聽眾均樂於收聽；（2）幻燈教材可輔助課本，有圖有字，學生頗感興趣，並可反覆學習，爲理想的教具。陳汀聲爲該院設計了未來發展的計劃，其內容主要有：（1）關於「播音」之利用，儘量收集有關基本知識之材料，分類編寫播音講稿，供電臺廣播，並在本院實驗區裝設收音機，同時協助附近各國民學校專設收音機，以測驗教材之是否適當，方法與效果是否優良，逐漸改進，以求使用。（2）關於「電影」之利用，除借用各機關教育影片施教外，擬編繪有關基本教育之稿本，成套拍攝幻燈軟片，以便使一般民眾亦能憑視覺直接獲得基本知識。〔註44〕

　　1946 年，江蘇省立教育學院學生人數增多，據報導，當年學生共 397

〔註43〕陳汀聲，電化教育小試〔J〕，教育與民眾，1948（12-3、4）：26。
〔註44〕陳汀聲，電化教育小試〔J〕，教育與民眾，1948（12-3、4）：27。

人，女生約占 1/5，以系科年級不同分 13 班授課。〔註 45〕1948 年 2 月開學時，各系科各年級註冊人數進一步增多，其中社會教育學系 213 人，農業教育學系 136 人，電化教育專修科 61 人，勞作師資專修科 31 人，合計 441 人，內含女生 114 人；至於學生籍貫，本省籍計 395 人，外省籍計 40 人，內含甘肅、陝西、西康、黑龍江、四川、雲南、湖南、湖北、廣東、廣西、河北、江西、福建、河南、浙江、安徽等十六省籍。〔註 46〕

1926 年，燕京大學在北京海淀新址成立教育系，高厚德（Howard Spilman Galt）是教育系的創辦人，後經過周學章掌系，又由心理系的夏仁德（Randolph Clothier Sailer）代理，1926～1936 年間教育系先後辦起普通教育、幼兒教育和鄉村教育三個專業，1948 年由廖泰初出任系主任。廖泰初早年就讀於通縣潞河中學，1928 年保送燕京大學教育系，1932 年畢業，1935 年獲燕京大學及美國紐約大學碩士學位，1936 年任教於燕京大學教育系，次年教育系指定他負責籌建誠孚和冉村兩個實驗區，並負責日後的指導工作。1941 年 12 月珍珠港事件後，燕京大學西遷。1942 年，廖泰初經長途跋涉隨學校到達成都，由於成都燕京大學未設教育系，他入法學院講授「農村社會學」，並選定成都北門外崇義橋創辦農村研究服務站，用於法學院學生實習和進行社會調查研究。1946 年燕京大學在北平復校，廖泰初出任教育系主任，當時教育系只有普通教育專業，次年校方派他赴美進修，他到哥倫比亞大學師範學院研究視聽教育。1948 年，他回到燕京大學繼續擔任教育系主任，遂把新興的視聽教育課引入燕大教育系，親自擬定教學大綱，講授視聽教育等課程。同時，他還設計教學儀器、圖表，潛心研究和製作視聽教具，如點畫式幻燈機等，對教學改革發揮了促進作用。1952 年，他任教於北京師範大學教育系，兼任校電化教育館館長，曾先後發表《從國外名詞術語的演變看「電化教育」》、《外語學習和電教手段的運用》、《關於「中國特色的電化教育」的一些想法》、《我們還要保留「電化教育」這一名詞術語麼？》、《有關電化教育理論的幾個問題》等文章。

1946 年 3 月，國立北平師範學院成立，正在美國講學和考察的袁敦禮〔註 47〕被任命為國立北平師範學院院長，他認為電化教育有積極提倡的必要，

〔註 45〕 江蘇省立教育學院近況一斑〔J〕，教育雜誌，1947（2）：106。
〔註 46〕 本學期註冊學生數〔N〕，江蘇省立教育學院校聞，1948-3-10，（3）。
〔註 47〕 袁敦禮（1895～1968），河北徐水人，1917 年畢業於北京高等師範學校外語部

特聘請在美國的葛擇籌辦電化教育事項，負責購買器材、影片、化學用品等。
1947 年，葛擇領導籌建電化教育館（後改爲直觀教育館），並任第一任館長，
館址在北京石駙馬大街。學院對電化教育非常重視，由各系科推出教授 14 人和
各附校校長 4 人組成電化教育委員會專管其事，並設立電化教育室負責具體工
作。在課程方面，國立北平師範學院教育系開設了兩屆電化教育選修課，培養
這方面的專門人才，活動影片、幻燈卷片、幻燈卡片在教學上也發揮了一定的
作用。學院設有教育廣播電臺，播放有關教育方面的節目，1947 年 12 月 17 日
開始正式對外播音，由於當時政府只允許試播，所以僅在每週六、週日播放，
節目有各種講座、教育講座、學習指導、英文短劇、話劇、詩歌、朗誦、音樂
演唱、兒童劇、兒童故事等，善於講兒童故事的教育家孫靜修曾在這個廣播電
臺播講過。該電臺存在的時間不長，但無論設備還是節目在當時均較先進。

第二節　近代中國電化教育學研究的標誌性理論成果 ——以《電化教育講話》和《電化教育概論》 爲考察中心

作爲此期電化教育研究的代表人物，舒新城、趙光濤、杜維濤從自身的
經歷出發，或通過譯介國外相關著作，或通過自著的方式撰寫電化教育論著，
它們雖角度不同、觀點各異，但卻共同成爲近代中國電化教育學研究的標誌
性理論成果，促進了此期電化教育學理論的深化。考察上述論著形成的過程
和特點，將有助於學界更好地認識此期電化教育學理論的價值和貢獻。

一、舒新城及其《電化教育講話》

舒新城於 1913 年 8 月考入湖南高等師範學校英語部，1917 年畢業後任
英語、教育學、心理學、中等教學法、現代教育方法等課程教師。他深感教
書過程中有許多教育問題未能解決，故轉而研究教育，1918 年後曾在《教育

英語科，留校任體育科教員兼翻譯、體育科主任。1922～1927 年間留學美國，
獲芝加哥大學、霍普金斯大學和哥倫比亞大學學士、碩士學位。1927～1937
年間任北京師範大學教務長、體育系主任，浙江大學體育系教授。1936 年任
中國體育考察團正指導，赴丹麥、瑞典、德國、捷克、奧地利、匈牙利、意
大利等國進行考察。1945 年曾被美國聘爲客座教授，赴美講學。1946～1949
年間任北平師範學院院長。

雜誌》和《中華教育界》上發表教育論文多篇，其中內容廣泛涉及道爾頓制、中學教育、學制改革等。1945 年，他開始涉獵電化教育研究領域，次年 12 月上海某報主持人向舒新城徵文，《中華教育界》的編輯讀了他發表的文章後，請求他開設電化教育講座並在該刊上連載其講稿。1948 年 5 月，恰逢中華書局計劃刊行民眾教育文庫和小學教師用書，並邀舒新城撰寫有關電化教育的讀物，藉此機會他又完成了若干初稿，當年舒新城將自己發表的電化教育系列文章整理彙編爲《電化教育講話》一書正式出版。

　　舒新城關於電化教育學的研究植根於他對中國教育本土化的思考。20 世紀 30 年代，國內從事教育學研究的學者多爲留學歐美的海歸派，對於他們機械套用在留學國所學到的教育理論與方法來研究本國教育，舒新城表現出極大的反感，他認爲本國的教育必須從本國的實際出發來辦理。在舒新城看來，中國專家通常有兩個毛病，「一種是關在象牙之塔作研究工作，根本不和老百姓的生活發生關係；一種是專門研究外國或與中國一般人無關的東西，孜孜窮年的結果，在中國絕無用處。因而提出科學生活化、科學大眾化的要求，這自然是責備賢者的話，但事實上卻也不能說沒有這種弊端。」〔註 48〕他還說：「各項專門研究的工作我們講教育的無法去幹，我們只能請教專家，要他們在研究時注意中國此時此地的需要，一切大眾化，更一切生活化。」〔註 49〕

　　舒新城十分注重教育工具的使用，他認爲教育工具主要包括外文語言工具和電化教育工具兩種。由於閱歷關係，舒新城最早接觸的電化教育工具是幻燈片，他與電影結緣則始於 1919 年他在福湘女中教書時結識了一位擅長攝影的美國女士。1921 年他在任職吳淞中國公學時購置一套白朗尼（Brownie）鏡箱，後不幸丟失。1923 年他在任職東大附中時外出宣講道爾頓制途中買了一架柯達正光鏡，主要用來拍攝風景，此後曾專心學習並研究攝影技術，其間遇到過不少挫折。1925 年他辭去教職後住在南京一安靜居所，在此期間對攝影技術研究精進不少，學會調色、放大處理、使用天然色底片等沖洗技術，並學習了不少攝影化學和照相機原理的知識。經歷了自身坎坷的學習過程後，舒新城感歎道：「攝影從表面看來，本是一種簡易的技術，但是要學的精通，在我以爲是可以費去畢生精力的。十餘年來，我因一無師承，所走的曲道太多，所以到現在還只能勉強應用攝影材料，尚不足以言優爲，更不足以

〔註 48〕舒新城，電化教育講話〔M〕，上海：中華書局，1948：181。
〔註 49〕舒新城，電化教育講話〔M〕，上海：中華書局，1948：183。

言精通。」〔註50〕1928 年，舒新城受陸費伯鴻之邀爲中華書局拍攝西湖風景，並突發靈感完成《攝影初步》一書，書中詳述了攝影技術，包括攝影用具、攝影、顯影、曬像、放大等。

舒新城的治學原則也促進了他研究電化教育學。他強調無論從事哪門學科，必須先通博而後專精，作爲一名教育學者，必須通曉人生常識、基本常識、教育常識、專科研究四項。舒新城將電化教育研究視爲專科研究的一項，自稱爲電化教育研究的「業餘愛好者」，但正因爲如此，其電化教育研究具有深厚的教育理論功底，並有著密切的現實關照性，能與時代潮流相符合。鑒於其攝影經歷，舒新城對於電影靜片攝製方面更有心得，故其闡述的重點也在於教育電影理論方面。

《電化教育講話》一書就電化教育的若干重要問題，包括電影放映、電影教學、教育電影製片、教育電影的教育觀和藝術觀、攝影常識、攝影技術、電化教育與中國建設等問題進行了深入的考察。具體來說，主要圍繞以下四個方面作了系統闡述：

1. **電化教育的功能**。舒新城認爲，電化教育具有兩大重要功能：其一，覆蓋範圍廣大，以電影教學爲例，「電影教學之爲優良的教學方法，是它能把世界上的一切現象——不論是屬於自然的、社會的、個人的、往古的、現在的——作爲現實的、具體的現象表現於教室之中、學生之前。」〔註51〕其二，形式和內容多樣化，傳統書本僅限於語言文字的教學，對於實物、實驗等教學十分不便，電化教育恰能彌補學校教育中書本教學的不足。他闡述道：「在學習方面，少年的生活經驗不豐，想像力較弱，從文字圖表中學習一切知識，其所得的印象都比較模糊，故科學的學習重實驗，史、地的學習重表演，禮儀的學習重模倣。但實驗、表演、模倣，有設備上人事上種種限制，不是一般學校所能辦，也不是一般教師所能勝任。」〔註52〕「電影不獨可以記錄現實，且可以把科學上實驗的結果用動畫（卡通）表現之，使之現實化。」〔註53〕但他又指出，電化教育並不是萬能的，它需要與傳統教育手

〔註50〕 舒新城，攝影初步〔M〕，上海：中華書局，1929：7。
〔註51〕 舒新城，電影教學問題〔A〕//呂達、劉立德，舒新城教育論著選（下）〔M〕，北京：人民教育出版社，2004：925。
〔註52〕 舒新城，電影教學問題〔A〕//呂達、劉立德，舒新城教育論著選（下）〔M〕，北京：人民教育出版社，2004：926。
〔註53〕 舒新城，電影教學問題〔A〕//呂達、劉立德，舒新城教育論著選（下）〔M〕，

段結合起來運用，以電影教學為例，「這是說，用電影作教學工具時，還需要其他教學上的工俱如課本、圖表、儀器之類。再說的明白點，電影不能替代課本、圖表、儀器等，更不能替代教師。只是優良的教學工具，由教師善為利用，給學生以活的知識與技能。」〔註54〕

此外，結合電化教育的上述功能，舒新城提出未來教育觀轉變的四個方向：第一，教育必須成為全體人類尤其一般民眾改善生活的工具，受教育是任何人的權利，也是實際上能辦得到的事，教育不是以往少數人的專利品，也不是只為少數人謀福利的工具。第二，教師與學生的分野必得打破，教與學的界限也必得消滅。這是說：教師同時是學生，而學生同時也可以是教師；今日在學明日即可教，這裡在教那裡便要學。第三，教與學的時間，同時在縮短也在延長。所謂縮短，是以電化教育的便利，兒童與青年不必如現在需要整個而悠長的時間在學校裏過日子，可以隨時學習；所謂延長，是學習的機會、可學的東西太多了，終身都可以學習，不必如現在之棄業就學。第四是電化教育的效力，可以無遠弗屆，無孔不入。人類的意識，可以相互溝通；人類的隔膜，可以逐漸消除；大同的世界，可以因電化教育之發展而完成。〔註55〕

2. **教育電影的理論基礎——教育性、藝術性和技術性**。舒新城主要在闡述教育電影攝製的要求時提出了教育電影的三大理論基礎。教育電影攝製的教育性體現為第一要訴之於人類感覺的接受力，即人的視覺與聽覺所能接受的光波與音波；第二要研究受教育者的能力；第三要有教育方針，所謂教育方針，就個人講是人的整個人生觀的表現，就國家講是其政策的一部分。教育電影攝製的藝術性體現為一方面要訴之於觀眾的「感覺的反應力」，另一方面要訴之於觀眾「情感的感應力」。根據以上兩個原則，舒新城認為教學電影通常應以 16 毫米 400 英尺為一卷，放映時間有聲片大約 10 分鐘，無聲片大約 15 分鐘，內容上應該編排得體，「就是紀錄片也要景與景之間有連續性，一段與一段之間有線索；更應應用戲劇的結構原理，要每段有重點，再選其中最重要的重點為全部的重點，使觀眾看完後，在心意中自然留下一個整個

北京：人民教育出版社，2004：926。
〔註54〕舒新城，電影教學問題〔A〕//呂達、劉立德，舒新城教育論著選（下）〔M〕，
　　　　北京：人民教育出版社，2004：927。
〔註55〕舒新城，電化教育講話〔M〕，上海：中華書局，1948：14。

的印象，而不易忘去。」〔註 56〕在構圖上要每幅影面獨立成爲一幅畫面，有主體、有陪襯；在光線上要明暗適度，且光度之強弱應與景物之情況相配合；在音樂和語言上，要避免不必要的噪音，多用音樂，並輔之以生動的語言。教育電影攝製的技術性體現爲攝製設備的選擇和影片的製作技術兩方面。較之拍攝普通電影，拍攝教育電影的設備較簡單，僅需攝影機一部，如美國的柯達特別電影攝影機、瑞士之鮑萊克斯（Bolex）均可用。人手方面，除了編輯、導演外，還需要攝影兼剪接 1 人，動畫 2～3 人。由於當時現實條件的限制，舒新城對於攝影技術的要求並不高，主要講述攝影機的普通技術和特殊技巧，普通技術包括：（1）移動攝和回轉攝，（2）遠景、全景、近景和特攝，（3）慢動作和快動作，（4）淡入和淡出；特殊技巧包括：（1）復攝，（2）停攝，（3）倒攝，（4）用隔板遮攝，（5）定時攝，（6）利用模型。〔註 57〕但技術人員必須有格外的耐心，「一百尺十六毫米影片的動畫，需要三千六百個畫面，一卷四百尺的影片需一萬四千四百個畫面，就是其中應用重複畫或字幕，至少亦得五六千個畫面。教育影片可用粗線條構圖，每人每日可畫十餘至二三十張，故一部動畫影片，需二三個月的時間方能畫成，所以應比攝影者的人數多。」〔註 58〕

3. **電化教育的人才培養**。舒新城在書中第一章談到中國電化教育的實際問題，包括電化教育的經費問題、人才問題、電源問題，並提出了解決對策。以他之見，三者之中人才問題尤爲突出，教育電影作爲特殊的電影事業，其從業人員需具備技術、藝術和教育三方面的修養，技術上要求「在電影方面要能兼作放映、修理、製片的工作，在廣播方面要能兼作裝置、修理、播音的工作。」〔註 59〕；藝術上要求播音能夠與民眾生活意識接近，對生活有實際的益處並富有趣味，電影應具有戲劇性的結構、出色的演員、優質的字幕和配樂；教育上要求電化教育工作者必須具有下述教育理想，即充分利用電化教育之長處以實現對全體民眾實行終身教育。在此基礎上，舒新城提出了「金字塔」型的人才培養模式，即第一類是技術人才，包括電影幻燈放映員，放映機之修理員，收音機專修人員，攝製影片燈片等攝影、沖印人員，電臺

〔註 56〕 舒新城，電化教育講話〔M〕，上海：中華書局，1948：58。
〔註 57〕 舒新城，電化教育講話〔M〕，上海：中華書局，1948：120～127。
〔註 58〕 舒新城，教育電影製片問題〔J〕，中華教育界（復刊 5），1947：48～49。
〔註 59〕 舒新城，電化教育講話〔M〕，上海：中華書局，1948：7。

裝置及修理之工程師等，此類人員除電臺工程師須專門人才，可借用各大學及大公司之專門人員外，其餘各項人員只要中等學校畢業之學生，經三個月至半年的實地訓練即可執行業務；第二類是藝術人才，如繪畫或動畫之畫家、編制導演劇本的戲劇家以及音樂歌唱家等，均須其本人對於其專門之學問有長時間的修養，再配合以電化教育的實際訓練，才能從事電化教育工作；第三類為計劃和事務管理人才，此類人才應對教育有精深的研究和正確的認識，同時對於電化教育的藝術和技術有相當瞭解。〔註60〕上述三類人才所需要的人數依次遞減，前兩類是熟悉業務的專才，而第三類則是全能型的通才。

　　舒新城強調，無論哪一類人才，都需要兼具「技術、藝術、教育」三項修養。就技術人才而言，在中國特殊的鄉村設施和經濟情況下，一般對於技術人員的要求是「萬能主義」，即不但需要全面的技術，還需要藝術、教育的才能。如製造影片時，在電影上除去故事或紀事的戲劇性、連續性、暗示性以外，技術人員對一張畫面構圖的好壞將影響攝影作品對於觀眾的印象，此外，他還必須具有較豐富的常識，包括大到自然、社會各方面的知識，小到關於所拍攝影片的綜合知識；教育知識也是必不可少的，教育電影以教育為內容，故每一個動作都含有教育的意義和效果，需要技術人員在攝製影片、製作字幕和接片時都應該注意並應用教育知識。就藝術人員而言，除了製作上追求美感之外，表達內容要符合教育目的，表達方式要適合傳播對象，而要做到這些則需要技術、教育知識的配合。就計劃和事務管理人才而言，除了必須具有企業管理的知識和才能外，還需瞭解電化教育中各個問題及其相互間的聯繫性和獨立性，還需要有強烈的教育意識；倘若他的知識太偏重企業方面便將成為純粹的企業家以營利為目的而失去教育的本義，倘若太偏重教育則工作的效率又將降低，所以「至於設計的『通人』，除對電化教育各方面的事務要有事務管理人的一般知識外，同時更要對於教育和藝術及技術三項有深切的理解和理想。他所設計的東西，固然要合乎教育理想，更要知道電化工具及藝術表現的效能與限制，方能把理想付之實施，倘若他對於各項實際工作能親自動手，那就更好了。」〔註61〕

　　4. **教育電影的放映方法**。舒新城指出，教育電影放映雖有其共同的要

〔註60〕舒新城，在基本教育中推行電化教育的計劃〔A〕//呂達、劉立德，舒新城教育論著選（下）〔M〕，北京：人民教育出版社，2004：954。

〔註61〕舒新城，電化教育講話〔M〕，上海：中華書局，1948：16。

求，但隨著時間、空間的不同通常也需作些改變。共同要求方面，如在放映之前，施教者須精選電影、試映影片、收集參考資料、準備詳細的說明書和教學方案，並且應該選擇良好的施教場所、提示觀眾對於教育電影的正確觀念、調劑觀眾精神。針對當時教育電影主要在學校和民眾教育館兩處放映的情形，舒新城認爲應加以區別對待，即在學校教學中應多結合幻燈片、課本等傳統手段，發揮教育電影的積極效用；在民眾教育館則應做到：（1）引起觀眾的觀影動機；（2）講解影片，並隨畫面的轉移逐一講解，使觀眾一目了然；（3）問題複習，影片放映結束後，對於影片中的重點，用幻燈說明，並由施教者自問自答；（4）介紹參考材料；（5）增加公民訓練。

總體而言，《電化教育講話》體現出兩大重要特點：其一，集電化教育的技術、藝術和教育融爲一體，從理論上奠定了電化教育學研究的三大基礎。學科理論基礎的構建是學科形成並成熟的重要條件。近代中國早期電化教育研究以期刊論文爲多，專著很少，從文章內容的廣度來看，顯得比較零散、系統性不足；從文章深度來看，多以翻譯介紹國外電化技術與電化教育理論爲主，自著的不多，且大多就問題談問題，很少探究問題背後的原因。所以，它們對電化教育學科的理論基礎均缺少系統而有深度的探討。舒新城則爲奠定一套較完備的電化教育學理論基礎作出了貢獻，並對建國後電化教育學的發展起到了重要的推動作用。舒新城主要從拍攝教育電影的需求、實施電影教育人才素質的要求兩方面出發闡述電化教育學所應具有的教育、技術、藝術三大理論基礎，而這三大理論基礎在建國後爲學界明確提出，並成爲課程設置和人才培養的重要依據，如有的專家認爲：「教育技術必須有教育理論基礎、技術基礎、藝術基礎這三大基礎支撐。」「以上這些（指三大理論基礎——筆者注）應該成爲教育專業適應數字化生存挑戰所必須開設的課程體系之內在結構，也是教育技術專業每一個合格畢業生所應該具備的基本素養。」〔註62〕可見，舒新城雖未明確提出這一點，但實可謂發其端。其二，注重電化教育理論與實踐的緊密結合，具有較濃厚的本土意味。從《電化教育講話》內容安排來看，書中第一章即介紹中國電化教育的實際問題，後續章節還就電影放映、電影教學、教育電影製片問題、攝影常識、攝影技術、電化教育及中國建設等問題進行了詳細的剖析；書中的理論和實踐均具

〔註62〕桑新民，現代教育技術學基礎理論創新研究〔J〕，中國電化教育，2003（9）：30～31。

有濃厚的本土意味，舒新城在書中大量採用各種本土理論，如趙光濤的電影教學法、莊澤宣的國人民族性研究等，並詳加引注和評析；此外，舒新城還結合他多年的攝影經驗和在浙江吳興縣從事電影教育、任職中華書局編輯所所長、參加上海市教育局召集的民眾教育研究委員會、出席中國電影照相器材供應公司主辦的「第一次電化教育座談會」等經歷來談攝影技術、自製教育電影的原因、電化教育推動中國建設、教育播音網的架設等問題，上述電化教育問題均來源於中國特殊的國情，而書中也努力為上述問題提供合適的解答。

二、趙光濤及其《電化教育概論》

趙光濤從 1910 年起在徐州壩子街小學讀書，1917 年畢業於江蘇省立徐州第七師範附屬小學，後入江蘇省立無錫第三師範學校讀書，1922 年考取江蘇省立揚州第五師範學校數理專修科，1925 年畢業後到徐州第十中學任理化教員兼圖書館主任。從他早年的經歷中可見，趙光濤是一位有理科背景並曾服務於中小學教學一線的教師，事實證明這為他日後從事電化教育學研究奠定了紮實的實踐基礎。

1930 年，趙光濤出任南京通俗教育館館長，先後創作劇本《天韻樓上》、《龍潭夜月》、《風信之死》、《吻》、《紅燈籠》等。他在任南京通俗教育館館長期間非常注重民眾藝術的普及，認為培養民眾對於時代藝術變遷的敏感性而能促進民眾藝術教育的工具主要有小說、詩歌、音樂、戲劇、繪畫。應該說，經過 30 年代的民眾教育運動，全國民眾素質已經有了明顯提升，對教育工具是否能夠引起受眾的興趣就成為推行電化教育的首要問題，於是關於民眾教育工具藝術性的探討變得比以往任何時候都更為重要。趙光濤曾追述自己編導《龍潭夜月》、《風信之死》、《紅燈籠》、《天韻樓上》、《晚間的來客》五部戲劇的過程，並總結出一套戲劇創做法，其文章大部分刊登在南京民眾教育館編輯出版的《民眾教育》上。1931 年，趙光濤出任徐州民眾教育館籌備處主任，該館擁有電影放映廳、廣播電臺等電化教育場所和設備。在任期間，他積極倡導電化教育，為了提升館員理論素養，還常派員外出研修。據載，「趙光濤從建館初期就意識到電化教育的重要性。1933 年派倪錫英去上海學習電影放映技術。1934 年購進 35 公釐（即毫米——筆者注）手提箱放映機一部，移動式發電機一部。是年 8 月 29 日對外放映，深受群眾歡迎，

各縣都派人前來邀請，共計放映 40 餘場，觀眾達 20 萬人次。館內還購買柯達巨型攝影機一部，自己拍攝影片。拍攝了《水災》，反映 1935 年黃水為禍徐北之實況；《上海風光》、《公園職工》等片。從 1934 年 11 月 12 日起，還對外實現無線電臺廣播，每天播送四小時。節目有：『民眾教育』、『特約演講』、『國內外新聞』、『地方新聞』及各種娛樂唱片等，每逢星期日請當地劇團、音樂會、學校團體等蒞臺播放特別節目。這是徐州市最早出現的電化教育。」〔註63〕

　　1938 年徐州淪陷後，他離開徐州，並輾轉於 1940 年在教育部任電化教育委員會秘書，在此期間他在《教育通訊》上發表《電化教育之推行》一文，總結了 1935～1941 年間教育部電化教育工作的主要成績，並對該部的工作做了若干設想和規劃。〔註64〕1941 年國立社會教育學院電化教育專修科成立後，他任該專修科講師，在此期間他憑藉其與官方的密切聯繫，在中央電影攝影場廠長羅學濂、金陵大學孫明經的幫助下，努力搜集材料，積累了寫作《電化教育概論》的素材，同時得到了朱經農的鼓勵和沈百英、劉百川的協助，將三年內關於電化教育的材料收集成冊，漸漸形成《電化教育概論》一書的主要內容。1945 年，趙光濤在《社會教育輔導》「論著」欄目中發表《教育播音之理論與實際》一文，該文經過擴充後也成為《電化教育概論》第七章的內容。1946 年 3 月，他再度出任徐州民眾教育館館長。1947 年，中國農業教育電影製片廠根據趙光濤的資歷，決定選派他去美國學習農業教育電影業務。趙光濤赴美後，先在哥倫比亞大學師範學院選科學習，在此期間曾參觀農村設施，學習小麥、棉花作物的種植、加工和檢驗，同時學習農業技術的推廣以及水土保持等。結業後，他到俄亥俄州立大學師從美國教育電影知名人士戴爾（Edgar Dale）和泰拉西〔註65〕教授，參觀柯達、愛克發膠片公司以及好萊塢的各大電影公司，又到加拿大渥太華參觀國立教育電影館以及電影、幻燈片製造廠，在此基礎上研修了電影行政管理、編導、攝製、剪接、洗印等一系列課程，還參觀了一些大學的教育電影部、廣播電臺，探討了電化教育的方法和手段。〔註66〕趙光濤於 1948 年 3 月回國，任中國農業

〔註63〕政協徐州市郊區、銅山縣文史委。文史資料（第 11 輯）〔M〕，徐州：政協徐州市郊區、銅山縣文史委，1991：58。
〔註64〕趙光濤，如何推行電化教育〔J〕，教育通訊，1941（41-42）：19～24。
〔註65〕其外文原名不詳。
〔註66〕王廣禮，徐州群眾文化史料集 1932～1992〔M〕，徐州：徐州市文化局，1994：277。

教育電影製片廠業務部主任，寫過有關畜牧技術的電影腳本，與衛生部合作譯製了一部衛生急救的教育影片，還在南京、徐州等地作專題講座，介紹美國電化教育的現狀。留學美國的經歷使趙光濤對世界先進的電化教育理念和工具有了更深的認識，也使趙光濤的《電化教育概論》在視野上較前人更加寬闊，如 20 世紀 40 年代電視作爲新的傳播媒體加入電化教育工具的行列之中，趙光濤敏銳地把握到這一趨勢，並在《電化教育概論》中得到體現。有的學者認爲，在教育電影實施問題研究上趙光濤的《電化教育概論》最爲全面。〔註67〕

　　《電化教育概論》共十章，內容涉及教育電影和教育播音兩方面，教育電影方面包括電影之發明與改進、教育電影之內容、教育電影與電影教學法等，教育播音方面包括無線電之發明與改進、教育播音節目之建立等。解析其文本，緒論部分包括電化教育之意義、電化教育之認識、電化教育之功能；第二章爲電影之發明與改造，包括教育工具之演進、電影發明之前夜、電影之發明與進步；第三章爲各國教育電影事業概況，包括中國教育電影事業、美國教育電影事業、日本教育電影事業、蘇聯教育電影事業、意大利教育電影事業；第四章爲教育電影之內容，包括教育電影製片綱要、中國教育電影片之擬製細目；第五章爲無線電之發明與演進，包括無線電概說、無線電之發展史略、無線電之自我介紹；第六章爲各國無線電廣播事業概況，包括中國廣播事業概況、英國廣播事業概況、美國廣播事業概況、蘇聯廣播事業概況、德意日三國廣播事業；第七章爲教育播音節目之建立，包括教育播音節目之內容、廣播方法之研究；第八章爲中國電影電播行政之概況，包括電影行政之演進、電影檢查、廣播行政之演進；第九章爲中國電化教育行政概況，包括各級電教行政機構、電教事業之推行；第十章爲教育電影與電影教學法，包括電影教學法之意義與內容、教學方案之編製、電影教學方法舉例。

　　該書主要圍繞以下五方面展開論述：

　　1. **電化教育的作用與功能**。趙光濤主要從大教育的視角下來考察電化教育的作用與功能，他列舉了美國哈佛大學何孟士（Henry W. Holmes）等人的意見，最後得出結論：電影電播二者已經全然教育化了，按這種趨勢發展下

〔註67〕朱敬，影音教育中國之路探源——關於中國早期電化教育史的理解與解釋〔M〕，天津：天津大學出版社，2010：160。

去，電化教育的涵義必將擴展，即凡以電影、電播或電視爲工具而完成教育目的者，統稱爲電化教育；〔註68〕電化教育的施教作用可擴大到各級各類學校以及家庭教育、社會教育、科學教育和藝術教育，可見，較之谷劍塵等人對電化教育施教範圍的界定更爲寬廣，具體來說，電化教育在學校中可以教授道德課程、自然課程、生理課程、藝術課程，在家庭中應突出收音機的教育作用，在社會教育中無線電和電影都可以發揮巨大的功效，「在社會教育的整個事業中，廣大的人群之前，若以語言說服民眾，指導民眾，效力實屬有限，雖講者舌乾唇焦，聲嘶力竭，仍恐言者諄諄，聽者藐藐，若以無線電廣播向大眾說話，則更廣泛而易受感動，試再以教學效率言之，則陳列室之展覽品與枯燥的教訓，更遠不若電影電播之易激動群眾，今後欲求社會教育之發展，則推進電化教育，實爲首要之圖。」〔註69〕電化教育與科學教育關係密切，「近來電影放映機，因繼續之改進，可使電影的一個畫面停止數分鐘，並可逆行放映，使觀眾更易於認識，對於實施科學教育亦愈加便利。」〔註70〕電影和播音均可成爲藝術化、音樂化和戲劇化的教育工具，故提倡電化教育即爲提倡藝術教育。

在趙光濤看來，電化教育的功能主要表現在輔助各科課程、提高學習效率、促進國際文化和配合國防國策等方面。電化教育使教材突破空間和器材的限制，富有趣味性和生動性，它還使教材變得准確和充實，對於各科教學都有輔助作用；電化教育因具有戲劇、音樂、美術的綜合性，故能使觀眾時刻發生新的刺激和興趣；電化教育工具可將各國民眾生活內容迅速傳遞到全世界，從而消除國際間的隔閡和阻礙；電化教育工具在戰爭時期能起到精神國防的作用，是對抗侵略的一種有力武器。

2. **電化教育的普及與管理。**電化教育的普及與管理包含電化教育工具的普及、電化教育事業的擴展和電化教育行政管理三方面。首先，趙光濤從教育工具的角度出發闡述了電影和播音的起源，簡要描繪了近代中國教育電影和教育播音的發展歷程。例如，他考察了電影技術的發展，認爲 1922～1925 年間爲無聲電影發展期，1926 年後爲有聲電影發展期。其次，他廣泛介紹世界各國電化教育情況，並系統地梳理了國內電化教育事業的推進。趙光濤介

〔註68〕 趙光濤，電化教育概論〔M〕，上海：商務印書館，1948：1。
〔註69〕 趙光濤，電化教育概論〔M〕，上海：商務印書館，1948：5。
〔註70〕 趙光濤，電化教育概論〔M〕，上海：商務印書館，1948：6。

紹了美國、英國、日本、蘇聯、意大利、德國等國的教育電影種類、電影教育化運動、教育電影團體、教育電影期刊、電影供應機構、電影師資訓練、廣播行政等情況，其中以美國的相關情況最爲詳細。國內方面，他認爲商務印書館攝影部成立標誌著國產電影發展的開端，並以 1931 年國民黨中央宣傳部設立電影股、1932 年中國教育電影協會成立、1933 年中央電影事業指導委員會成立和中央電影攝影場建立等一系列官方電影組織和機構的創立作爲中國教育電影發展的標誌性事件。另外，他認爲中國電影事業主要包括攝製電影、自製微縮影片、訂定攝製大綱和訓練電教人才四個方面；教育播音方面，他主要以教育部的相關工作爲例，將其歸納爲設計各省電化教育實施辦法、確定各省電化教育推行機構、訓練各省電化教育技術人才、補助各省電化教育器材、實施中央教育播音、編輯播音教育小叢書等工作和事業。再次，他研究和總結了中國電影行政管理的發展過程，指出電影檢查機制的確立爲中國電影行政史上的大事，爲此他詳細介紹了中央電影檢查委員會和電影檢查法的情況，並側重介紹了 1932 年第四屆中央執行委員會第 49 次常務會議通過的「鼓勵國產影片製造之標準」和「我國所需要之外國影片之標準」兩項法規的內容，其中包括國產影片選擇標準、外國影片標準、國產影片評選委員會獎勵條件等。

　　3. **教育電影的宗旨及內容**。教育影片是電影教育的必要工具，影片質量的高低直接影響電影教育的效率。鑒於其在教育部電化教育委員會工作的經歷，趙光濤認爲國人應自行攝製教育電影以彌補採用外國影片之弊，並援引電化教育委員會的《製片綱要》以爲日後設廠攝製影片的依據，其中包括：（1）根據中華民國教育宗旨，灌輸國民各種必要常識，以發揚民族意識，增進生活，並能養成公民資格；（2）根據總理遺教及領袖言行，陶鎔兒童及青年忠孝仁愛信義和平之國民道德，使之篤信主義，服從領袖，一致努力於建設三民主義之新中國；（3）利用視覺教育之原理，編爲各級學校補充教材增強教學效能，以助長學生研究興趣及理解能力，藉補現行教育之不足。〔註 71〕趙光濤在書中進一步分析道，教育電影按其題材可分爲社會教育片和學校教育片，社會教育片的內容主要包括總理遺教、總裁言行、民族史蹟、地理常識、政治建設、社會建設、生產建設、教育建設、科學常識、模範公民、生

〔註71〕趙光濤，電化教育概論〔M〕，上海：商務印書館，1948：40～41。

活標準、社交禮儀、家政處理、習俗改良、醫藥常識、衛生習慣、體育活動、防護常識。〔註72〕學校教育片按內容可分可分爲訓育片和教學片兩種，訓育片以輔導訓導實施爲宗旨，故應以教育部頒佈的《訓育綱要》爲內容的根據；教育片以輔導教學及充實教材爲宗旨，故內容編製應依據各級學校各科課程標準及教材細目，按對象又可分爲中心學校教育影片、中等學校教育影片和專科以上學校教育影片三種。中心學校影片重在培養民族意識、國家觀念和國民道德及身心健康等，故應主要包括公民科、國語常識自然科、歷史地理科、體育音樂科四科；〔註73〕中等學校影片重在促進青年身心健全、灌輸各科知識、養成良好品格，故應包括故事表演、生活標準、軍事管理及童子軍管理示範、學生自治生活準則、學生課外服務運動、學生社會服務運動、學校重要集會實例、公民科、史地科、自然科、體育課、音樂科等科目；〔註74〕專科以上影片重在倡導學術研究，故應包括邊疆考察、理科實驗、國防工業、發明故事等科目。〔註75〕

　　4. **電影教學法**。以趙光濤之見，電影教學法指教育電影放映和指導的方法和手段，是一種刺激和指導受教育者的新教學法，也是根據學習者學習心理而設計的新教學法，故與傳統的以書本爲教育工具的教學法有明顯不同。他指出，使用電影教學時施教者應注意：（1）選擇影片，施教者應「注意何者爲教室電影片，何者爲社會教育片，教室電影應密切與教材進度配合，使學生因觀賞影片而獲得豐富的知識。社會教育片應適合當地人民之生活環境及經驗，以及時令季節，重要紀念日，使觀眾可以獲得更親切之瞭解」〔註76〕；（2）試映影片，施教者應檢查影片有無損毀，字幕、重要畫面是否完整，並將內容劃分爲幾個單元以便施教；（3）搜集參考資料，施教者不僅應對影片內容了然於胸，還應瞭解影片相關的知識並加以補充；（4）說明書與教學方案，施教者應對影片內容、放映時間、放映次序詳加說明，教學方案爲教學的準繩，應在施教前提前準備。爲此，趙光濤列舉了美國柯達影片公司編製教師指南（Teachers Guide）中《麥》的教學方案，包括概觀、影片內容及相關知識、序景、習題等環節；《飲水衛生》的教學方案，其中教

〔註72〕趙光濤，電化教育概論〔M〕，上海：商務印書館，1948：42～45。
〔註73〕趙光濤，電化教育概論〔M〕，上海：商務印書館，1948：46～47。
〔註74〕趙光濤，電化教育概論〔M〕，上海：商務印書館，1948：48～50。
〔註75〕趙光濤，電化教育概論〔M〕，上海：商務印書館，1948：50～51。
〔註76〕趙光濤，電化教育概論〔M〕，上海：商務印書館，1948：179。

學準備包括全片概念、全片分節，教學進行包括引起動機、講映要點、講映影片、問題複習等環節。﹝註77﹞關於教學設施方面，趙光濤指出要布置合理的視角場所、調劑觀眾精神、進行審慎的講解說明、插播廣告以吸引觀眾等。另外，教育電影教學的具體步驟包括：（1）引起動機，即刺激觀眾一般舊觀念，使之對於教學題材有強烈的求知欲；（2）講映影片，即影片放映時即應隨著畫面的轉移逐一講解；（3）問題複習，即影片映完後，爲加深觀眾的記憶，對片中重要的部分逐一說明，最好用幻燈片將之映出，施教者代觀眾自問自答；（4）介紹參考材料，即影片映完後介紹有關本片的參考資料，以便觀眾能夠繼續獲取相關知識；（5）臨時增加講材，即在影片映完後增加本片以外的其他節目，如公民訓練、平劇、名曲等。﹝註78﹞

　　5. **教育播音的內容和方法**。趙光濤指出，教育播音節目的編排是教育家的工作，它應注意三個方面：（1）把握聽眾的收音時間（分爲晨間節目、午間節目、晚間節目三類）；（2）適應聽眾心理（分廣播時間要簡短、廣播講詞要簡明、廣播講演態度三方面）；（3）配合聽眾教育程度（細化爲注意年齡性別及職業、廣播材料大眾化、空間和時間的配合三方面）。﹝註79﹞教育播音節目的內容方面，趙光濤列舉了美國和國際通用教育播音節目的內容，前者計有大眾音樂、喜劇、運動競賽、古典與交際樂、新聞、演講、宗教、教育、兒童節目、婦女節目十類，可分爲公用節目、新聞節目、教育節目和娛樂節目四種；後者共 20 項，分別爲報告標準時間，預報氣象，報知輪船預防颶風，報告失蹤人員的尋覓或病人與其家人接觸，兒童教育，成人教育，體育（關於體育課程及練習），農業談話，青年職業指導，社會問題，國際問題，慈善事業及救濟事業，警務報告，關於統計上之報告，衛生業務報告，關於風災、水災、火災防衛之指示，旅行的宣傳，名勝古蹟之宣傳，日用物品市價，特殊節目。﹝註80﹞在此基礎上，他總結道：「廣播節目之內容，不外講演、娛樂及新聞報導。在平時注意教育，在戰時則注重宣傳。」﹝註81﹞

　　播音方法方面，趙光濤在借鑒吸收佛利希（Hartvig Friessh）﹝註82﹞的十

﹝註77﹞　趙光濤，電化教育概論﹝M﹞，上海：商務印書館，1948：199～120。

﹝註78﹞　趙光濤，電化教育概論﹝M﹞，上海：商務印書館，1948：183。

﹝註79﹞　趙光濤，電化教育概論﹝M﹞，上海：商務印書館，1948：115～119。

﹝註80﹞　趙光濤，電化教育概論﹝M﹞，上海：商務印書館，1948：122～123。

﹝註81﹞　趙光濤，電化教育概論﹝M﹞，上海：商務印書館，1948：123。

﹝註82﹞　佛利希（Hartvig Friessh）時任丹麥民眾教育館委員，主要從事無線電研究。
　　　　他曾做過丹麥一星期中無線電放送節目的研究，並曾在國際世界文化合作院

條播音規則、孟德爾（Narnon D. Modell）〔註83〕的著作等基礎上，提出了四大原則：（1）注意聽者。善於廣播者，必賦面前傳話器以人性，而以友誼熱情與之暢談，有人見傳話器而生畏，應努力加以克服。（2）有聲有色。無線電廣播的特效在於使聽眾「以聲帶色」、「以耳代目」，故廣播發音首重清晰，更須以談話方式出之，可使聽眾感到親切有味。（3）寫稿試播。寫稿試播尤其為初試播音者所必備，其最大的成就在於能夠把握時間、語言中肯，但廣播時間的長短由發音人讀稿的快慢決定。（4）起止守時。把握時間對於整合播音節目和前後節目的銜接十分重要，尤以國際轉播節目最重要，故播音者在五分鐘前即應準備完全，並倒數秒數進行播音；結束時還須聽播音室人員的指揮準時停止，不然轉播臺屆時須另換節目，則播音無效。〔註84〕

　　綜上所述，趙光濤電化教育研究的最大特點在於注重引介各國電化教育先進經驗和理論，並結合自身經驗形成電化教育理論。趙光濤編著《電化教育概論》之所以能在近代中國電化教育學發展史上穩占一席之地，最為重要的一個原因，是該著中有相當一部分的篇幅介紹各個發達國家的電化教育情況，這為當時中國民眾、學者全面瞭解國外電化教育提供了珍貴的材料，對當時及後來電化教育和教育技術的研究具有重要的借鑒意義；而且，趙光濤將中國電化教育作為各國電化教育的一環進行介紹和梳理，有利於讀者進行比較和借鑒。此外，趙光濤寫作過程中注重結合自身的經驗，如利用其在教育部任職的經驗和材料獲取的便利，系統梳理了中國電影行政管理的過程。在論述電化教育教學法時，他參考了《小麥產業》（Wheat Industry）、《國家和鄰國》（Nations and Neighbors）、《經濟地理學》（Economic Geography）、《美國發明史》（Popular History of American Invention）等著作和小鄧奈普（Orrin E. Dunlap, Jr）〔註85〕、佛利希等人的研究。在闡明教學方案時，他也以美國柯達影片公司《教師指南》（Teachers Guide）中《麥》的教案為例。但這並非意

編《無線電廣播的文化教育作用》（1936 年由世界文化合作中國協會籌備委員會翻譯出版）中發表論文。1937 年，《播音教育月刊》上發表的《播音講演人應注意的問題》一文介紹了他的觀點。

〔註83〕其生平事蹟不詳。

〔註84〕趙光濤，電化教育概論〔M〕，上海：商務印書館，1948：124～126。

〔註85〕小鄧奈普（Orrin E. Dunlap, Jr），美國科學家，主要從事無線電及雷達研究，曾主編《廣播電視年鑒》（Radio and Television Almanac），並著《馬可尼和他的無線電》（Marconi: The Man and His Wireless, New York: Macmillan Publishing Co, 1937）、《雷達》（1947 年商務印書館翻譯出版）等書。

味著他將這些理論毫無保留、不加思考地全盤引進，而是結合中國的實際以及自己在南京民眾教育館、徐州民眾教育館工作的經驗加以選擇。例如，在制定播音教學時刻表時，他考慮到了民眾教育館中婦女、兒童、農民、城市居民等不同群體的作息時間；在教案設計時，他重點列舉明星公司攝製的《飲水衛生》一片的教案為例，參考了《水與疾病》、《公共衛生》、《食物衛生》等 11 本國人的著作，並根據民眾接受能力主張將電影分節放映，並增加幻燈輔助、口頭解說等環節，最後還設置了饒有趣味的提問環節。

三、杜維濤及其譯著《視聽教學法之理論》

　　杜維濤 1916 年畢業於安徽蕪湖乙種商業學校，1919 年畢業於安徽宣城省立第四師範學校畢業，1923 年畢業於北平高等師範學校理化部。1923～1946年間，他在北京、安徽、河南、江蘇的小學、中學、師範學校教數理化，並從事社會教育、民眾教育和電化教育。1940 年 5 月，在杜維濤等人的推動下，社會教育司增設第三科，專門負責推動全國電化教育，杜維濤任科長。1947年，杜維濤赴美國考察電化教育。在此期間，他受教育部委託，購置了大量電化教育器材，包括電影放映機 100 部、影片 1500 種、電視與雷達各兩套、廣播機件一套及攝影機件和自動洗印機。同時，他參加了全美影片館協會第四屆年會及播音教育協會第七屆年會，又同萬超塵、趙光濤一起參觀了柯達公司、羅切斯特大學、哈佛大學等，還參觀了若干中小學的電影教學和播音教學，並專門到克利夫蘭教育委員會開展電臺研究。尤其值得一提的是，他還作為特別研究生跟隨俄亥俄州立大學教育研究部主任戴爾學習研究視聽教育。1948 年回國後，他升任教育部督學。

　　1948 年，杜維濤撰寫了《考察歐美電化教育的印象與感想》、《電化教育的理論》等論文，並於次年翻譯出版了《視聽教學法之理論》一書；全書共 5章，原著為美國視聽教育大師戴爾的「Audio-visual methods in teaching」，據戴爾自述，「這本書是根據一種原理而作──就是所有教學，由初級到大學，若用視和聽的教具便會大有進步，因為這種教具能使得學習經過十分的具體化而便於記憶。」〔註 86〕「視聽教具必須要在它對全部教學及學習方法的整個關係之下去瞭解認識。除非教員了悟這種關係，否則他用這些技術也不能得著什麼好結果，對於他日常的工作也不會有多大幫助。他必須認識視聽教

〔註86〕戴爾撰、杜維濤譯，視聽教學法之理論〔M〕，上海：中華書局，1949：5。

育乃是一些方法用以改進教學的，——是很有把握的一些方法，但不是僅有的方法。」〔註87〕「我相信我們已很明白教學與學習的心理足以影響方法的革命。但我們還未把已經知道的進步學習法應用一半到教學上去。」〔註88〕

具體而言，該書內容主要可分述如下：

其一，如何產生「永記不忘」的教學。「永記不忘」的教學包括產生有效學習和形成豐富的經驗。有效學習的產生需要三個條件，即適宜的學習動機、顯著的學習目標和完善的應用；另外，教學要用實際生活來代替呆板的、不實際的和抽象的材料，機械得來的知識是容易遺忘的，只有豐富美滿的經歷才能夠被記憶，這種記憶才能形成知識的累積；豐富的經驗雖然種類不同，但均為帶著直接感覺的經歷，都富有新生、新鮮、創造、冒險性和情趣性，有些豐富的經驗還是舊經驗和突如其來的新經驗的結合體。

其二，如何使經驗有用和經驗的分類。經驗要變為有用，需要經歷推理、法則、原理、概念、習慣、成語等因素的作用，用戴爾的話來說，即「如何使我們的經驗更為有用呢？把它們造成推理、概念、原理、法則或方法就行了。」〔註89〕作者認為，教育的過程便是抽象經驗（概念）形成的過程，而概念的形成必須有定量的具體經驗並將之合成和重新聯合，「既然各種的豐富經驗是很重要，但只是這些還不夠，因為教育不只是集合一些特殊具體的經驗而已。你必須把這些經驗變成能操縱的狀態，而把它們分類組織、關聯、區分。」〔註90〕進而，書中根據媒體提供受教育者的經驗不同分為三類，其中第一類包括直接經驗、設計的經驗、戲劇表演，第二類經驗包括表徵、旅行參觀、展覽、電影、播音、錄音、靜畫，第三類包括視覺符號、文字符號和言語標識。上述內容可用一錐形圖來表示，該圖被稱為「經驗椎體」。

〔註87〕戴爾撰、杜維濤譯，視聽教學法之理論〔M〕，上海：中華書局，1949：6。
〔註88〕戴爾撰、杜維濤譯，視聽教學法之理論〔M〕，上海：中華書局，1949：14。
〔註89〕戴爾撰、杜維濤譯，視聽教學法之理論〔M〕，上海：中華書局，1949：44。
〔註90〕戴爾撰、杜維濤譯，視聽教學法之理論〔M〕，上海：中華書局，1949：40。

圖 5-1　戴爾的「經驗之塔」示意圖

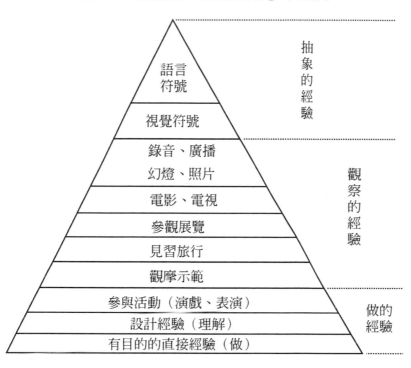

椎體由底層到頂層對應於三種經驗類別的上升，椎體底層代表人們直接經歷的眞實事物本身，它是最豐滿的具體經驗，也是教育的基礎，即人們看見的、拿到的、嘗到的、覺察的、嗅到的、有意要接觸的經驗。〔註91〕椎體越往上抽象程度越高，「有許多事情我們是不能直接經驗得到的，生命太短促了。時間空間的限制叫我們求學的人無法對我們要學的東西一一直接經歷到。此外，還有已經過去的事也無法直接經歷，而且，有些也不能把它改編成設計經驗狀態，有些觀念必帶些抽象性、符號性。」〔註92〕

其三，如何利用電化教育工具來形成間接經驗。電化教育工具能提供上述第二類經驗，即間接經驗。例如，電影雖然喪失了直觀性，但卻獲得了便利的補償，它能刪掉不必要的材料，而集中在少數的、選擇的點上，如「參觀陶器廠，要從頭到尾參觀全部程序，但陶瓷製造影片能迅速越過不重要的而加強說明重要的。而慢動作的機械作用更能使得我們看清楚主要點，慢動

〔註91〕戴爾撰、杜維濤譯，視聽教學法之理論〔M〕，上海：中華書局，1949：47。
〔註92〕戴爾撰、杜維濤譯，視聽教學法之理論〔M〕，上海：中華書局，1949：51。

作自然伸長了時間和空間。」〔註 93〕但經驗的形成並不是固定不變的，學習過程可以從直接經驗、間接經驗或抽象經驗開始，「在照相術沒有發明並用作傳達知識經驗工具以前，這世界上已不知有過多少才子學士了。我們看見多少兒童已熟習簡單的抽象，在進學校之前已用熟了二千多字了，每個字都是抽象的東西。但是抽象也由最簡單的排到最複雜的。如果我們要去求豐富充足深刻廣闊的經驗和瞭解，則那些抽象必須組合起來。簡單說，我們應當盡可能用各種求經驗的方法。」〔註 94〕而且經驗也不是單純的，而是混合的，「我們聽一個人講演，我們以為只是得了聽覺經驗，實在我們也得了他的嘴唇和身體動作的印象。當我們看一件東西要想拿它的時候，後者以為只有一個視覺經驗，其實也在估計它的重要感覺和位置等等。」〔註 95〕所以，在學習的過程中，不應盲目誇大電化教育媒體的價值，而應充分發揮各種媒體的價值，例如，蘇格拉底沒有運用電影與播音進行教學，但一樣教得很好。

　　《視聽教學法之理論》對杜維濤的電化教育認識產生了較大的影響。例如，他在《電化教育的理論》一文中對《視聽教學法的理論》推崇備至，指出：「美國視聽教育大師戴爾博士 Dr. Edgar Dale 在他所著的視聽教學法 Audiovisual Method In Teaching 中把這類視聽教材教具教法介紹得很周詳，並且從最直接的以至最間接的、最具體的以至最抽象的依次排列成為知識經驗的尖錐，在理論上與方法上說得非常透徹。他的這本著作已為美國各大學採用作教本，理論上已是不可破的。」〔註 96〕文中結合中國教育實際介紹了戴爾「有用經驗」的形成和經驗椎體理論，杜維濤認為迅速而有效的教學包括從教學的原理原則上去探討，要把現在實際教學情況的缺點加以研究，把新的教材、教具、教法加以檢驗，其中教學原理包括要有適當的學習動機、顯著的學習目的、充分的應用和練習的機會，即為《視聽教學法之理論》一書中有效學習形成的條件，教具、教法的檢驗即為教育者應根據不同教具給予受教育者不同的經驗而加以選擇。

　　但總體而言，該書並未引起當時學術界的普遍關注，以 1948～1949 年間發表在國內期刊上的電化教育論文為例，如《論電影教育》、《戰後電播教育

〔註93〕 戴爾撰、杜維濤譯，視聽教學法之理論〔M〕，上海：中華書局，1949：54。
〔註94〕 戴爾撰、杜維濤譯，視聽教學法之理論〔M〕，上海：中華書局，1949：59。
〔註95〕 戴爾撰、杜維濤譯，視聽教學法之理論〔M〕，上海：中華書局，1949：61。
〔註96〕 杜維濤，電化教育的理論〔J〕，教育通訊，1948（復刊 6-3）：14。

之概況》、《推進電化教育的心理建設》、《從推行電化教育說到訓練人才問題》、《視聽教育的權威——電影》等文均未提及戴爾及其著作和理論；而反觀同時期美國的學術界，關於不同媒體之間的比較研究正開展得如火如荼，造成這種差異的原因主要可歸結爲：（1）國內內戰爆發，學界沒有很好的氛圍從事相關理論的研究和引介；（2）視聽教育理論主要基於不同媒體間的比較研究實驗，而當時國內尚未具備開展這類實驗的客觀條件，包括設備和技術。

第三節　官營電影機構的蕭條和民營電影機構的發展

全面內戰爆發後，國民黨當局挪動大量經費用於軍事用途，官營電影機構電影拍攝受限，此外左翼電影人士滲透入官營電影機構，通過多拍商業片、戲劇片的方式破壞國民黨當局拍攝純政治宣傳影片的計劃；另一方面，由於官營電影機構的排擠，民營電影機構吸收了大量電影人，並展開了與官營電影機構的博弈。

一、官營電影機構的蕭條

1945 年 9 月 11 日，國民黨中央常務第九次會議通過《管理收復區報紙通訊社雜誌電影廣播事業暫行辦法》，規定「敵僞機關或私人經營之報紙、通訊社、雜誌及電影製片、廣播事業一律查封，其財產由宣傳部（即國民黨中央宣傳部——筆者注）會同當地政府接收管理。」「中央宣傳部爲便利推進宣傳計，前項沒收查封之敵僞或附逆報紙、通訊社、雜誌、電影製片、廣播等實業所有之印刷機器、房屋建築、工作用具及其他財產，經中央核准後，得會同當地政府啓封利用。」〔註 97〕根據該訓令，國民政府接收了敵僞當局所有的新聞機構和報紙、出版機構和印刷廠，同時劃分了上海、南京、北平、廣州四個電影接收區，以中央電影攝影場爲主進行了電影接收的工作。中央電影攝影場在戰後接收中獲利最大，它接收了三個重要的日僞電影機構，即上海的中華電影股份有限公司、北平的華北電影股份有限公司和長春的滿洲映畫協會，在此基礎上成立了三個電影製片廠，即中央電影攝影場一廠、中央電影攝影場二廠設在上海，廠長分別是裘逸葦和徐蘇靈；中央電影攝影場三

〔註97〕收復區宣傳事業管理暫行辦法〔N〕，申報，1945-9-12，（2）。

廠設在北平，廠長爲徐昂千，三廠共擁有 6 座攝影棚，此後生產了 38 部故事片，成爲最龐大的官營電影機構。〔註98〕1947 年 4 月，中央電影攝影場改制爲「中央電影企業股份有限公司」，改制後的中央電影攝影場擁有了與民營股份公司相似的組織模式和經營方式，但行政上仍隸屬於國民黨中央宣傳部。

1947～1949 年間，中央電影攝影場攝製的具有較明顯的教育意義的電影可分爲以下三種：（1）國防教育電影和抗戰愛情題材的電影。國防教育電影方面，如表現淪陷區生活的《滿庭芳》、《子孫萬代》、《天橋》等；表現抗日游擊隊故事的《白山黑水血濺紅》；以抗戰爲背景表現男女情愛的影片，如《遙遠的愛》、《再相逢》、《青青河邊草》。其中《遙遠的愛》通過蕭元熙和余珍兩人截然不同的經歷、生活和性格的對照，批判了逃脫時代、苟安偷生的弱者，歌頌了獻身民族解放的勇士，表現了主人公追求進步、投入時代生活洪流的堅強意志〔註 99〕；《青青河邊草》講述抗戰時期逃亡重慶的女子藍菁與青年工程師王子超的愛情故事〔註 100〕。（2）反映抗戰勝利後復員時期的社會寫實電影。例如，描寫房荒的《還鄉日記》，揭露接收大員、投機奸商和漢奸生活的《天堂春夢》、《衣錦榮歸》、《乘龍快婿》；其中《天堂春夢》講述一個正直的工程師在不合理的社會裏，雖然辛勤地工作，竟不能保全一個棲身之所，而另一些「寄生蟲」卻坐享其成。〔註 101〕刻畫青年人苦悶心態的《追》和以知識分子爲題材的《街頭巷尾》等，均屬這類影片的代表作。（3）新聞片。中央電影攝影場的新聞片主要由中央電影攝影場一廠短片組承拍，之後中央電影攝影場三廠短片組也參與其中，如《中國新聞》完成了117～180 號（1948 年 3 月 3 日後的資料缺），其中第 117～160 號由中央電影攝影場一廠短片組製作，第 161 號以後是中央電影攝影場一廠和中央電影攝影場三廠合作製作，此外中央電影攝影場三廠短片組在 1947 年以前另攝製了《華北新聞》第 1～15 號，又爲航空委員會攝製《中國空軍新聞》第 1～2 號和《中國新聞》特號第 27 號以及其他新聞紀錄片。

值得注意的是，此期以中央電影攝影場爲首的官營電影機構雖稱雄一時，但總體上仍呈現出蕭條的趨勢，這主要表現在：（1）經濟上的困擾。此

〔註98〕黃獻文，昨夜星光——20 世紀中國電影史〔M〕，長沙：湖南人民出版社，2002：75。
〔註99〕蕭沈，中電第三部新片《遙遠的愛》〔N〕，申報第三張，1946-12-15，（10）。
〔註100〕青青河邊草劇情介紹〔N〕，大公報第二張，1947-4-29，（8）。
〔註101〕文淑，天堂春夢〔N〕，申報，1947-3-11，（9）。

期國統區物價波動較大，而官營電影所需器材均來自外國，因而價格頗高，據相關統計，戰後電影器材價格約為戰前的 5 至 100 倍，主要原材料如膠片比戰前漲了 7 倍多，次要的如電器材料更漲到了 20 多倍，而一部分五金材料上漲幅度甚至超過了 52 倍。〔註102〕據 1948 年官營製片廠自述，「器材損耗甚大，來送補充不易，固我廠電影器材，大部分仰給舶來品，自政府限制入口後，頓形缺乏，甚或已告絕跡。」〔註 103〕。（2）專業人才的缺乏。改組後的中央電影攝影場演員來源多樣，既有大後方回來的影劇人，也有在上海、北平等地從事話劇工作的演員，如白楊、黃宗英、杜驪珠、耿震、呂恩、裴沖、莎莉、沈揚、趙丹、劉瓊、秦怡、喬奇、顧而已、嚴俊、路明、謝添、魏鶴齡、項坤、林靜、林默予、史弘、王豪等，還有一部分原日偽電影機構的電影人，演員成分的多樣造成了其水平參差不齊。中央電影攝影場的編導則多來自於國外的留學生和少數國內大學電化教育學專業畢業生，通常供不應求，況且 1947～1949 年間，由於官營電影機構政治色彩加強，許多有實力的左翼電影人士被驅逐出去，如袁俊、吳永剛、方沛霖、潘孑農、沉浮、陳鯉庭、湯曉丹、馬徐維邦、唐煌、屠光啓、何非光、梅阡、岳楓、王引、陳鏗然、劉國權、徐昌霖等，其中一些人仍在政府部門或官方機構任職，如馬徐維邦、袁俊等，另一些人如沉浮、陳鯉庭等則加入民營的崑崙影業公司。（3）電影拍攝理念與現實脫節。為了迎合市井觀眾的觀影需求，此期中央電影攝影場三廠攝製的影片很大一部分是純商業性質的作品，如攝於 1947 年的《甦風記》、《郎才女貌》和攝於 1948 年的《花落水流紅》、《粉末箏琶》、《深閨疑雲》、《青梅竹馬》、《碧血千秋》等，此後中央電影攝影場一廠和中央電影攝影場二廠也先後投入故事片的拍攝，如中央電影攝影場一廠於 1947 年拍攝了《還鄉日記》、《終身大事》，1948 年拍攝了《再相逢》、《舐犢情深》，1949 年拍攝了《銀海幻夢》、《尋夢記》；中央電影攝影場二廠 1947 年拍攝了《遙遠的愛》、《天羅地網》、《幸福狂想曲》，1948 年拍攝了《天魔劫》、《出賣影子的人》、《懸崖勒馬》、《腸斷天涯》、《三人行》，1949 年拍攝了《青山翠谷》、《喜迎春》。這些電影大多屬於娛樂電影，且以營利為目的，對於中

〔註102〕楊燕、徐成兵，民國時期官營電影發展史〔M〕，北京：中國傳媒大學出版社，2009：106。

〔註103〕楊燕、徐成兵，民國時期官營電影發展史〔M〕，北京：中國傳媒大學出版社，2009：124。

央電影攝影場這樣的官營電影機構來說，這類影片大多具有敷衍故事、草率成事的痕跡，其教育價值比較欠缺。1947 年後，中國電影製片廠以製作反共宣傳影片和軍事教育影片爲主，如《萬象回春》、《擠》、《黑名單》（未完成），這些影片幾乎僅具政治目的，但已明顯違背時代潮流。

二、民營電影機構的發展

在近代中國，官營電影機構與民營電影機構的合作早已有之，自南京國民政府成立至中央電影攝影場正式組建的若干年內，官方一些重要的電影攝製活動幾乎都是通過與上海民營電影公司的合作而完成的，如明星公司、聯華公司、民新公司和上海影戲公司等重要的國片公司，均曾得到過與官方合作攝片的機會。1928～1933 年間，即有民新公司、大中華百合公司、長城畫片公司、明星公司、聯華公司、上海影片公司爲政府攝製影片多部，具體題材爲總裁事蹟、國術表演、抗日演講、時事政治、總裁訓話、中央軍校生活等。〔註 104〕雙方也常有人員流動，如中央電影攝影場的賀孟虎曾到「國泰電影院」當英文翻譯，業務員徐心波到「美工堂」影劇院當經理。〔註 105〕1947 年，中央電影攝影場與民營的文華、崑崙、清華等公司組成中國電影聯營處，聯合發行各公司出品的影片。另一方面，1947～1949 年間以中央電影攝影場爲首的官營電影機構與民營電影機構的競爭和摩擦日趨激烈，爲了達到電影壟斷的目的，隨著官營電影機構重建和迅速擴大，國民黨明令禁止新辦私營電影機構，但迫於社會形勢的發展及部分民營公司（如國泰影片公司、民華影業公司等）在日僞佔領期間關閉不與日僞合作的事實，只好被迫解除禁令。爲了對付日益興起的民營電影業的發展，如前所述，作爲最大國營電影機構的中央電影攝影場於 1947 年 4 月改組成「中央電影企業股份有限公司」，並成立董事會，由國民黨中央宣傳部部長張道藩任董事長，陳果夫、潘公展、羅學濂等任董事，並公開登報招股標榜民營性質，但無民間人士入股，故就其實質而言仍是黨營、官營機構。爲了控制民營電影業的發展，國民黨採取了利用外匯、統一發行和電影檢查等手段。具體而言，利用官僚資本控制外匯，對於戰後成立起來的大大小小的民營電影公司的外匯管制極

〔註104〕宮浩宇，中國國營電影事業之濫觴——中央電影攝影場的創建及其在抗戰前的電影活動〔J〕，當代電影，2013（7）：54。
〔註105〕楊燕、徐成兵，民國時期官營電影發展史〔M〕，北京：中國傳媒大學出版社，2009：108。

爲嚴苛，控制了外匯也就控制了電影器材的來源，由於當時中國根本不存在自身的電影工業，電影膠片及一切電影器材全依賴外國進口，比起民營電影機構，官營電影機構則處於「近水樓臺」，如陳立夫主持的中華教育電影製片廠可以用外匯從國外購運電影器材三百多箱，分藏上海各處，孔祥熙的兒子孔令侃掌控的揚子建業公司也可以利用外匯便利，囤積大量電影膠片，並高價銷售。〔註106〕

　　然而，左翼電影運動經過十餘年的發展已形成一股相對穩定且強大的社會力量，隨著官營電影機構政治色彩漸趨濃厚，大量左翼電影人士被排斥在官營電影機構之外，他們便加入了處境十分艱難的民營電影公司，創作了不少與官方思維相牴觸的進步電影和影評。例如，1946 年後被排斥在中國電影製片廠、中央電影攝影場等官辦電影廠之外的陽翰笠、蔡楚生、史東山等人回到上海，同年 6 月會同鄭君里、孟君謀等，以戰前聯華影業公司的名義組織了「聯華影藝社」，借戰前「聯華」徐家匯廠址〔註107〕作為拍片場地。1947 年 5 月，聯華影藝社與崑崙影業公司合併，後者原由夏雲瑚、任宗德在戰後合資經營，由於缺少創作人員，一直很少有影片出品。夏雲瑚經營影院多年，在重慶時期支持過抗戰戲劇運動，是一個比較開明的資本家，合併後仍名為崑崙影業公司，由夏雲瑚任總經理兼廠長，孟君謀任副廠長兼廠務主任，這時從戲劇界轉過來的陳白塵、藍馬、趙明、嚴恭等，從中央電影攝影場、中國電影製片廠等各廠撤離出來的沉浮、陳鯉庭、孫瑜、白楊、趙丹、黃宗英等先後加入了崑崙影業公司，並成立了由陽翰笠、蔡楚生、史東山、陳白塵、沉浮、陳鯉庭、鄭君里等組成的編導委員會，由陽翰笙、陳白塵任主任。此後，崑崙影業公司拍攝了《關不住的春光》、《希望在人間》、《三毛流浪記》、《烏鴉和麻雀》、《麗人行》等優秀影片。再如，文華影片公司成立於 1946 年 8 月底，由陸潔〔註108〕擔任廠長，1947 年 2 月開始攝製影片，同年 5 月又進

〔註106〕程季華、少舟，中國電影發展史〔M〕，北京：中國電影出版社，1980：153。

〔註107〕「聯華」徐家匯廠址在抗戰期間曾被日僞佔領，作為其第四製片廠。抗戰勝利後，國民黨加以接收，掛上了中國電影製片廠的牌子。後經多方交涉，才迫使國民黨不得不在 1946 年 5 月把它還給原主，於是吳性栽、陶伯遜、陸潔等出面，改組成立了徐家匯攝影場，聯華影藝社也因此向該攝影場取得一部分攝影棚的租賃權。

〔註108〕陸潔 1922 年與顧肯夫創辦中國第一個電影刊物《影戲雜誌》，任翻譯、編務工作，曾介紹許多外國電影知識和著名影片，並翻譯、確定了「導演」等專業名詞和術語。1924 年參加大中華影片公司，擔任《人心》和《戰功》兩部

一步增聘人員，加大業務，並在北平設立了分廠，1948 年又在北平成立了清華影片公司，同年 6 月在上海投資成立了華藝影片公司。文華影片公司的編、導、演等創作人員是以抗戰時期一直在上海的話劇團體「苦幹劇團」為基礎的，如編導方面的黃佐臨〔註 109〕、柯靈〔註 110〕，演員方面的張伐、丹妮等。

表 5-8　20 世紀 40 年代文華影業公司主要工作人員一覽表

編導	黃佐臨、柯靈、桑弧、費穆、李萍倩、張愛玲、曹禺、陳西禾、師陀、洪謨、魯韌、石揮、葉明、俞仲英
演員	丹妮、石揮、張伐、史原、韓非、莫愁、葉明、韋偉、崔超明、俞仲英、汪漪、胡小菡、蔣天流、路珊、嚴肅、田鈞、李緯、林臻、石羽、宏霞
錄音、照明人員	張錫麟、馬林發、徐志良、沈軼民、朱偉剛、王阿根、吳江海、苗鎮宇
攝影	黃紹芬、許琦、葛偉卿
其他	王月白、徐進、王潔、傅繼秋、戚秋鳴、程經久、王玉麟、張謂天

資料來源：黃紹芬，我所知道的文華影片公司〔A〕//《上海電影史料》編輯組，上海電影史料（1）〔M〕，上海：上海市電影局史志辦公室，1992：67；丁亞平，影像中國──1945～1949〔M〕，北京：文化藝術出版社，1998：39。

設備方面則較為簡陋，攝影機是由大來電影機械廠仿照美國的貝爾浩

影片的編劇工作。1925 年擔任大中華百合影片公司的編劇兼字幕說明和製片工作，參加拍攝《小廠主》、《透明的上海》、《殖邊外史》、《美人計》等影片。1931 年任聯華影業公司二場的製片負責人，曾先後與蔡楚生等進步電影工作者合作，拍攝了《漁光曲》、《狼山喋血記》、《聯華交響曲》等影片。1946 年任文華影片公司經理兼廠長及常務董事等。

〔註 109〕黃佐臨原名黃作霖，筆名佐臨。早年在天津讀中學，1925 年中學畢業後到英國伯明翰大學學習社會經濟學。從大學二年級起即對話劇發生興趣，時常觀摩演出，參加學校的業餘戲劇活動，並利用假期研究戲劇理論。1929 年畢業回國後，在天津從商，在此期間仍未中斷戲劇研究，並曾在南開大學英文系兼蕭伯納研究、西洋戲劇等課。1935～1937 年間再度到英國留學，在劍橋大學專攻莎士比亞和導演學，得文學碩士學位。1938～1939 年間在重慶國立戲劇專科學校執教。從 1940 年起，在上海若干劇團和其他劇團任編導。

〔註 110〕柯靈原名高季琳，筆名朱梵、宋約等，1931 年到上海，先後任上海明星、聯華影片公司廠務秘書、宣傳主任，金星影片公司編劇部主任，文化影片公司編劇。1941 年加入苦幹劇團，推動抗日戲劇運動，同年與師陀合作將高爾基的小說《下層》改編為話劇劇本《夜店》，由黃佐臨導演，石揮、周璇等參加演出，轟動戲劇界，後又拍成電影。在創作方面，有電影劇本《海誓》、《亂世風光》、《恨海》、《飄》、《春城花落》等。

（Bell Howell）電影公司製作的，透鏡是從康泰弗萊克斯（Contaflex）拆下的沙瑪 50mmF₂、85mmF₂ 兩隻。攝影機如此，照明燈具則更差，是由許琦向上海實驗工場借了 8 至 18 英尺硬光燈和幾隻四聯平光燈。外景拍攝主要靠老天幫忙，用自製反光板（硬光）和反光布（軟光）來補充。〔註 111〕由於設備簡陋，文華影片公司初期的電影拍攝顯得十分困難，攝影師們只好自己想辦法予以解決。據時人回憶，「記得文華第一部戲《不了情》完成後緊接著拍《假鳳求凰》。攝影組還是三人，照明燈具還是原來的 8 隻 18 英寸影光燈，由於拍攝條件所限，第一部戲《不了情》已明顯感覺到打出的光都有亮暗不規則的影子，畫面感覺極爲不潔。我（指黃紹芬——筆者注）和攝、照人員一起動腦筋、想辦法。如果加上一張白紙雖則消除不規則影子，但光亮度損失太大。後來，我又和照明組研究，把白紙用香煙頭燒了許多小洞洞，這樣亮度增加又去除了不規則的影子。現在看不足爲奇，但當時就這一點燈具上的小小改革，卻爲影片增色殊多。不久攝影組許琦同志又自己花錢買了一隻惠斯頓II型測光表，爲更好更準確掌握膠片性能（也就是密度控制）起到了很好的作用。」〔註 112〕通過公司全體人員的不懈努力，文華影片公司完成了《假鳳求凰》、《夜話》、《豔陽天》、《表》、《不了情》、《太太萬歲》、《小城之春》、《哀樂中年》、《大團圓》等影片。

　　此期民營電影公司與官營電影機構相比，具有明顯的優勢。首先，它們擁有優秀的編導人才和穩定的演員陣容。例如，1947 年聯華影藝社併入後組建的崑崙影業公司實力雄厚，人才濟濟，除原在中國藝術劇社、中華劇藝社等話劇團體的人員，以及從戲劇界轉移過來的人員而外，還有從中央電影攝影場、中國電影製片廠等撤離出來的人員，編導有史東山、蔡楚生、陳白塵、陳鯉庭、沉浮、孫瑜、鄭君里、徐韜、王爲一、張客、趙明、嚴恭等，演員有白楊、舒繡文、趙丹、黃宗英、吳茵、王蘋、上官雲珠、藍馬、黃晨等，技術人員有王雲階等 9 人。〔註 113〕其次，它們具有自由的氛圍和貼近民眾生活的攝製理念。在 1948 年文華公司編導會上，由黃佐臨提出的製片方針反映了文華影人群體以及整個民營公司電影家們與時代同步前進的創作趨向，他

〔註 111〕黃紹芬，我所知道的文華影片公司〔A〕//《上海電影史料》編輯組，上海電影史料（1）〔M〕，上海：上海市電影局史志辦公室，1992：67。
〔註 112〕黃紹芬，我所知道的文革影片公司〔A〕//《上海電影史料》編輯組，上海電影史料（1）〔M〕，上海：上海市電影局史志辦公室，1992：68。
〔註 113〕陳文平、蔡繼福，上海電影 100 年〔M〕，上海：上海文化出版社，2007：264。

們認爲電影應切實反映大眾生活。〔註 114〕聯華公司編導沉浮在 1947～1949 年間先後導演了《萬家燈火》、《希望在人間》等揭露現實的電影。隨著官營電影機構的蕭條，民營電影機構開始逐步發展並繁榮起來。

本章小結

　　抗戰勝利後不久，中國即陷入內戰，頻繁的戰爭嚴重阻礙了電化教育進一步的普及和發展。但總體而言，此期電化教育學者們積極從事電化教育理論研討和探究，使之大爲豐富，大學電化教育系科及課程建設也取得了可喜的成績，這主要表現在以下兩個方面：

　　其一，大學電化教育學科建設和課程開設呈現繁榮景象。從某種意義上說，一門學科在大學中課程教學的開展程度可以反映出它的成熟程度。此期，開設電化教育系科和課程的大學明顯增多，有的大學將前期的電化教育專修科升格爲本科層次的電化教育學系，甚至還附設研究所、招收研究生，如金陵大學和國立社會教育學院；有的大學則新建或復辦電化教育系科和課程，如燕京大學、國立北平師範學院、大夏大學和江蘇省立教育學院。課程上則呈現出不斷分層和細化的特徵，除原有基礎課程和專業課程之外，增設了若干跨學科和交叉學科課程，如在教育學、心理學、藝術學、化學等學科領域邊緣產生的電化教育成人學習心理、攝影化學、影音音樂等課程，這類課程的出現說明此期電化教育課程結構更爲複雜，分層更爲明顯，不再局限於教育、科學（或技術）和藝術三大板塊的傳統框架；此外，各層次課程呈現不斷細化的趨勢，基礎課程中增加了通史類、教學法、藝術類課程，如世界通史、美術、普通教學法，有利於學生形成廣博的學科基礎，專業課程中也增設幻燈片、電影、播音的原理、攝製、稿本及技術等多方面的課程，這些課程多爲配合社會發展的新需求而設立，涉及到不同電化教育媒體和工具的原理及使用方法，力求使學生具有更強的專業技術能力。

　　其二，系統性的電化教育學著作的出版促進了電化教育理論研究的深化。一般來講，一門學科是知識發展成熟的產物，而代表性論著的產生和隨之而來的系統、嚴密的學科知識體系之產生是一門學科發展的必要條件，也是一門學科趨於成熟的重要標誌。此期，以電化教育或視聽教育命名的著作

〔註114〕丁亞平，影像中國——1945～1949〔M〕，北京：文化藝術出版社，1998：41。

相繼問世，總體而言它們具有如下特點：（1）內容兼顧理論和實踐兩方面，已初步體系化。具體而言，它們涉及電化教育和視聽教育的本質，電化教育的功能、教學法，教育電影的宗旨、內容和攝製，教育播音的內容和方法，電化教育的普及與管理，電化教育人才培養等方面，既有對電化教育一般理論的探討，又深入闡述了電化教育工俱如何使用、製作、管理等實際問題，體系已相對完整；（2）嘗試解決電化教育國際化與本土化的調適問題。近代中國電化教育學來自歐美和日本等國，故而其是否能在中國生根和發芽取決於國際化和本土化調適問題是否能得到妥善的解決。此期電化教育著作或直接譯自美國視聽教育大師的作品，其理論為美國當時最新且權威的理論，或取材於國外電化教育期刊、著作，對國外電化教育理論和實踐的前沿課題及其研究成果等均較熟悉；而且，這些作者和譯者通常能夠結合自身在民眾教育館、政府部門、各類電化教育機構中從事電化教育的經歷和經驗，對電化教育如何紮根本土做較為深入的探討和分析，從而為電化教育學日後的健康發展奠定了基礎。

第六章　近代中國電化教育學評析與探討——聚焦於若干重要的理論及學科問題

　　從上述幾章中可知，從清末民初到 20 世紀 40 年代末，近代中國電化教育學的發展及其學科建設取得了明顯的成績，也存在許多值得深入探討的重要理論和學科問題。較之其他教育學分支學科，近代中國電化教育學具有自身明顯的特徵：首先，電化教育學的發展較爲遲緩，學科建設的力度較差，開設這方面課程的大學較少；其次，近代中國電化教育學雖採用了多門學科的理論、技術和方法，但其自身的學科體系並不完善，涉及的領域比較有限；再次，電化教育的教學（電化教學）在理論和實踐上也不夠成熟。本章將圍繞以下五個問題展開探討，以點帶面，力求揭示近代中國電化教育學學科建設的基本特點。

第一節　廣義教育電影與狹義教育電影

　　從某種意義上講，近代中國電化教育是從電影及教育電影起步的。電影在傳入之初僅是傳統戲劇的替代品，故「影戲」成爲早期中國電影的稱謂。值得慶幸的是，20 世紀 20 年代，中國早期電影工作者便意識到電影的教育價值，如侯曜便認爲，「影戲是教育的工具。……他不僅可作社會教育之用，對於學校教育，也有極大的幫助。各種科學皆可以利用電影來教授。銀幕的功用，比黑板的還要大，他能迎合兒童的興趣，激起兒童的想像，擴充兒童的

經驗。在專門的學校裏，往往有用電影來輔助教授的。可見電影與教育有極密切的關係，他對於教育上的貢獻，非常的大。」〔註1〕鄭正秋在《我所希望於觀眾者》中稱：「我之作劇，十九爲社會教育耳。」〔註2〕

儘管20世紀初就出現了教育電影的文章，如嚴枚發表了《地理教授用活動幻影之效力》〔註3〕、《理科教授用活動幻影之效力》〔註4〕等文章，但直到20世紀20年代，顧肯夫才於《影戲雜誌》發刊詞中正式提出教育電影的概念，「有一類影戲可以叫它教育影片，專門把工廠製造的大略攝出來給人家看，——這種影片，有許多是工廠裏的廣告品。——這也可使看客多得到一些科學知識。醫生和衛生家，常常把疾病原因攝了幻燈片來幫助演講，要是把影戲來代幻燈，那麼趣味更濃了，——一般國民所得的益處，當然比較起來要大些。」〔註5〕他使用了「教育影片」一詞，並指出了其功能，但未對其內涵做較爲明確的闡釋。20世紀20年代，《教育雜誌》上發表的相關文章開始使用教育電影和電影教育的概念，如曾繩點的《電影教育問題之檢討》和顧仁鑄的《教育電影之教學法》兩文中直接使用「教育電影」、「電影教育」等概念。

20世紀30年初，隨著「視覺教育」概念的引入和國人對教育電影價值的普遍認可，教育電影受到國人的廣泛關注。20世紀30年代中後期，學者們針對「廣義教育電影」和「狹義教育電影」兩概念展開討論，並形成了一波教育電影理論研究的高潮。綜述其觀點，大致可概括爲以下三種類型：

其一是純粹的廣義型。此類觀點認爲所有電影都具有教育意義，其主張者爲當時電影界、教育界和政府的要人，如洪深、潘公展等人，故具有較強的號召力。潘公展認爲：「一切的電影都含著教育的作用，所以實際上都是教育的電影，不過他的作用爲負卻有分別罷了（原文如此——筆者注）。」「不止是各部門的科學的研究紀錄的電影才是教育電影，在事實上，新聞片是教育電影，甚而神怪片也是教育電影；因爲，很顯然地，每一個電影都是在發

〔註1〕 侯曜，影戲劇本做法〔A〕//丁亞平，百年中國電影理論文選（上）〔M〕，北京：文化藝術出版社，2005：58～59。
〔註2〕 周星，中國電影藝術史〔M〕，北京：北京大學出版社，2005：6。
〔註3〕 嚴枚，地理教授用活動幻影之效力〔J〕，中華教育界，1914（16）。
〔註4〕 嚴枚，理科教授用活動幻影之效力〔J〕，中華教育界，1915（13）。
〔註5〕 顧肯夫。《影戲雜誌》發刊詞〔J〕//丁亞平，百年中國電影理論文選（上）〔M〕，北京：文化藝術出版社，2005：10。

揮著教育的作用。」〔註6〕這類觀點其實質爲傳統戲劇觀點在電影上的延伸，如潘公展主要將電影作爲一種娛樂手段，認爲其能否發生教育作用，取決於能否引起觀眾的興趣，「寧可讓娛樂的成分多於教育的成分」、「教育的成分與娛樂的成分，不能是混合物，而應該是化合物」、「盡可能地求其『低級趣味化』，而同時不流於無聊的胡鬧。」〔註7〕洪深則主要在明星電影公司從事編導工作，其撰寫的《編劇二十八問》（1934年）、《有聲電影與有色電影》（1936年）等論文，《電影戲劇演術》（1935年）、《電影術語詞典》（1935年）等著作也主要探討如何編寫電影劇本問題，而劇本恰爲戲劇和娛樂電影最重要的構成要素，但對教育電影來講並非首要。

其二是純粹的狹義型。此類觀點認爲教育電影即專爲教育目的而製作的電影，以區別於廣義的教育電影。持這類觀點的人多爲留學生，他們主要是從西方視覺教育角度出發，主張教育電影即用於學校教學的電影。范謙衷將視覺教育材料分爲兩類，「一是屬於攝影方面者：照相圖片、圖畫雜誌之剪貼、透視鏡、幻燈映片、影片映張、活動電影。二是不屬於攝影方面者，課室示教之教授、學校作業旅行、學校博物館、標本物品及模型、掛圖表解地圖地球、電圖、戲劇表演。」〔註8〕宗亮東認爲，「教育電影就其本質是用電影作實施教育的工具」，「狹義的則限於學校教材影片。」〔註9〕陳友松認爲，教育電影「狹義的是專爲學校課室之用，與學程教學法有密切關係。」〔註10〕莊殿壁認爲，「至於狹義的教育電影呢，簡單的說：則僅是限於教育的電影一門是已，因爲教育電影的影片在製作上，是以教育的目的爲依歸的。」〔註11〕魏學仁指出：「電影之中，有一種不是專以娛樂爲目的，而同時卻含有教育啓示的性質的，這成爲教育電影。若更將教育電影在課室內應用，以輔助教學，則稱爲教學電影。」〔註12〕張沖則更進一步探討狹義教育電影的

〔註6〕　中國教育電影協會年鑒編輯委員會編，中國電影年鑒（1934）〔M〕，南京：中
　　　　國教育電影協會，1934：12。
〔註7〕　中國教育電影協會年鑒編輯委員會編，中國電影年鑒（1934）〔M〕，南京：中
　　　　國教育電影協會，1934：12。
〔註8〕　范謙衷，視覺教育〔J〕，科學教育，1934（4）：10～22。
〔註9〕　宗亮東，教育電影概論〔M〕，上海：商務印書館，1937：10。
〔註10〕陳友松，有聲的教育電影〔M〕，上海：商務印書館，1937：9。
〔註11〕莊殿壁，教育電影論〔J〕，廣東民教，1937（2-5、6）：31。
〔註12〕中國教育電影協會，中國教育電影協會第五屆年會專刊〔R〕，南京：中國教
　　　　育電影協會，1936：14。

題材問題，「狹義的說起來，凡是學校教學片、宣傳片、新聞片，以及體育、衛生等影片，都是純粹的教育影片。」〔註13〕

其三是廣義－狹義型。此類觀點主張將前兩種觀點糅合起來，即將廣義教育電影與狹義教育電影融為一體，使二者相輔相成、互補短長。主張此類觀點者多為學界人士，人數較多，其觀點也最具價值。這種觀點較好地吸收了前兩種觀點的優點，既利用了國外先進的教育理論，又結合了戲劇理論、社會現實等本土化要素，故成為主流觀點。如宗秉新極力推崇桑代克的觀點，認為教育的意義即在於改變人性，「凡足以影響一個人與世界的相互關係的任何改變，都是教育範圍以內的事。」〔註14〕並在結合電影具有光、影、聲等視聽形式後給出教育電影的定義，即「凡是含有促進人類對於自身，對於世界，或對於自身和世界的改變，以合於人生需要，或公共福利為目的的材料，而用電氣電光的機械，將這些材料的形體、關係、動作或聲音、顏色表現在銀幕上，藉視聽的官覺，以灌輸於民眾，而達到上述目的的，就叫做教育電影。」〔註15〕在這裡，宗秉新著重強調教育電影的效果，而並未對廣義教育電影和狹義教育電影加以區分。這種現象亦不難解釋，因為 20 世紀 20～30 年代受杜威生活教育理論的影響，當時一批學者認為應打破學校和社會的界限，將學校教育和社會教育打成一片，而教育電影作為溝通二者的橋梁，自然應首先打破壁壘，將狹義教育電影（學校教育電影）與廣義教育電影（社會教育電影）統合為一。王平陵在《戰時教育電影的編製與放映》一文中指出，學校應「把活的經驗，切實的生活技能，傳授給學生，讓他們當學校是社會的縮影，而社會就是他們工作的實驗所。」〔註16〕袁昂分析道，電影具有三方面的功能，它們共同構成了電影，而不應將它們機械進行分類，「第一種是娛樂，電影的放映直接予觀眾以休閒的機會，調節他們的工作上的疲勞，使他們的精神更生；第二種是符號，銀幕上的字幕、語音與活動同時出現，直接刺激觀眾，由類化的原則，可使觀眾瞭解語文的意義；第三種是思想知識，一個電影劇本所包含的內容很多，可以供給觀眾知識上的攝取，思想上的啓示。」〔註17〕徐公美認為，儘管電影按教育目的可分為「學術電影」和

〔註13〕馬雨農，張沖傳〔M〕，北京：團結出版社，2012：145。
〔註14〕宗秉新，教育電影之意義與範圍〔J〕，教與學月刊，1936（1-8）：93。
〔註15〕宗秉新，教育電影之意義與範圍〔J〕，教與學月刊，1936（1-8）：94。
〔註16〕王平陵，戰時教育電影的編製與放映〔J〕，時代精神，1941（3）：77。
〔註17〕袁昂，教育電影之制限〔J〕，福建教育，1936（2-9）：15。

「美育電影」，按教育客體可分爲「學校教育手段的教育電影」、「技術教育手段的教育電影」和「社會教育手段的教育電影」，但它們之間決不應有膈膜、甚至鴻溝，「所謂理智教育手段的教育電影——學術電影，不僅限於學校教育，而且是技術教育乃至社會教育的手段咧。因爲近代生活的特色，便是學術民眾化，科學通俗化，質言之，所謂學術，所謂科學，必得普及一般社會，不單是教室的講解，卻須要街頭的傳播底原故。但是情意教育手段的教育電影，也是和學校教育，技術教育，社會教育三部門都有關係的。」〔註 18〕宗秉新、蔣社村也認爲，「就理論方面來說，學校教育電影與社會教育電影本無分開之必要，難道學校中學生所需要的知識，一般民眾就沒有知道的需要嗎？一般民眾所應獲得的陶冶，難道學校裏學生就不應獲得嗎？又何必如何分別呢？是的，本來並沒有什麼嚴格的區別，並不是絕對不可通用。」〔註 19〕舒新城主張從電影題材和攝製手法兩方面打破二者的界限，「教育電影的取材則應以富於積極的教育性者爲主，其戲劇性雖不一定能與娛樂電影比，但亦應有戲劇性，不過故事的編製與畫面的布置應多具現實性。」〔註 20〕

　　總體而言，在近代中國廣義教育電影受關注度較高，而狹義教育電影較受忽視。一方面，各類機構出品影片以廣義教育電影居多，兼以狹義教育電影。近代中國參與教育電影製作的機構種類較多，有商業電影公司、民營出版機構、官營電影機構、電化教育組織、大學等。除了中國教育電影協會、中華教育電影製片廠、金陵大學等單位製作了少量狹義教育影片外，其餘機構均以製作廣義教育電影爲主。造成這種現象的原因固然是多元的，但最主要的是：當時電影教育的對象主要是普通民眾，而民眾素質普遍不高，若使用狹義教育電影進行教育，則民眾容易喪失興趣而導致教育過程中斷。經過江蘇省立鎮江民眾教育館爲代表的社會教育機構不斷摸索，終於發現如將兩種教育電影同時用於社會教育過程，則效果更好；具體方法爲：在放映狹義教育電影的過程中，不斷穿插廣義教育電影和幻燈片、唱片等，並規定放映時間、配合教師的口頭講解。另一方面，電影函授學校、大學等機構設置的系科、開設的課程以廣義教育電影理論爲核心。由於廣義教育電影包含題材較廣，故對影片的構圖、拍攝手法、演員、攝影器件等要求也較高。爲了適

〔註 18〕徐公美，電影教育的分野及其展開〔J〕，民眾教育季刊，1932（2-4）：3。
〔註 19〕宗秉新、蔣社村，教育電影實施指導〔M〕，上海：中華書局，1937：16。
〔註 20〕舒新城，電化教育講話〔J〕，上海：中華書局，1949：71。

應此情形，電影函授學校、大學廣泛開設課程培養能攝製此類教育電影並從事電影教育的人才。如昌明電影函授學校開設電影藝術類的課程，旨在培養電影導演、演員和幕後經營者；江蘇省立教育學院、金陵大學、國立社會教育學院也設置了大量電影攝製技術、電影藝術、電影教育方面的課程，以培養精通此道的人才。這些人才畢業後大多從事社會教育和民眾教育工作，利用教育電影作爲改造社會、實現「教育救國」理想的工具。

一門學科基本概念的使用不僅有助於建立該學科共同的話語體系，而且將影響這門學科的研究取向和特徵，近代中國電化教育學也是如此。關於兩種教育電影的認識、觀點對電化教育學的發展及其特點的形成均產生了深遠的影響。

其一，奠定了近代中國電化教育學理論體系的基石。與其他教育學分支學科比較，近代中國電化教育學並未形成十分完善的學科框架和理論體系，但也初具規模。作爲電化教育學的理論基礎之一，對於教育電影內涵、性質、創作方法等重要理論問題的探討既開拓了電化教育學的研究範圍，又形成了電化教育學的研究領域。

其二，客觀上形成了全社會共同參與電化教育理論研究和實踐探索的繁榮局面。作爲一項社會事業，電化教育開展的方向和效果很大程度上取決於人們對其基本理論的闡釋。總體而言，近代中國電化教育立足於「大教育觀」，重視發揮其在社會教育過程中的規模效應。因此，廣義教育電影的理論和實踐受到普遍關注而取得較大成就，這有利於普及教育和團結民眾，進而促進教育現代化的進程。由於社會教育的對象爲社會全體，特別是廣大民眾，故需要包括學校在內的多種機構的共同參與。仔細來看，各種機構參與電影教育及電化教育的動機是不同的，如民間商業電影公司主要出於營利的目的，按照市場經營法則運行，在選擇電影放映設備，放映、拍攝的電影題材、內容時須主要考慮和顧及市場效應，故而拍攝、上映的狹義教育電影較少，而廣義教育電影較多，其中大部分爲娛樂電影；由於官營電影機構主要由政府創辦，經費也由政府提供，故主要充當官方意識形態宣傳的喉舌和吶喊者，其拍攝何種電影、如何運作等必須悉數遵從政府的指令；大學主要從學術研討和社會服務出發從事相關活動；民眾教育館則利用教育電影來承擔向民眾開展科普啓蒙的職責。在此過程中，政府機關發揮著引導、規範、監督和控制的作用，一方面，它通過頒佈電化教育法規、章程以及設立電化教

育管理機構來建立並完善全國電化教育系統，以統領全國電化教育事業；另一方面，它通過獎勵民營電影公司或與之合作的方式，督促和鼓勵其攝製含有教育意義的影片，旨在爲宣傳民族救亡、抗日精神等服務。正因如此，近代中國電化教育的理論研究和實踐活動呈現出主體多元、途徑多樣的鮮明特徵。

　　其三，致使學校電影教學和人才培養未受到充分關注。狹義教育電影主要適用於學校教育，但由於近代中國狹義教育電影的理論和實踐未受到充分重視，故學校電影教學和人才培養也爲人們所忽視。儘管中國教育電影協會上海分會、金陵大學等少數機構曾組織在中小學、大學中進行巡迴放映和電影教學，但由於經費、設備和自製狹義教育電影數量的缺乏，總體來講取得的成效不大，影響範圍也比較有限，主要局限在南京、上海等大城市的部分學校。相較之下，美國不僅設有專門機構爲大、中、小學提供各類狹義教育電影，如教育電影局、視覺教育處等，各類學校還鼓勵學生參與教育電影的攝製，如作爲美國的一所私立中學，丹佛中學學生積極嘗試自製教育電影，丹佛中學職業教育指導亨達曼博士（Dr.M.A.Hincernan）說：「這些片子非好不可，否則他們就不滿意。覺得這是使他們體驗民主化生活最好的教學法。」〔註21〕爲了成功地攝製教育電影，丹佛中學的學生們還需要瞭解戲劇、拍攝技術、衛生、科學等方面的知識，並與各界保持密切的聯繫，「在收集資料的過程中，他們（指學生們——筆者注）曾經看過許多著名的紀實影片。如英國的《如此英國》，美國的《這條河》和《破土之犁》。由於團體的討論，他們瞭解了若干技術，知道劇中要求的是什麼，如何用音樂來加強劇情，何種攝影手法能夠發揚某種情結。更重要的一點就是設置一部影片的中心目標何在？片中要向觀眾宣傳的主旨是什麼？例如說以『現代食物供應』爲題，應如何體現？丹佛中學的學生認爲現代食物供應中，衛生及科學原則多被一般人忽視，而應特別介紹。」「丹佛市一家銀行經常引導遊客參觀行內各部，並在各學校多次演講，使市民明瞭如何和銀行聯繫加強他們的福利，同時又請丹佛中學學生攝製一部銀行的影片，這部片子拍成的時候，行方發現前演講所介紹不如這部電影。這些青年爲了拍這一部電影，於是不得不對素不關心的銀行大加研究，以至瞭解。」〔註22〕反觀近代中國，其學校電影教育之所

〔註21〕孫明經，美國丹佛中學的學生自製電影〔J〕，電影與播音，1943（2-3）：19
　　　　～20。
〔註22〕孫明經，美國丹佛中學的學生自製電影〔J〕，電影與播音，1943（2-3）：19
　　　　～20。

以落後，主要原因在於：一方面缺乏專門的學校電影教育管理機構，中國教育電影協會、各省市的電化教育巡迴隊、電化教育輔導處主要負責社會電影教育，故其常備的影片、施教人員通常並不適合在學校電影教育中使用；從教育行政機關來看，電化教育科設在社會教育司下，故主要負責社會電化教育，而學校電化教育反而沒有專門機構管理，處於放任自流、可有可無的狀態。另一方面，教育界對電影教育缺乏應有的認識，雖然政府提倡電影教育，但由於當時的電影放映機主要為 35 毫米型，其價格昂貴、體積較大，且容易發生火災等危險，影片主要來源於中國教育電影協會和柯達公司，大多為外國片，不僅價格昂貴且有礙教學；教師又大多缺乏開展電影教育的能力和素質，因而，各級各類學校對於這種新興的教育媒體通常採取應付、敷衍的態度，並未真正重視。

第二節　從教育電影到教育播音

如前所述，近代中國電化教育是從電影及教育電影起步的，故教育電影首先成為電化教育的主要媒體和工具，教育電影理論最先成為電化教育學理論研究的重要領域。電影具有直觀性強、趣味性高的特性，容易引起觀眾的注意力，儘管並非出於本意，遊戲場、通俗教育館、電影院率先利用電影普及教育，並取得了一定的效果；最早從事電影及教育電影研究的為商務印書館、電影函授學校和各類期刊。除前述的《教育電影半月刊》、《教育雜誌》、《東方雜誌》、《中華教育界》、《電化教育》等刊物外，各電影公司創辦的《明星特刊》、《銀星》等電影類期刊也充當了重要角色，這類期刊主要刊登介紹電影技術的文章，如《變幻無窮之攝影法》、《活動影片攝製術之感光率》、《活動影戲陰片 Negative 顯影工場之設備及其應用器具之布置》、《陽片顯影工場之設備》、《活動新聞影片之連續洗片提速法》等。20 世紀 30 年代中後期，隨著大批有關教育電影論著出版，教育電影理論研究進入高潮期，教育電影理論遂成為當時電化教育學的主要理論，其內容廣泛涉及教育電影的內涵、性質、功能、設備、技術、管理、教材編製、教學法等。

儘管無線電技術傳入中國較早，但直至 20 世紀 30 年代，國內才開始真正實施教育播音，並建立教育播音電臺。較之教育電影，由於具備受眾更廣泛——不受聽眾是否有時間、處於什麼位置等因素的限制，經費更節省——

只要裝置播音電臺和若干收音機即可，宣傳力度更強等優勢，教育播音成為政府傳達政見、開展宣傳的重要工具。最早導入教育播音理論的為留日學者馬宗榮，但主要停留在引入概念方面，並未對如何實施教育播音等問題進行深入探討。20 世紀 30～40 年代，《教育雜誌》、《廣播周報》、《播音教育月刊》、《教育與民眾》、《無線電》等報刊開始大量刊登播音及教育播音文章，如《怎樣可以推進播音教育》、《播音教育之檢討》、《理想的播音教育行政》、《教育播音的現狀與問題》、《我國播音教育的反思和檢討》、《我國播音教育的幾個重要問題》、《江蘇省立鎮江民眾教育館電播教育之實施》等，趙光濤也在《電化教育概論》中探討了教育播音管理、節目編排、教學法等問題。總體而言，上述文章、論著探討了教育播音的內涵、性質、功能、設備、技術、管理及教學法等方面的問題。

　　近代中國電化教育學理論研究大致經歷了兩個高潮期：第一期為 20 世紀 30 年代中後期，此期出版了大量教育電影論著，如《教育電影概論》（1936年）、《日本電影教育考察記》（1936 年）、《非常時期的電影教育》（1937 年）、《教育電影》（1937 年）、《教育電影實施指導》（1937 年）、《電影教育論》（1938年）等，系統探討了教育電影的性質、功能、目的、技術等問題，標誌著教育電影理論漸趨成熟；第二期為 20 世紀 40 年代，此期隨著教育播音理論加入，形成了較為完備的電化教育學理論體系，代表性論著為《電化教育概論》（1948 年）、《電化教育講話》（1948 年）。之所以如此，主要原因可歸納為以下兩方面：（1）國際方面的原因——20 世紀 30 年代，隨著有聲電影的發明，美國教育技術界正實現著由「視覺教育」到「視聽教育」的轉變，在陳友松等留美學生的積極引介下，教育電影理論逐漸擴充為電化教育理論。（2）國內方面的原因——20 世紀 30 年代後期，隨著民眾教育運動和抗戰救亡運動的開展，作為一種號召、宣傳民眾的有力工具，政府日益重視教育播音的作用和價值，並通過印刷刊物、建立全國播音網、完善管理體制等方式促進其發展。在這種形勢下，學者們紛紛介入教育播音理論研究，並取得了一定成就。

　　電化教育最初是以電影教育的形式存在，隨著播音教育的加入，才形成了完整的電化教育概念，故自「電化教育」概念提出之後，近代中國學者普遍認為它應包含電影教育和播音教育二者。無論針對電化教育事業的建設和發展，還是從電化教育理論的視角出發，均將其分為電影教育和播音教育兩

種。1936 年，陳禮江以教育部名義向全國各省市教育廳局發文時，把「電影教育與播音教育人員訓練班」簡稱爲「電化教育人員訓練班」，在開學典禮上陳禮江說道:「今後電影教育與播音教育全稱爲電化教育」。〔註 23〕1937 年，國民政府教育部公佈《二十六年度各省市實施電化教育注意要點》，提及電化教育分爲電影教育和播音教育兩種。1940 年，國民政府教育部將「電影教育委員會」和「播音教育委員會」合併爲「電化教育委員會」，主任爲社會教育司司長陳禮江，並設第三科爲電化教育科。當時的一些期刊論文也從此視角論述該問題，如《應用電化教育與民教》（1937 年）、《電化教育在戰時》（1939 年）、《三年來的湖南電化教育》（1940 年）等文。另外，如前所述，近代中國學者從電化教育理論的視角出發，對電影教育及播音教育的內涵、性質、設備、技術、管理、教學法等問題作系統探討，兩者均試圖解決什麼是電化教育、如何使用現代電化教育媒體、如何實施電化教學等問題，故具有高度的一致性，只是媒體種類不同而已。

總的來講，近代中國學者習慣將電影教育和播音教育兩者分開，且更爲重視教育電影和電影教育，相比之下對於教育播音和播音教育的關注度不夠。近代中國電化教育學專業以專科層次居多，且大多分爲電影教育和播音教育兩組，如金陵大學電化教育專修科、江蘇省立教育學院電影與播音教育專修科、國立社會教育學院電化教育專修科，其中電影教育組的課程數量和學分普遍多於播音教育組；有的大學還嘗試將電影專列爲一個獨立的系，如金陵大學理學院設立電影工程系。近代中國推行電影教育的機構較多，如商務印書館、中國教育電影協會、江蘇省立鎮江民眾教育館、金陵大學理學院、大夏大學社會教育系、江蘇省立教育學院、國立社會教育學院等，其影響波及江蘇、浙江、江西、山東、廣東、福建、山西、安徽等省和南京、上海、青島等市；而推行播音教育的主要爲政府設立的廣播電臺，如中央廣播電臺和各地廣播電臺，其局限性較明顯。具體而言，這些電臺主要設立在沿海、沿江的一些城市，加之電力不足，輻射範圍有限；各電臺均爲綜合性電臺，教育類節目所佔的比例較低。馬宗榮率先在國內研究教育播音理論，他翻譯或自著了多本社會教育學著作，撰寫了多篇論文，如自著了《比較社會教育》（1933 年）、《現代社會教育泛論》（1934 年），翻譯了吉田熊次的《社會教

〔註23〕孫健三，關於電化教育名稱的由來及學術內涵〔J〕，電化教育研究，2007（1）：76～78。

育原論》，取名為《社會教育的設施及理論》（1935 年）；繼而又出版了《社
會教育事業十講》（1936 年）、《社會教育綱要》（1937 年）、《大時代社會教
育新論》（1941 年）、《社會教育原理與社會教育事業》（1942 年）等著作，
並發表了若干論文，如《參觀日本社會教育報告》（1933 年）、《怎樣研究社
會教育》（1935 年）、《社會教育與民眾教育館》（1936 年）、《我國社會教育
的回顧與前瞻》（1936 年）。這些論著和論文主要從社會教育學的理論框架中
闡述教育播音問題，把教育播音作為社會教育事業的重要途徑和手段來揭示
其意義和作用。20 世紀 30～40 年代，一些綜合性和教育類的期刊也開始刊
登播音及教育播音方面的文章，如《廣播周報》、《播音教育月刊》、《電化教
育》、《電影與播音》、《中華教育界》上刊登了《理想的播音教育行政》（1937
年）、《播音十戒》（1942 年）、《播音教育的理論與實際》（1947 年）等文，
探討了播音設備、技術、方法、藝術、管理等方面的問題。

　　近代中國多部電化教育論著直接以「教育電影」命名，如谷劍塵的《教
育電影》（1937 年），蔣社村、宗秉新的《教育電影實施指導》（1937 年），
宗亮東的《教育電影概論》（1937 年），陳友松的《有聲的教育電影》（1937
年），而直接以「教育播音」命名的論著幾乎沒有，僅西本三十二著、金溟
若譯的《學校播音的理論與實際》（1936 年）和徐卓呆著的《無線電播音》
（1937 年）二書稍涉及相關內容。綜合性電化教育論著中論述教育電影理論
的篇幅也多於教育播音理論，如趙光濤的《電化教育概論》（1948 年）、舒新
城的《電化教育講話》（1948 年）。《電化教育概論》認為：「電化教育為現今
教育學上較新之名詞，乃電影教育與播音教育之統稱。」〔註 24〕該書對播音
教育的論述主要在第五到八章中，篇幅近一半，說明該部分在全書的理論體
系中占較重要的位置。所談問題也與電影教育相似，如其內容依前四章分列
如下：第五章論述無線電之發明與演進（包括無線電概說、無線電發明史），
第六章論述各國無線電廣播（包括中國廣播事業、英國廣播事業、美國廣播
事業、蘇聯廣播事業、德國廣播事業、意大利廣播事業和日本廣播事業），第
七章與第八章談及教育播音節目（包括教育播音節目之編排、內容和方法）
和廣播行政。該書主張將播音教育和電影教育相輔而行，進而互相融合。書
中強調，無線電與電影一樣，能在科學教育、藝術教育等領域中發揮重大作

〔註 24〕趙光濤，電化教育概論〔M〕，上海：商務印書館，1948：1。

用，故應協調使用，「自電影電播成功以來，已試用之於教室中，更因有聲影片之直接教學及廣播之可以直接收聽，教育與學者之距離逐漸接近。」〔註25〕《電化教育講話》則主要在第一章及附錄第三篇《以耳代目的速成建國法——利用無線電廣播推進民眾教育增強國力》中略談到教育播音的作用及實施，而未涉及教育播音的裝置及管理，舒新城解釋道其原因為：「一則我對廣播機械方面無專門的研究，二則電臺及收音機裝置及管理，各大學的電機系、物理系有專門的課程。但對教育上的應用，尤其是教育廣播人員的訓練與修養是不與一般廣播及廣播人員相同的。」〔註26〕從總體來看，該書僅將教育播音理論附屬於電化教育理論之中，主張將播音教育視為電影教育和視覺教育的輔助。20世紀40年代，中國的國際地位有所提升，但文盲比例仍居高不下，這類人對於世界新情況茫然不知，難以適應國家發展的需要，當時的社會教育家普遍感到，掃除這些文盲是中國教育最迫切的職責。然而，用平民課本等傳統視覺教育工具具有速度緩慢、與實際脫離等弊端，難以適應民眾發展的需要，故舒新城指出：「我對民眾教育所感覺的問題明白的說：是識字的教育方法，在中國的社會中既如此之迂緩，而世界的演進又如此之快，我們有什麼方法能於文字之外，即眼睛教育之外，再抄一段近路，使一般不識字者也能得著國民應具的常識和生活的技能，且能繼續不斷地擴充他們的知識和技能，以期民智日富，國力日強。」〔註27〕「因此我覺得在吸收知識方面，耳朵的用處很大：識字的人於用眼睛以外，固然還得用耳朵，但不識字者則不能以眼睛代替耳朵；而在無線電發達以後，一切知識的傳播只要幾秒鐘就可以普及世界的各角落，如用文字則至少要費數日數月數年的時間。」〔註28〕「但對於視覺的教育方法，仍本著我的多元而和諧的人生觀，不獨不輕視它，而且對於視覺教育的方法如識字問題，我曾以二十多年來的餘暇時間的一部分研究基本數字：如幻燈電影問題，我能自攝自製幻燈片，自編自攝家庭和教育電影。且在二十六年前曾計劃過廣播電臺和有聲電影。我今日和諸君談以耳代目的教育方法，但並不把它看作高於一切，有機會我還可以和大家講視覺教育的方法。」〔註29〕

〔註25〕趙光濤，電化教育概論〔M〕，上海：商務印書館，1948：3～4。
〔註26〕舒新城，電化教育講話〔J〕，上海：中華書局，1949：2。
〔註27〕舒新城，電化教育講話〔J〕，上海：中華書局，1949：170～171。
〔註28〕舒新城，電化教育講話〔J〕，上海：中華書局，1949：173～174。
〔註29〕舒新城，電化教育講話〔J〕，上海：中華書局，1949：187。

　　分析近代中國電化教育學較為重視電影教育而較為忽視播音教育的原因，主要可歸結為以下兩點：（1）實施主體的差異。電影由於具有較強的趣味性、生動性，能通過傳達間接經驗的形式，將實物呈現給學習者，此外，它還具有一些其他媒體所沒有的特殊效果，如展示物體動態的變化、重放慢動作、加快動作、間歇攝影、特寫鏡頭、動畫效果等，故較便於教學，加之當時世界各國已普遍注意到電影教育的重要性，如德國、日本、蘇聯、美國等國，故電影教育較能引起政府、教育界、電影界的共同關注，擁有一個較龐大的實施主體；播音教育則主要由政府操控，實施主體主要為中央及地方政府在各地設立的廣播電臺。收音方面，教育部頒佈《中等學校利用教育播音須知》、《民眾教育館利用教育播音須知》等，明確中等學校和民眾教育館須安裝收音設備，並規定收音時間進行教育播音，但由於實施主體單一，且政府財力、人力有限，故難以取得預期成效。（2）實施方式的差異。近代上海是中西文化交匯的中轉站，當時先進的電影設備及技術大多通過這裡而傳入內地，如 16 毫米電影放映機、有聲電影放映機等，20 世紀 30 年代電影從無聲走向有聲，兼具了「形」與「音」兩種形式，在技術和內容上更為完善。當時的電影已可以在一個固定地點供幾十人甚至幾百人觀看，電影放映、施教的場所也較多，如上層人士常光顧的電影院和遊藝場，多為下層人士設置的露天電影場及教育電影場等，他們觀看電影的動機並不相同，有的是為了趕時髦，有的是為了消除工作後的疲勞，有的則為了多識字。因此，近代中國教育電影的受眾身份多元、人數眾多，且由於學習過程較為主動，效果良好。近代中國教育播音的受眾主要是普通民眾，包括中學生、農民、工人等，經濟能力有限。由於礦石收音機無需電源，在電力供給缺乏的情況下擁有極大的發展優勢，加之造價低廉、結構簡單，成為當時主要使用的收音機。但這種收音機一臺僅能供少數人收聽，而且接收性能較差。此外，由於播音信息難以保存，形象感不強，不僅不及電影，甚至不及報紙。受眾不能很主動地選擇信息，一旦錯過節目就難再聽到，故必須通過錄音稿等文字材料輔助才能收到相應成效。

　　電化教育的任務為運用現代教育媒體傳遞教育信息，旨在使教育過程最優化。隨著科學技術的發展，現代傳播媒體越來越多，並且日新月異，它包含電影、電視、電腦等等。但媒體本身並無優劣之分，關鍵在於什麼時候用、怎麼用。所以從客觀上講，教育電影和教育播音只是電化教育的兩個領域，

本沒有嚴格的界限，而應融爲一體，只在進行不同科目、內容的教學時加以選擇，如進行自然科學、衛生、地理等科目的教學時宜採用教育電影，而進行文學、音樂等科目的教學時宜採用教育播音。但不論使用何種媒體，都應符合電化教育的原則、方法和規律。從這個意義上來說，近代中國電化教育學者機械地將電化教育分爲電影教育和播音教育，雖有助於形成兩者不同的實施主體和方法，有利於其分而治之，從而促進電化教育事業的發展和普及，但另一方面這種劃分使得人們對於電化教育媒體產生了機械的理解，認爲電化教育即如何使用電影和播音兩種媒體，而忽視其背後蘊含的統一的原理，從而不利於電化教育理論的提升和電化教育實踐的進一步深化。

總體而言，從教育電影到教育播音，反映了近代中國電化教育學發展的總體趨勢和基本軌跡，它們也構成了近代中國電化教育學研究的兩大主要領域。許多專家、學者從自身的專業素養和研究方向出發，圍繞教育電影或教育播音進行理論探討並取得了一定的成就，也使近代中國電化教育學具備了自身的學科特徵，即以現代教育媒體應用爲核心。從教育媒體現代化的動力源來看，西方國家基本上是內源性的，即在現代社會、生產力發展的基礎上孕育出來的，隨著從文藝復興到自然科學革命的思想變遷，由農業社會到工業社會的社會變遷，其教育媒體不斷更新，實現了從直觀教學到視聽教育的演變。而中國教育媒體現代化基本上是外源性的，是強烈的教育現代化的需求使然，近代中國社會生產力十分落後，依靠傳統教育工具來實現教育現代化的機會十分渺茫，故一批先進的知識分子在看到西方先進的教育媒體後，自然地將眼光放在引進、利用和研究上，並急於通過移植教育媒體及其理論和方法等方式，快速實現教育現代化。電影和播音作爲近代最重要的兩種現代教育媒體，先後受到民間、學界和政府的關注。

然而，由於這種引介具有強烈的目的性和工具性，雖然使得西方發明了近兩百年的先進媒體先後進入國人的視野，並應用到教育領域，也取得了數量可觀的研究成果，但同時不可避免地具有某些缺陷，如理論研究的深度欠缺，表現爲研究成果多爲實踐經驗的總結，缺乏分析框架和理論提升，對於教育媒體與課程、學習者的關聯問題缺乏深入的探討，致使具有理論深度的教科書和論著缺乏；更新速度過快，不切實際，具體表現爲盲目追求引進國際最新的教育媒體及其設備、技術，而罔顧國內經濟、文化、社會、教育的實際狀況，造成電化教育主要在沿江、沿海的幾個大城市中零星推廣，而其

他地區幾乎處於空白狀態，理論與實踐嚴重脫節；而且，由於沒有將傳統媒體和現代媒體有效地結合使用，影響了現代教育媒體教學效果的發揮。

第三節　電化教育學的研究路徑及理論特徵

從根本上講，電化教育學是一門新興的交叉學科和應用學科。首先它是教育學與物理學、化學、工學等多門學科的交叉學科，有的專家曾明確指出：「電化教育學又是一門綜合性的學科。它是綜合應用教育學、心理學、傳播學、物理學、生理學、電子技術學、哲學、文學、美學以及系統論、信息論、控制論等的有關理論、知識、方法而發展起來的。」〔註 30〕但同時它又是一門實踐性、工具性、技術性極強的應用學科。它並非坐而論道，其理論源於電化教育實踐，大多需要實施者深入電化教育現場進行教學，故實踐性特徵明顯。它的實施依賴於具體的硬件和設備，其本身也可被理解為一種教育手段，故具有強烈的工具性。同時，使用這些設備、手段、工具的操作者必須掌握一定的物理學、化學、電子學等理工科技術知識，故它還具有強烈的技術性。正因如此，不同學科背景的專家、學者紛紛介入近代中國電化教育學的研究工作，為電化教育學發展做出了巨大貢獻。總體而言，近代中國電化教育學有三大切入點，並形成了三種研究路徑：

1. 從社會教育、民眾教育的角度切入，這一派構成了「社會教育研究路徑」。近代中國電化教育最早在社會教育機構中開展，如通俗教育館、電影院、遊戲場等，早期電影界人士就已注意到電影、幻燈等傳媒工具的教育價值，主要從社會教育的角度，並結合社會教育學的理論，對它們的應用問題進行了探討。「社會教育」一詞及社會教育學理論來自日本，20 世紀 20 年代初，余寄、馬宗榮等人翻譯了日本的多本社會教育學著作，並在此基礎上自著相關著作。民國時期，社會改革運動風起雲湧，時人普遍認為，社會教育是社會改革的一項利器。余寄在《社會教育》一書序言中寫道：「第吾之所欲革命，而思為革命軍下一種子者，則不在現在之政治革命，而在十年後之社會革命。社會教育者，即社會革命之利器也。」〔註31〕馬宗榮翻譯和自著了多本社會教育學著作，並將教育播音置於社會教育學體系之中，使教育播

〔註30〕南國農，電化教育學〔M〕，北京：高等教育出版社，1985：4。
〔註31〕余寄，社會教育〔M〕，上海：中華書局，1917：序。

音從一開始便負有改革社會的使命。

民眾教育運動是 20 世紀 30 年代一股聲勢浩大的社會改革運動，它的理論來源主要為社會教育學、實用主義哲學和平民教育思想。作為民眾教育的陣地，江蘇省立教育學院通過推廣民眾教育實驗、創辦民眾教育書刊等方式推動民眾教育運動，並將電化教育視為重要工具。該院常在下設的民眾實驗區內放映電影，並在創辦的《教育與民眾》雜誌上發表電化教育論文。

總的來講，「社會教育研究路徑」一派的主要貢獻和特點為：率先在教育領域使用電化教育工具，促進了社會教育的普及和發展。儘管社會教育者應用電化教育的場所併不固定，有非正規學校，如民眾學校，有非正規教育場所，如民營出版機構、電影院、遊戲場、通俗教育館。實施的動機不同，有的以營利為目的，有的則為了普及教育。但取得的效果是一致的，即促進了民眾對於電化教育媒體的認識，提升了他們的總體素質；由於在社會教育學和民眾教育理論的框架下探討電化教育，故該派率先主張在大學社會教育系和民眾教育系中開設電化教育專業或課程，培養電化教育的高層次專門人才，從而為電化教育學的學科建製作出了突出的貢獻。如馬宗榮在大夏大學社會教育系中開設教育電影和教育播音課程，戴公亮在江蘇省立教育學院民眾教育系中講授教育電影課程並創辦了電影播音教育專修科。

2. 從電化教育理論、設備及技術的角度切入，這一派構成了正統的「電化教育研究路徑」。近代中國電化教育學來源於歐美及日本，尤其是電化教育理論、設備與技術方面的知識，故留學生在譯介的過程中發揮了重要作用。他們在「教育救國」和「科學救國」思潮的影響下，或介紹相關知識，或親自參與電化教育的教學實踐，為近代中國電化教育學的學科建設作出了重大的貢獻。

首先，完善了近代中國電化教育學理論體系，充實了大學電化教育課程的內容。該派代表人物大都為留美學生，如范謙衷、陳友松、孫明經等人，他們通過在國內大學創辦期刊、撰寫文章等方式引入美國豐富的視聽教育理論資源，並根據國內的具體情形加以改造，形成了包括教育電影和播音、電化設備和技術以及電化教學法在內的本國化的電化教育理論體系。此外，他們還結合其理論研究成果，通過在大學中開辦講座、設置課程的方式促進電化教育學學科建制的完善。

其次，促進本國電化技術的發展，力求擺脫依附外國的狀況。技術是電

化教育實施的基礎，20 世紀初國內所有的電化教育工具、設備幾乎都從國外進口，不僅導致外匯大量外流，且常受到設備零件因素的困擾，如出現戰爭期間無法進口設備、設備損壞後無處維修等問題。為了擺脫上述困境，「電化教育研究路徑」一派十分注重介紹電化設備和技術，如《電化教育》和《電影與播音》兩刊中刊載的這類文章甚多，比例也較大，而且側重點也在於解決國內電化教育工具、設備短缺的問題。但事實上，縱觀整個近代中國，電化教育設備、技術對於國外的依賴和依附現象一直存在，「電化教育研究路徑」一派也僅局限於及時介紹和引進外國新設備、技術，並開展一些模倣、試行的工作，還談不上實現電化技術的獨立，但在客觀上確實推動了本國電化教育設備和技術的發展。

3. 從教育電影和教育播音藝術（包括編劇、導演等藝術）的角度切入，這一派構成了「教育電影和播音藝術研究路徑」。藝術關係到電化教育媒體和作品能否引起觀眾視覺、聽覺上的愉悅感，進而產生興趣。近代中國電化教育學者關於教育電影藝術理論的闡述，大致可分為以下三階段：

第一階段著重探討電影與戲劇的關係。以卡努杜〔註32〕為代表的歐洲早期電影劇作家認為，電影不是戲劇，「除非你把舞臺上出現的、市集的木棚中表演的或腳燈前展示的一切都名之為『演出』，否則電影和戲劇是不存在任何相同點的。沒有任何本質上的相同點；在電影的固定的非現實和舞臺劇的變化的現實之間，不論在精神上、形式上、啟示方式上和表演手段上，都沒有共同點。」〔註33〕這種論斷過於極端，事實證明，教育電影必須「有戲可看」才能留住它的觀眾，因為當觀眾習慣了影像技術所帶來的新奇感之後，必然會將注意力轉向它所要表現的內容方面。法國的梅里愛〔註34〕是將電影引向戲劇化道路的先驅者，他從當時巴黎大劇院上演的大場面戲劇和傳統的文藝作品中吸取題材，把戲劇表現方法應用到電影中使它獲得了新生。限於國內傳統文化的特徵和教育電影的攝製水平，20 世紀初中國電影只不過

〔註32〕喬托・卡努杜（Riccitto Canudo，1887-1960），意大利詩人和電影先驅者，他於 1911 年發表《第七藝術宣言》，稱電影是將建築、音樂、繪畫、雕塑、詩歌和舞蹈六門藝術加以綜合的第七藝術。

〔註33〕李恒基、楊遠嬰，外國電影理論文選〔M〕，上海：上海文藝出版社，1995：43。

〔註34〕梅里愛（Georges Melies，1861-1938），法國電影導演，世界上最早的電影藝術家之一，他率先將絕大部分戲劇因素及方法，如劇本、演員、服裝、化裝、布景、機器裝置，以及景與幕的劃分等運用到電影中。

被時人視爲戲劇的一種，並無獨立的藝術地位，如以谷劍塵爲代表的教育電影理論家就主張將電影戲劇化，即用戲劇的編製方法來攝製電影。

第二階段開始探討電影的藝術定位和分類。卡努杜在世界電影史上率先爲電影進行藝術定位，他把藝術分爲兩大類：時間藝術（音樂、詩詞、舞蹈）和空間藝術（建築、繪畫、雕塑），而在兩大藝術之間存在著鴻溝，電影則是填補鴻溝的第七藝術。〔註35〕20世紀20年代，國內一些電影人開始嘗試將電影進行藝術定位和分類，如孫師毅說：「電影術的出現，當然是一種 Scientific Invention，到了戲劇（Drama）和它結合，成功了電影劇，這才樹立了它藝術的位置。」〔註36〕「它占藝術最後而且最高的位置，因爲它是藝術的綜合體，並且它還利用了許多科學，雖然在時間上，它是最後完成的，而在性質上它卻是一種最複雜的結合，所以影劇便沒有人能否認它是結晶藝術的。」〔註37〕他的觀點引起了學術界的共鳴。徐葆炎認爲，作爲綜合藝術的電影，它包含攝影術（包括美學、光學），舞臺術（包括舞臺的裝飾術、監督術），演劇術（包括化裝術、動作術）和編劇術等方面。〔註38〕谷劍塵進一步指出，電影是藝術和科學的結晶，其演出部分屬於藝術，其技術部分則屬於科學。

第三階段側重探討電影藝術性和商業性的關係。卡努杜認爲，電影作爲藝術應摒棄商業性，而成爲「知識精英」享有特權的領地。〔註39〕20世紀初中國電影面臨最大的問題不是其是否有藝術感，而是它能否有足夠的票房收入，如以教育爲宗旨的商務印書館在20世紀20年代也不得不出品一些專以票房爲目的的娛樂短片。20世紀30年代後，隨著電影檢查制度的確立、國產影片的出現，電影藝術性和商業性如何融合的問題才漸漸被時人論及，如徐公美在《電影藝術論》一書中認爲，電影不僅是一種企業，也是一種藝術，應該將二者統一起來，但企業並不等同於商業，後者專以營利爲目的。〔註40〕

播音及教育播音藝術要求播音員在播音過程中對內容的情感性、韻律性

〔註35〕李恒基、楊遠嬰，外國電影理論文選〔M〕，上海：上海文藝出版社，1995：3。

〔註36〕孫師毅，影劇之藝術價值與社會價值〔A〕//丁亞平，百年中國電影理論文選〔M〕，北京：新華書店，2005：51。

〔註37〕孫師毅，影劇之藝術價值與社會價值〔A〕//丁亞平，百年中國電影理論文選〔M〕，北京：新華書店，2005：51。

〔註38〕徐葆炎，活動影片之戲劇的研究〔A〕//丁亞平，百年中國電影理論文選〔M〕，北京：新華書店，2005：67。

〔註39〕李恒基、楊遠嬰，外國電影理論文選〔M〕，上海：上海文藝出版社，1995：3。

〔註40〕徐公美，電影藝術論〔A〕//丁亞平，百年中國電影理論文選（上）〔M〕，北京：文化藝術出版社，2005：279～290。

有準確的把控，並具有一定的風格和意境。大致說來，近代中國電化教育學者對教育播音藝術的闡述可分爲兩類：

一類側重探討播音與戲劇的關係。由於播音客觀上具有戲劇元素，如解說、情節、衝突、懸念、細節等，所以，早期播音與戲劇關係密切，還一度被稱爲「播音劇」、「播送劇」。20 世紀 20～30 年代，洪深、孫瑜、丁玲等劇作家都寫過播音劇的劇本。江小和認爲，與舞臺劇不同，播音劇必須考慮如何使聽眾完全瞭解劇情，「所以首要的條件是念示白（即劇本——筆者注）的人，他是聽眾的一把鑰匙，他必須具有極清楚的口齒，每一個字送到聽眾的耳朵裏去，絕對避免同演員音調相似。有些播音團的示白念的過快，使聽眾不及思索舞臺面上的變動，往往摸不著頭緒。」〔註41〕雲臻認爲，由於有大量的聽眾，播音劇必須抓住聽眾的心理，「抓住一個『人與人間』的片段的意志的衝突，（像丁西林的喜劇，全是日常生活的片段，而得到每個觀眾的賞識。）來構成一個合理和不平凡的劇情，才有好的成效。」〔註42〕具體來講，由於播音沒有一切動作，完全依賴對話，有時還要把自然的動象、物體的移動也通過對話表現出來；另外，劇中人物個性的顯示是播音劇的一個難點，「用言語表示，想來似乎艱難，然而，你若能把你自己的情緒深入到創作裏，那麼，就可以體會出這種方式了。」〔註43〕

另一類側重探討播音的藝術定位和內涵。電影是一種特殊的藝術，無線電播音也不例外。佩昔認爲，「被認爲『第十藝術』（電影爲第九藝術）的無線電播音事業，因著它在普通教育上、政治教育上、商業上、音樂文學上……的偉大宣傳教育及娛樂效能，無疑地將要在全世界普遍的發展。作爲藝術的一部門，無線電的音樂、戲劇、文學的播音，已在娛樂著世界上幾千百萬的聽眾了。」〔註44〕事實上，播音員播音技巧高超與否直接影響播音與教育播音的藝術性，20 世紀 30 年代，《電影與播音》上發表的《播音十戒》一文便討了播音員的播音技巧問題。〔註45〕近代學者普遍認爲，播音藝術是一種基於會話和演講的藝術，播講人必須考慮到自己的聲音能否引起聽眾情感的共

〔註41〕江小和，關於播音劇〔J〕，青年半月刊，1947（2-9）：13。

〔註42〕雲臻，關於「播送劇」劇本的寫作技術（二）〔J〕，藝術與生活，1939（1-5）：10。

〔註43〕雲臻，關於「播送劇」劇本的寫作技術（二）〔J〕，藝術與生活，1939（1-5）：10。

〔註44〕佩昔，播音者〔N〕，申報，1934-5-13，（1）。

〔註45〕段天育，播音十戒〔J〕，電影與播音，1942（1-7、8）。

鳴。徐學凱指出，「播音員最要緊的是悅人的風度，要能夠把他的風度越過空間傳達到聽眾；要能夠把他眼前的景色經過腦際表達於語言；要能夠記住聽眾是在熱誠的聽他的說話，並且把他的熱誠射到空間。要能夠從他所描摹的眼前景色之中，找出趣味的所在，並且把他當時的情緒傳給觀眾，無論演講、報告、講述都要有個宗旨，播講的人必須絕對明瞭他想要告訴聽眾的是什麼。」〔註46〕吳彤認爲，「廣播復興了一度被丟棄的會話藝術，這種顯著的復興工作對社會曾是一種無意的貢獻，對著傳話器像喝馬丁尼（Martini，一種混合酒），它激發你多談善談，但是不致於像馬丁尼讓你醉的胡說。」〔註47〕20 世紀 40 年代末，趙光濤在《電化教育概論》一書中提及播音員在播音過程應「注意聽者」、「有聲有色」〔註48〕，這實際上是對播音韻律和意境的一種要求。

總體而言，「教育電影和播音藝術研究路徑」一派的主要貢獻和特點爲：博得了民眾對於電化教育媒體的認可，彌補了早期電化教育理論研究的薄弱環節，並加強了電化教育實踐的水平和效果。清末電影、無線電尚屬新事物，人們對其持新奇和觀望的態度，但電影院收費較高，無線電又屬官營，均與普通民眾無緣。民國以後，電影和播音成爲民眾日常易見的事物，故僅有奇妙的影像、聲音已不能吸引觀眾的注意，還必須有精緻的內容和美妙的藝術。早期中國電影理論中的「影戲說」便強調電影的戲劇性、情節性、教化性和場面性，這在某種意義上便是電影藝術的一種呈現。無疑，儘管其初衷本是爲了娛樂，富有藝術性及感染力的電化教育媒體吸引了大量的觀眾接受教育，進而產生了良好的教育效果。另外，20 世紀頭三十年，由於國外電化教育理論尚未大規模傳入國內，而國內電化教育理論研究也極爲薄弱，作爲國內電化教育理論的初始狀態，電影藝術理論實際上是電影人電影拍攝實踐的經驗總結，並反過來爲當時的電影拍攝、電化教育實踐以及電影產業的發展提供了理論指導。但隨著「社會教育研究路徑」和「電化教育研究路徑」的興起，「教育電影和播音藝術研究路徑」一派在完成其歷史使命後便慢慢退出了電化教育理論研究的舞臺。

不同於西方視聽教育，近代中國電化教育學的發展明顯呈現出「舶來品」和移植性的特徵，它主要是在借鑒西方視聽教育理論的基礎上，依據本國經

〔註46〕徐學凱，播音講話的形式問題〔J〕，廣播周報，1941（193）：4。
〔註47〕吳彤，廣播復興了會話的藝術〔J〕，廣播周報，1947（19）：22。
〔註48〕趙光濤，電化教育概論〔M〕，上海：商務印書館，1948：123～124。

驗和結合本土實踐產生的。可以說在上述三派中，以留學生群體爲主的第二派居主導地位，他們提出的觀點和學說成爲近代中國電化教育學的理論基礎和核心，其餘兩派則爲輔。

但是，以上述三種路徑爲切入點而形成的電化教育學派並不是孤立的，而是相互聯繫和依存的，並共同爲近代中國電化教育學科的發展作出了貢獻。在理論研究上，綜觀近代中國電化教育學研究成果，有單從一派切入的，如馬宗榮和陳友松的相關著作，但數量不多，大多數成果則兼具了三派的觀點，如徐公美的《電影教育》、《非常時期的電影教育》，谷劍塵的《教育電影》，趙光濤的《電化教育概論》，舒新城的《電化教育講話》等，這些成果在體例、內容上都很難劃歸到某一派別之中。在課程設置上，大致來講，三派的研究活躍期具有一定順序，分別對應於電化教育學發展的早期、中期，即早期爲「教育電影與教育播音藝術研究路徑」的活躍期，中期爲「電化教育研究路徑」和「社會教育研究路徑」的活躍期。這影響了各個時期電化教育課程設置的取向，具體表現在早期藝術類課程較多，以昌明電影函授學校爲代表；中期第一階段的課程技術性特徵明顯，旨在培養能夠直接從事電化教育工作的技術人才；中期第二階段的課程教育性凸顯，旨在增強學生將電化教育運用於社會教育及學校教育的能力。到了晚期，電化教育課程明顯出現三派融合的趨勢，並進一步細化，旨在全面培養和提高學生的綜合能力。但總的來講，近代中國電化教育學課程均以上述三種研究路徑爲理論基礎，只是不同時期的側重點有所差異。在人才培養目標上，孫明經、魏學仁、舒新城等人共同認爲應按照電化教育學學科發展的內在邏輯，並以上述三派的觀點和學說爲理論基礎，培養和提升電化教育人才兼具教育、科學和藝術三種才能。

第四節　人才培養目標與課程設置的變遷

近代中國電化教育學課程的開設與人才培養目標之間有密切的關係，並經歷了三個不同的發展時期。近代中國電化教育學課程可以說萌芽於政府舉辦的播音員、收音員培訓班，旨在培訓相關技術人才。爲了培養專業的電化教育人才，20 世紀 30 年代不同類型的大學紛紛創設電化教育系科和課程，專業性增強。20 世紀 40 年代，爲了培養具有綜合素質的電化教育人才，一些大

學還開設了電化教育本科專業和研究所，課程不斷分層、細化。

1. 以技術性為主：發展早期的課程設置及其特徵

20 世紀 20 年代，南京國民政府及地方政府曾開辦播音員培訓班，課程以播音技術爲主。例如，1928 年秋，功率 500 瓦特的中央廣播電臺成立時，各地普遍缺乏收音人員，故委託上海無線電機製造廠訓練了一批播音員，課程爲無線電大意及收音實習等。1929 年 3 月，南京國民政府舉辦第 1 期收音員訓練班，課程爲電學及無線電學大意、國語和速記術、無線電實習、收音實習等。1935 年 7 月，爲了應對和克服各省市中等學校和民眾教育館收音機技術人員缺乏的狀態，教育部開辦全國中等學校及民眾教育館無線電收音員訓練班，課程有電學、無線電學、裝置及修理、收音機性質之測定、收音機設計、直流收音機實習、交流收音機實習等。各省市教育行政機關也曾開設無線電訓練班，如 1933 年 7 月雲南省無線電局舉辦第一期收音員訓練班，課程爲黨義、無線電大意、電學大意、國文國語速記、收音實習、電碼收聽實習及收音機維修法等；1935 年 12 月江蘇省廣播電臺舉辦無線電技術人員訓練班，課程爲黨義、國文、無線電學、電學大意、收音機實習等。總的來講，由於上述訓練班的人才培養目標主要爲養成中央、各地廣播電臺及民眾教育館的播音、收音人員，故開設時間短，課程內容僅限於無線電及收音技術。

國內大學電化教育系科設置及課程開設則始於 20 世紀 30 年代末。20 世紀 30 年代，隨著大批留學生歸國，他們懷抱著「教育救國」的理想，開始借鑒留學國的電化教育理論和課程開設經驗，在中國大學中開設電化教育課程，有的甚至還開辦了電化教育專修科。作爲民間創辦的高等教育機構，私立大學受到資金、師資、辦學條件等諸多因素的限制，不可能在同一個起跑線上與國家創辦的公立大學、獨立學院公平競爭，要想獲得生存和發展的空間，必須辦出自己的特色，以取信於社會獲得更多的資源，形成良性循環。從學科性質上看，教育學科是一門與社會現實聯繫緊密的學科，故作爲當時的著名私立大學的教育學院，大夏大學教育學院著力於培養當時社會較爲缺少的中學及社會教育師資，並開辦了一些處於前沿的教育課程，如電化教育課程。1930 年，馬宗榮創辦大夏大學社會教育系並講授電化教育課程；1931 年該系增設「映畫（即電影——筆者注）與教育」課程；1932 年聘請當時商務印書館活動影戲部主任徐公美講授導演課程，其內容涉及電影編劇、導演、攝影、演技等方面的理論和實踐，並擬定專題進行研究，如「電影與兒

童睡眠的研究」、「教育電影劇本的編製」、「營業電影院之改善研究」；1935
年又聘請江蘇省立教育學院的戴公亮講授電影教育及其技術方面的課程，主
要包括「電影教育的理論，電影放映機、擴音和發電機以及幻燈機的使用和
修理，幻燈片的製作等」〔註49〕；1936 年開設電影課程，其內容包括「電影
導演實習」、「攝影技術」等，由系主任陳友松主講。作為一所培養民眾教育
人才的獨立教育學院，江蘇省立教育學院注重培養學生開展民眾教育的能
力，掌握民眾教育的重要方法，其中即包含電化教育，更重要的是，它還創
設了國內最早的電化教育專業，並開設相應課程。〔註50〕1934 年，江蘇省立
教育學院設立民眾教育系民眾科學教育組，其課程即有「教育電影之理論與
實際」（1 學分），「電影劇本做法」（1 學分）、「電影導演法」（1 學分）、「影戲
機汽油燈留聲機鐘錶電燈電鈴電話」（4 學分）等四門電化教育課程〔註51〕，
該系選修課程亦有「幻燈片製造法」（1 學分）、「無線電機之製造修理與使用」
（2 學分）〔註52〕。1936 年，該院創辦電影播音教育專修科，分電影教育組
和電播教育組，課程包括普通必修課（29 學分），專門必修課（18 學分），分
組必修課（電影教育組 19 學分、播音教育組 17 學分），分組選修課（電影
教育組 14 學分、播音教育組 8 學分）四類。作為一所美國教會創辦的教會
大學，金陵大學與美國教育理論界有更多的聯繫，故能通過聘請外籍教員、
派遣留學生等方式直接輸入美國的視聽教育理論和大學理念，並在此基礎上
開設電化教育專業和課程。1935 年，金陵大學理學院教授范謙衷在《科學教
育》雜誌上發表了多篇電化教育論文，並在院內率先開設電化教育課程。1938
年秋，留美歸國的金陵大學理學院院長魏學仁籌劃成立電化教育專修科，分
電影教育組和播音教育組，課程包括公共必修課程（29 學分）、公共必修技
術課程（51 學分）、分組必修課程三類，並採用主輔系制和選課制。

　　總的來說，20 世紀 30 年代電化教育事業已有了長足的進展，以往的電
化教育短期訓練班不再能滿足時代發展的需要，為了提升電化教育人才培養
的質量，解決電化教育的實際問題，此期私立大學、教會大學、獨立教育學
院等不同類型的大學紛紛創設電化教育專業和開設相應的課程，但比較零散

〔註49〕吳在揚，中國電化教育簡史〔M〕，北京：高等教育出版社，1994：29。
〔註50〕王卓君、朱秀林主編，世紀鴻影：蘇州大學校史圖集〔M〕，蘇州：蘇州大學
　　　　出版社，2007：57。
〔註51〕江蘇省立教育學院一覽〔Z〕，無錫：江蘇省立教育學院，1934：29～30。
〔註52〕江蘇省立教育學院一覽〔Z〕，無錫：江蘇省立教育學院，1934：30。

和薄弱。如課程有的附設在教育系科中開設，有的則在電化教育系科中開設，課程與講座等常相混雜，不加區分；教師多由留學生擔任，且大都爲電化教育相關專業出身。具體來說，大夏大學馬宗榮係留日學生，其學術專長爲社會教育學，在校期間一人兼任多門電化教育課程的教學，陳友松係留美學生，率先在國內開設教育電影課程；江蘇省立教育學院電影播音教育專修科多外聘電影、播音學者前來任教；金陵大學電化教育專修科則從理學院其他專業中聘請教師，其學科背景以物理、化學居多，教材也難以統一，有的僅口頭傳授，並無紙面教材，有的則採用教師的手稿、講義等。

另一方面，此期課程已具備一定數量，分類也較明顯，按類別可分爲通識課程、專業必修課程、專業選修課程等，按學科內在邏輯可分教育、技術和藝術三類，但均較注重將學科知識與社會實踐密切聯繫，提倡其技術性及職業性，這與學校的人才培養目標緊密相連。大夏大學強調在社會教育實踐中運用電化教育工具，以提升其效率，如徐公美曾帶領學生參觀電影公司。江蘇省立教育學院電影播音教育專修科和金陵大學電化教育專修科均重視培養社會教育、民眾教育中的電化技術人才，進而推動全國電化教育事業發展。例如江蘇省立教育學院「以研究教育學術，養成社會服務人才爲宗旨」，設立主旨在於：「（一）養成民眾教育的服務人才；（二）研究民眾教育學術。」〔註53〕金陵大學電化教育專修科則以培養電影攝製、電影技術專業人才爲培養目標，《私立金陵大學理學院附設電化教育專修科章程》中規定：「本大學爲培養電化技術人材適應電化事業起見，遵照大學規程第五章之規定，於本大學理學院附設電化教育專修科。」〔註54〕故它們均開設了大量民眾教育、社會教育、電化設備與技術類的課程。

2. 專業性的提升：發展中期的課程設置及其特徵

出於推動抗戰時期電化教育工作的需要，此期教育部通過開辦電化教育培訓班的方式開設電化教育課程、培養電化教育人才。1936 年 7 月，教育部電影教育委員會協助金陵大學開展短期培訓活動，於當年 9 月開辦電化教育訓練班，該班於 1936 年、1937 年、1938 年、1945 年開辦四期，學員均由各省推介，學成後分配到全國各地推廣影音技術和教育電影，四期短訓爲我國

〔註53〕田曉明主編，高陽教育文選〔M〕，蘇州：蘇州大學出版社，2012：200。
〔註54〕《南大百年實錄》編輯組編，南大百年實錄（中）金陵大學史料選〔M〕，南京：南京大學出版社，2002：248。

培養了四百多位初級影音技術人才。

　　同時由於戰爭的原因，部分大學的電化教育專業停辦，課程數量也減少，但其專業性卻有所提升。1942 年大夏大學教育學院停辦，1945 年經大夏大學校董決議並呈教育部批准後，在大夏大學文學院中設教育學系，並在該系中開設電化教育課程，名稱為「電化教育」。1942～1945 年間，江蘇省立教育學院電影播音教育專修科停辦，1946 年復辦後改成電化教育專修科，課程分普通必修課程（17 門）、專門必修課程（9 門）、分組必修課程（電影教育組 9 門，電播教育組 8 門）、各組選修課程（11 門），總共約 80 學分，與停辦前幾乎持平，但從課程比例上看，教育類課程明顯增多，比例上升，幾乎與技術類課程平分秋色。金陵大學電化教育專修科則在原有基礎上不斷擴充課程，如 1943 年增設了 6 門專業選修課程及 5 門理學院選修課程，同年金陵大學改用學分制，改制後學生可以選修其他系的課程，而該科課程亦開放供其他系學生選修，孫明經等一批電化教育專業學者開始加入教師隊伍。

　　隨著電化教育學科專業化程度的提升，這一時期產生了一些新的電化教育系科，並出現了電化教育本科專業和電化教育專門學校。作為國民政府應抗戰建國需要而創立的高等學府，國立社會教育學院以「研究社會教育學術，培養社會教育人才」為辦學宗旨和人才培養目標。1942 年，國立社會教育學院成立電化教育專修科，課程分全校共同必修課程（26 學分），專業共同必修課程（20 學分），專業分組必修課程（電影教育組 16 學分、播音教育組 16 學分）和專業選修課程（15 學分）。該專修科於 1946 年改為電化教育學系，遂成為國內第一個電化教育學本科專業，〔註55〕其課程在數量和學分上均有大幅度的上升，分全校共同必修課（64 學分）、電化教育學系共同必修課（30 學分），分組必修課程（電影教育組 30 學分、播音教育組 30 學分），電化教育學系選修課程（16 學分）。國立社會教育學院電化教育專修科和電化教育學系在注重學生理論學習的同時，還積極倡導實踐活動，使學生能夠理論結合實際，大大提升了其專業能力，如帶領學生到中華教育電影製片廠參與攝製影片；1944 年在重慶北碚中華教育電影製片廠所在的北溫泉松林坡單獨成立電化教育專修學校，主要培養教育影片之製片工作所需的編輯、導

〔註55〕周建屏、王國平主編，蘇州大學校史研究文選〔M〕，蘇州：蘇州大學出版社，
　　　　2008：414。

演、攝影、洗印、剪接、置景、錄音、美術、放映、扮演等方面之專門人才，其課程爲電影技術（攝影、洗印、剪接、錄音、放映）、播音技術、電教教育（編、導及電教師資）、電影編導、電影化學工程、電影機械工程、電影美術等，學制 3 年。

此期大學電化教育課程數量整體來講較上一時期有所擴充。隨著新興電化教育工具的產生和電化教育問題的不斷出現，課程僅傳授如何使用電化教育媒體及其技術已經不夠了，還必須關注如何更好地符合教育原理和學習者的實際情況，以便更有利於師生推行電化教育。所以，從課程設置來看，基礎課程比例上升，教育類課程、選修課程數量和比例均有提升，專業課程仍注重技術，但增加了幻燈片、廣播收音等設備和技術，同時也開始注重電化教學法、電化教材編製等方面的教學。此外，學生實習課程的比例加大，致力於提升學生將理論應用於實踐的能力。這表明此期課程對學生教育、教學能力的重視程度已較上一時期增大，旨在使學生成爲具備電化教學能力和綜合素養的教育專家，而不是僅會使用電化設備的技術人員。

3. 分層和細化：發展晚期的課程設置及其特徵

此期大學電化教育系科紛紛復辦，課程重新開設，一時間呈現繁榮景象。1947 年 10 月，大夏大學恢復了教育學院，下設教育學系、教育心理學系、社會教育學系三系，同年 11 月 2 日、12 月 6 日召開「教育學院課程審查會議」，訂立該院共同必修課程、各系必修課程、選修課程及學分，規定社會教育學系應開設「電化教育」課程，占 3 學分。1948 年，金陵大學改電化教育專修科爲影音系，學制 4 年，前 2 年開設基礎課程，後 2 年開設專業課程，專業課程約占 30 學分。國立社會教育學院電化教育學系課程仍分爲全校共同必修課程，本系必修課程（分本系共同必修課程和分組必修課程）、本系選修課程三種。電化教育學系課程理論與實際並重，因電化教育是以科學爲工具、藝術爲方式，教育爲目的的教育，故課程內容包括科學、藝術和教育三方面，以期學生能製造、修理及使用科技工具，採用藝術方式而達教育的終極目的，即把學生培養成爲具有科學家的頭腦，藝術家的修養，教育家的胸懷的電化教育人才。因實際情況的需要，該系對學生實習的重視度大於理論的探討。按學院《學則》第 12 條規定，各學系學生須在 4 年修學期間修滿 132～148 學分，不包含體育、普通音樂、講演術、注音符號等課程，各學系學生還須

在第四年實習一年並完成畢業論文。〔註56〕1947 年後，陳汀聲擔任江蘇省立教育學院電化教育專修科主任，蕭紀正和戴公亮兼課。教師在授課之餘，還積極撰寫研究論文，如 1948 年陳汀聲、蕭紀正在《教育與民眾》上發表《電化教育小試》、《教育影片之運用》等文章，探討教育影片的作用、電影教育人才培養、電化教育工作改進等問題。此外，該院還動員電化教育專修科學生利用暑假時間建立實驗教育廣播電臺，組織電影施教隊、訂立放映規則在江蘇省各地巡迴放映電影，並通過設置常識講座、攝製幻燈片、進行電化教學實驗等方式輔助學校教育工作。該院的畢業生董大光、邵浩聲、馬俊方、徐金城等人日後大多在廣播電臺以及電影放映機構工作。另外，1948 年燕京大學教育系主任廖泰初在系內開設視聽教育課程，並親自擬定教學大綱，每周授課兩次，每次一小時，其中半小時講理論，半小時實際操作，實習製作幻燈片、拍洗照片；1946 年，西北師範學院遷回北平，改稱國立北平師範學院，院長袁敦禮在校內成立了電化教育委員會，專管電化教育，該院教育系也開設了兩屆電化教育選修課，培養這方面的專門人才。

　　此期開設電化教育系科和課程的大學明顯增多，有的大學將前期的電化教育專修科升格為本科層次的電化教育學系，甚至還附設研究所、招收研究生，如金陵大學和國立社會教育學院；有的大學則新建或復辦電化教育系科和課程，如燕京大學、國立北平師範學院、大夏大學。隨著電化教育事業的深入開展，社會既需要大量具有一定專業能力的一般人才，這些人固然可由專修科來培養，但更迫切需要高素質的電化教育高級人才，即具有廣博的基礎知識、良好的專業素養、卓越的領導才能和研究能力的高級人才，這些人才則需要本科或研究所來培養。客觀上講，此期已初步形成一個「金字塔型」的人才培養模式，課程上則呈現出不斷分層和細化的特徵。除原有基礎課程和專業課程之外，還增加了一些跨學科和交叉學科課程，如在教育學、心理學、藝術學、化學等學科領域邊緣產生的電化教育成人學習心理、攝影化學、影音音樂等課程，這類課程的出現說明此期電化教育課程分層更為明顯，不再局限於教育、科學（或技術）和藝術三大板塊的傳統框架。此外，各層次課程呈現不斷細化的趨勢，如基礎課程中增加了世界通史、美術、普通教學法等課程，有利於學生形成廣博而紮實的學科基礎；專業課程中也增設視聽原理、影音研討等課程，這些課程多為配合社會發展的新需要而設立，涉及

〔註56〕國立社會教育學院概況〔Z〕，蘇州：國立社會教育學院，1948：14。

到不同電化教育媒體的原理和方法，使學生具有更強的專業技術能力，並初步具備從事科學研究的能力。

綜上所述，服務社會教育的人才培養目標是近代中國電化教育學系科建設、課程設置的主要依據。因此，近代中國電化教育學系科、課程不可避免地具有如下基本特徵：（1）以電化教育媒體技術為核心內容。由於近代中國大學本身具有挽救民族危亡的使命，故決不能關起門來辦學，需要密切關注被時人認為改造社會最有力的社會教育，而廣泛開展社會教育又以電化教育媒體技術的使用最為關鍵。可以說，如果將電化教育視為一個整體的話，電化教育產業、電化教育事業和電化教育學科則是其「一體三面」，因而從不同角度出發將看到不同的面貌。為了盡快通過電化教育實現教育現代化，近代中國電化教育學者認識到必須盡快發展電化教育產業和事業，而電化教育學科建設也必須符合上述需要。另外，從培養人才的速率和效益來看，培養掌握電化教育媒體技術的人才通常較快，社會對此類人才需求較多，如民眾教育館、各地播音電臺等均需此類人才，而培養具有電化教育全面素質的人才則顯得週期較長，社會對此類人才需要較少，只有電化教育管理部門和電化教育系科才需要此類人才。（2）電化教育教材、電化教育教學、電化教育研究三者緊密結合。近代中國大學的電化教育研究通常與教師開設課程緊密聯繫，如陳友松的專著《有聲的教育電影》即其在大夏大學社會教育系講授有聲電影課程講稿的基礎上擴充而來，《教育電影概論》即為宗亮東在中央大學從事教學的過程中形成的成果。此外，金陵大學理學院在主編《電影與播音》月刊的基礎上，常從該刊中選取某些重要文稿作為該校電化教育專修科的講稿，如孫明經曾將其從美國攜帶回來的電影資料發表在該刊上，並作為專修科的講稿。近代中國電化教育課程中還涉及教育電影、幻燈片、唱片製作類的課程，此類課程必須經過教師和學生的親身實踐才能取得顯著的教學效果，故通常採取實習課的方式，並要求學生積極參與其中。

第五節　電化教學的理論和方法

電化教學由教師、電化教育媒體、學生三個基本要素構成，是在教師指導下，由學生利用電化教育的設備及技術進行學習來完成教學任務的一種教學活動。電化教學在實踐過程中逐漸形成了自身的理論和方法，兩者又是相互聯繫、相輔相成的。

從教育學的角度來看，電化教學理論和方法是電化教育學的核心組成部分，近代中國電化教育學者也對此進行了一定的探討。20 世紀 20～30 年代，《教育與民眾》、《教育雜誌》等教育類刊物零星地刊載論文，探討電化教學法問題，如《幻燈教學》一文初步介紹了幻燈教學法，〔註 57〕《教育電影之教學法》一文參照普通教學法論述了教育電影教學法，分教材的準備、引起動機、提示思路、開映影片、複習等環節。〔註 58〕20 世紀 30 年代中後期，教育電影專著中開始闢專章、電化教育專業期刊也登載相關文章探討此問題。《教育電影實施指導》一書給出了 10 條教學法則，涉及教材和說明書的編寫、教學方案的編製、放映技術的操作等方面。〔註 59〕《幻燈映畫教學與燈片攝製法》中詳細探討了在不同放映場所，運用不同幻燈設備和輔助設備來開展幻燈教學的方案，內容涉及電化教學過程中的教師、學生、幻燈機、教材等多種因素及其相互之間的內在聯繫。〔註 60〕20 世紀 40 年代，播音教育教學法進入了研究者的視野，如《電影與播音》上發表的《播音十戒》一文詳述了播音員所應具備的技巧，趙光濤的《電化教育概論》一書介紹了教育播音的教學法，包括選擇題材、編訂節目、講究播音方法等內容。〔註 61〕

然而，總體而言近代中國電化教育學者對電化教學理論和方法的探討顯得比較薄弱。他們主要根據其在社會教育場所實施電化教學的經驗，加以總結形成研究成果，故主要聚焦在社會教育和民眾教育領域，對學校教育領域鮮有涉及；從電化教育工具來講，主要包括幻燈片、無線電等，較少涉及教育電影、有聲教育電影和電視；強調電化教學中教師和教學步驟的重要性，而忽視對學習者心理的調查和研究；重視電化教學方法的探討，而對電化教學理論缺乏系統的研究。

課程建設上，大學系科中也開設了電化教學理論和方法類的課程，但數量並不多，也不成系統。江蘇省立教育學院電影播音教育專修科開設「影片教育法」（1 學分），改為電化教育專修科後，該課程改為「電影教育之理論與

〔註 57〕李窮知，幻燈教學〔J〕，江蘇省立教育學院，教育與民眾，1928（1-6）。
〔註 58〕顧仁鑄，教育電影之教學法〔J〕，教育雜誌，1935（4）：211～215。
〔註 59〕宗秉新、蔣社村，教育電影實施指導〔M〕，上海：中華書局，1937：112。
〔註 60〕劉之常、蔣社村、范鼎仁，幻燈映畫教學與燈片攝製法〔A〕//中國教育電影協會上海分會，電化教育〔J〕，中國電影教育用品有限公司，1937（1-5）：7～10。
〔註 61〕趙光濤，電化教育概論〔M〕，上海：商務印書館，1948：115～141。

實踐」，並增設「播音教學法」課程。國立社會教育學院電化教育專修科開設「播音教育實施法」（1 學分）、「電影教育實施法」（1 學分），改爲電化教育學系後，兩門課程名稱不變，學分各增加 1 分。

由此可見，近代中國電化教育學在電化教學理論和方法的研究、課程建設等環節均不完善，造成這種現象的原因主要可歸納如下：

其一，受研究者知識和學科背景的限制。從近代中國電化教育學者群體的知識和學科背景來看，物理學、化學、電影、戲劇等專業出身的學者佔據了絕大多數，而出身教育學、心理學的學者較少，這也與近代中國教育學者、心理學者缺乏自然科學素養有關。故這些專家、學者的學術專長在電化教育技術和電影藝術方面，而對教育學、心理學的理論和方法則比較生疏，但他們通常也是近代中國電化教育課程創設和實施的主體，享有較高的話語權，如孫明經、戴公亮、魏學仁等人，即便在電化教育系科中，電化教學理論和方法類的課程也佔據不到應有的分量和位置。

其二，研究者們主要重視電化教育及電化教育學的工具性，而忽視對其理論性和學術性的探討。由於受到「教育救國」思潮的影響，近代中國教育學者通常在引進一種新的教育理論時，總在思考其是否有利於改造社會，而並非學理本身的理論性和科學性。所以，近代中國電化教育學者們主要將視點聚焦在是否應使用、如何使用電化教育工具的層面上，還談不上對各種電化教育工具適合哪一種教學形式、哪種教育對象等問題進行深入的理論研究。僅得一見的爲戴爾著、杜維濤譯《視聽教學法的理論》一書，書中認爲，「經驗之塔」分爲做的經驗、觀察的經驗、抽象的經驗三個層次，它是「具體經驗」和「抽象經驗」的綜合體。因此，對於學習者和教師而言，教學應從具體經驗入手，逐步上升到抽象經驗，有效的學習之路應充滿具體經驗。在學校教育中，應用各種教學媒體可使學習內容和過程具體化，從而有利於師生在此基礎上更好地開展抽象概括的工作。位於塔中層的視聽媒體，較之語言、視覺符號更能爲學生提供具體和易於理解的經驗，雖然它可彌補直觀經驗的不足，但並不能完全替代後者。〔註 62〕然而，該書在當時並未受到國內學術界的重視，僅杜維濤發表《電化教育的理論》等文對之進行介紹，直至 20 世紀 80 年代才引起學術界的關注。反觀美國學術界，關於不同媒體之間的比較研究正開展得如火如荼，如 1924 年弗蘭克・弗里曼（Frank N.

〔註62〕戴爾著，杜維濤譯，視聽教學法之理論〔M〕，上海：中華書局，1949。

Freeman）便做了一項對於視覺教育媒體和傳統教育媒體的比較研究，其目的在於評估兩組學生的學習能力，其中一組通過傳統教學和視覺教學相結合的方式進行教學，另一組則完全按照傳統方法進行教學，實驗過程包括安排實驗組別、搜集數據、分析數據等環節，實驗的結論為：「1. 視覺工具對於有相應現實經驗的人來講有效。2. 那些接受視覺教育的學生們需要更多的信息。3. 使用視覺教育工具提出主題有利於提升學生的動機。4. 教育電影和幻燈片的目的是為了讓學生掌握抽象經驗。設計教育電影和幻燈片的目的並不是為了替代教師、口頭討論和閱讀。」〔註63〕

　　其三，近代中國電化教育學學科體系落後。學科體系的建立是一門學科得以持續發展並指導實踐的關鍵，否則學科將始終處於混亂和無序的發展階段，這主要是因學科體系的建立有助於一個科學共同體形成「共同信念」。庫恩（Thomas. S. Kuhn）認為在物理學發展前期，「儘管該領域的實踐者們都是科學家，但他們活動的最後結果卻並不那麼科學。由於沒有採取共同的信念作保證，所以，每一位物理光學的著作家都被迫重新為這個領域建造基礎。在這樣做的時候，他可以相對自由地選擇支持其理論的觀察和實驗，因為並不存在一套每位作者都必須被迫使用的標準方法或被迫解釋的標準現象。在這種情況下，所寫的著作不只是與大自然對話，而且往往更多的是與其他學派的成員們直接對話。」〔註64〕這種「共同信念」將有力地指導人們從事該學科的研究活動和工作，並消除學科發展的無序和混亂狀態，「因此，毫不奇怪，在任何科學發展的早期階段，不同的人面臨著同樣範圍的現象，儘管通常不都是完全相同的現象，但卻以不同的方式描述和詮釋它們。值得驚奇，而且也許是我們稱做科學的領域內獨一無二的是，這些最初的分歧大部分總是會消失的。」〔註65〕然而，從整體上看，近代中國電化教育學尚未明確提出一套完整的學科體系，這主要表現在電化教育論著的名稱五花八門，有以教育電影命名的，有以視聽教學命名的，還有以電化教育命名的；

〔註63〕Frank N. Freeman. Visual Education：A Comparative Study of Motion Picture and other Methods of Instruction[M]. Chicago：The University of Chicago Press，1924：28.

〔註64〕托馬斯·庫恩著，金吾倫、胡新和譯，科學革命的結構〔M〕，北京：北京大學出版社，2003：10。

〔註65〕托馬斯·庫恩著，金吾倫、胡新和譯，科學革命的結構〔M〕，北京：北京大學出版社，2003：15～16。

結構上並不十分統一，有「理論——實踐」型的，有「實踐——理論」型的，還有相互交叉型的。造成這種現象的原因主要在於缺少專業的學會和固定的學術共同體，學者們通常僅根據自身的理論素養、實踐情況提出不同的理論，而缺乏相互之間的交流和溝通，傳統學術研究中單兵作戰的痕跡還很明顯。所以，這些理論通常比較零散、不成體系。而作爲電化教育學科體系中最末端的電化教學理論和方法，需要作爲學科體系這顆大樹主幹部分的理論成型並完善後才能提出。不完善的學科體系使近代中國電化教育學者們無從認識到電化教學理論和方法研究的重要性，即使有所發現也不易引起電化教育學學者群體的關注，因而妨礙並延緩了對電化教學理論和方法開展深入探討和系統研究。

參考文獻舉要

（一）基本史料

1. 甘亞子、陳定秀，中國影業年鑒〔M〕，上海：大東書局，1927。

2. 教育部高等教育司，全國高等教育統計〔M〕，南京：教育部高等教育司，1928。

3. 舒新城，民國十五年中國教育指南〔M〕，上海：商務印書館，1928。

4. 大夏大學，大夏大學一覽〔G〕，上海：大夏大學，1928。

5. 江蘇省立鎮江民眾教育館，江蘇省立鎮江民眾教育館現行規程彙編〔M〕，鎮江：江蘇省立鎮江民眾教育館，1931。

6. 教育部高等教育司，全國高等教育統計民國十七年八月至二十年七月〔M〕，上海：商務印書館，1932。

7. 教育部高等教育司，二十年度全國高等教育統計〔M〕，上海：商務印書館，1933。

8. 中國教育電影協會，中國教育電影協會工作計劃書〔R〕，南京：中國教育電影協會，1933。

9. 四年來之江蘇省立鎮江民眾教育館〔R〕，鎮江：江蘇省立鎮江民眾教育館，1934。

10. 江蘇省立教育學院總務部文書股，江蘇省立教育學院一覽〔Z〕，無錫：江蘇省立教育學院，1934。

11. 教育部，二十一年度全國高等教育統計〔M〕，上海：商務印書館，1935。

12. 中國教育電影協會總務部，中國教育電影協會上海分會年刊中華民國二十四年度〔M〕，南京：中國教育電影協會總務部，1935。

13. 中國教育電影協會，中國教育電影協會第四屆年會專刊〔M〕，南京：中國教育電影協會，1935。

14. 教育部社會教育司，教育部二十四年度上學期教育播音節目一覽〔M〕，南京：教育部，1935。

15. 教育部統計室，二十三年度全國高等教育統計〔M〕，上海：商務印書館，1936。

16. 教育部，最近全國高等教育統計簡編〔M〕，南京：教育部，1936

17. 鎮江民眾教育館，江蘇省立鎮江民眾教育館第六年〔M〕，鎮江：江南印書館，1936。

18. 中國教育電影協會，中國教育電影協會第五屆年會專刊〔M〕，南京：中國教育電影協會，1936。

19. 教育部社會教育司，教育播音講演集・第 1 輯〔G〕，上海：商務印書館，1936。

20. 教育部社會教育司，教育部二十五年度（上、下）學期教育播音節目一覽〔M〕，南京：教育部社會教育司，1936。

21. 教育部社會教育司，社會教育法令彙編〔M〕，上海：商務印書館，1936。

22. 中國教育電影協會，中國教育電影協會第六屆年會特刊〔M〕，南京：中國教育電影協會，1937。

23. 教育部社會教育司，教育播音講演集中等教育篇・第 2 輯〔G〕，上海：商務印書館，1937。

24. 趙鴻謙，江蘇省立鎮江民眾教育館實施電化教育之概述〔M〕，鎮江：江蘇省立鎮江民眾教育館，1937。

25. 教育部，教育法令彙編・第 3 輯〔G〕，重慶：正中書局，1938。

26. 教育部社會教育司，社會教育法令彙編・第 2 輯〔M〕，上海：商務印書館，1940。

27. 教育部社會教育司，教育播音講演集民眾教育篇・第 2 輯〔G〕，上海：商務印書館，1940。

28. 教育部社會教育司，電化教育重要法令〔M〕，重慶：教育部社會教育司，1942。

29. 江西省政府教育廳第四科，現行社會教育法令彙編・第 1 輯〔G〕，南昌：江西省政府教育廳第四科，1942。

30. 教育部高等教育司，高等教育法令彙編〔M〕，重慶：教育部高等教育司，1942。

31. 教育部社會教育司，社會教育概況〔M〕，重慶：教育部社會教育司，1942。

32. 教育部中華教育電影製片廠，教育部中華教育電影製片廠概況〔G〕，重慶：教育部中華教育電影製片廠，1942。

33. 中國教育電影協會總務組，中國教育電影協會會務報告〔R〕，北京：中

國教育電影協會總務組，1943。

34. 廣播事業〔M〕，南京：行政院新聞局，1947。

35. 國立社會教育學院研究部，國立社會教育學院設立旨趣和研究實驗〔M〕，蘇州：國立社會教育學院研究部，1947。

36. 金陵大學總務處，私立金陵大學要覽〔Z〕，南京：金陵大學總務處，1947。

37. 教育部，第二次中國教育年鑒〔K〕，上海：商務印書館，1948。

38. 國立社會教育學院附屬師範部，國立社會教育學院附屬師範部概覽〔M〕，蘇州：國立社會教育學院附屬師範部，1948。

39. 國立社會教育學院，國立社會教育學院概況〔Z〕，蘇州：國立社會教育學院，1948。

40. 中央電影局科學教育電影製片廠總編輯室，科學教育電影參考資料〔M〕，北京：中央電影局科學教育電影製片廠總編輯室，1953。

41. 舒新城，中國近代教育史資料（上、中、下）〔M〕，北京：人民教育出版社，1961。

42. 多賀秋五郎，近代中國教育史資料·民國編〔M〕，臺北：文海出版社，1976。

43. 秦孝儀，中華民國重要史料初編──對日抗戰時期續編（全三冊）〔M〕，臺北：裕臺公司中華印刷廠，1981。

44. 中國人民政治協商會議江蘇省暨南京市委員會文史資料研究委員會，江蘇文史資料選輯（第 13 輯）〔M〕，南京：江蘇人民出版社，1983。

45. 朱有瓛，中國近代學制史料（第 1～3 輯）〔G〕，上海：華東師範大學出版社，1983～1992。

46. 教育年鑒編纂委員會編，第二次中國教育年鑒（5～6）〔G〕，臺北：文海出版社，1986。

47. 中國人民政治協商會議四川省璧山縣委員會文史資料委員會，璧山縣文史資料選輯（第 1 輯）〔M〕，中國人民政治協商會議四川省璧山縣委員會文史資料委員會，1988。

48. 陳學恂，中國近代教育史教學參考資料（上、中、下）〔M〕，北京：人民教育出版社，1986～1987。

49. 南京大學高教所校史編寫組，金陵大學史料集〔M〕，南京：南京大學出版社，1989。

50. 中國人民政治協商會議江蘇省無錫市委員會文史資料委員會，無錫文史資料（第 25 輯）江蘇省立教育學院專輯〔M〕，中國人民政治協商會議江蘇省無錫市委員會文史資料委員會，1991。

51. 朱有瓛、高時良，中國近代學制史料（第 4 輯）〔M〕，上海：華東師範

大學出版社，1993。
52. 中國第二歷史檔案館，中華民國史檔案資料彙編·第5輯第2～3編〔M〕，南京：江蘇古籍出版社，1997～2000。
53. 《南大百年實錄》編輯組，南大百年實錄〔M〕，南京：南京大學出版社，2002。
54. 宋恩榮、章咸，中華民國教育法規選編〔M〕，南京：江蘇教育出版社，2005。
55. 朱有瓛、戚名琇、錢曼倩、霍益萍，中國近代教育史資料彙編·教育行政機構及教育團體〔M〕，上海：上海教育出版社，2007。
56. 潘懋元、劉海峰，中國近代教育史資料彙編·高等教育〔M〕，上海：上海教育出版社，2007。
57. 中國教育電影協會，中國電影年鑒：1934（影印本）〔M〕，北京：中國廣播電視出版社，2008。
58. 孫健三，中國電影，你不知道的那些事兒——中國早期電影高等教育史料文獻拾穗〔M〕，北京：世界圖書出版公司，2010。
59. 江蘇省立教育學院，無錫國專第十屆畢業刊·無錫國學專修學校十五周紀念冊江蘇省立教育學院一覽〔M〕，南京：鳳凰出版社，2011。
60. 王燕來、谷韶軍，民國教育統計資料續編（24 冊）〔G〕，北京：國家圖書館出版社，2012。

（二）近代教育家和學者原著、譯著及論文

1. 陳禮江，江西暑期學術講演集〔M〕，南昌：江西省教育廳，1917。
2. 余寄，社會教育〔M〕，上海：中華書局，1917。
3. 陳禮江，江西實施民眾補習教育的計劃〔M〕，南昌：江西省政府教育廳，1928。
4. 舒新城，攝影初步〔M〕，上海：中華書局，1929。
5. 谷劍塵，民眾戲劇概論〔M〕，上海：民智書局，1933。
6. 朱其清，無線電報及無線電話〔M〕，上海：商務印書館，1933。
7. 薩爾地（Sardi）著，彭百川，張培滐譯，意大利國立教育電影館概況〔M〕，南京：中國教育電影協會，1933。
8. 鄭峻生，如何抓住電影這武器〔M〕，南昌：軍事委員會南昌行營政治訓練處，1933。
9. 潘澄候，教育電影與社會教育〔J〕，科學教育，1934（2）。
10. 范謙忠，視覺教育〔J〕，科學教育，1934（4）。
11. 馬宗榮，現代社會教育泛論〔M〕，上海：世界書局，1934。

12. 莊澤宣、徐錫齡，民眾教育通論〔M〕，上海：中華書局，1934。

13. 劉之常、蔣社村，電影教育實施法〔M〕，鎮江：江蘇省立鎮江民眾教育館，1934。

14. 郭有守，我國之教育電影運動〔M〕，南京：中國教育電影協會，1935。

15. 谷劍塵，民眾講演實施法〔M〕，上海：商務印書館，1935。

16. 吉田熊次著，馬宗榮譯，社會教育的設施及理論〔M〕，上海：中華書局，1935。

17. 舒新城，近代中國教育史稿疊存〔M〕，上海：中華書局，1936。

18. 馬宗榮，社會教育事業十講〔M〕，上海：商務印書館，1936。

19. 徐公美，小劇場經營法〔M〕，上海：商務印書館，1936。

20. 徐公美，日本電影教育考察記〔M〕，上海：商務印書館，1936。

21. 徐公美，演劇概論〔M〕，上海：商務印書館，1936。

22. 谷劍塵，電影劇本做法〔M〕，上海：商務印書館，1936。

23. 宗亮東，教育電影概論〔M〕，上海：商務印書館，1936。

24. 陳友松，有聲的教育電影〔M〕，上海：商務印書館，1937。

25. 趙鴻謙，江蘇省立鎮江民眾教育館實施電化教育之概述〔M〕，鎮江：江蘇省立鎮江民眾教育館，1937。

26. 馬宗榮，社會教育綱要〔M〕，上海：商務印書館，1937。

27. 宗秉新、蔣社村，教育電影實施指導〔M〕，上海：中華書局，1937。

28. 谷劍塵，教育電影〔M〕，上海：中華書局，1937。

29. 蔣社村，民眾教育講座〔M〕，重慶：正中書局，1937。

30. 徐公美，非常時期的電影教育〔M〕，南京：正中書局，1937。

31. 邰爽秋、陳禮江，民眾教育之理論與實際〔M〕，上海：教育編譯館，1937。

32. 陳禮江，社會教育的意義及其事業〔M〕，南京：正中書局，1937。

33. 徐公美，電影場〔M〕，上海：商務印書館，1937。

34. 潘公展，青年訓練〔M〕，上海：商務印書館，1937

35. 陳友蘭，電影教育論〔M〕，上海：商務印書館，1938。

36. 徐公美，電影概論〔M〕，上海：商務印書館，1938。

37. 陳禮江，鄉村教育及民眾教育〔M〕，重慶：正中書局，1938。

38. 陳禮江，抗戰期中之中國社會教育〔M〕，重慶：正中書局，1938。

39. 徐公美，電影發達史〔M〕，上海：商務印書館，1938。

40. 王平陵，電影文學論〔M〕，上海：商務印書館，1938，

41. 莊澤宣、陳學恂，民族性與教育〔M〕，上海：商務印書館，1939。

42. 桑戴克（E.Thorndike）著，陳禮江，喻任聲譯，成人的興趣〔M〕，上海：商務印書館，1939。

43. 吳學信，社會教育史〔M〕，上海：商務印書館，1939 。

44. 教育部，電化教育〔M〕，重慶：教育部社會教育司，1940。

45. 潘公展，「以不變應萬變」的抗戰原理〔M〕，上海：獨立出版社，1940。

46. 杜維濤著，虞劍甌校，戰時技術人員訓練〔M〕，上海：獨立出版社，1941。

47. 馬宗榮，大時代社會教育新論〔J〕，貴陽：文通書局，1941。

48. 吳學信，中國社會教育概述〔M〕，重慶：國民圖書出版社，1942。

49. 馬宗榮、藍淑華，社會教育原理與社會教育事業〔M〕，貴陽：文通書局，1942。

50. 谷劍塵，戲劇教育之理論與實際〔M〕，上海：商務印書館，1944。

51. 陳禮江，社會教育機關訓導實施法〔M〕，重慶：正中書局，1944。

52. 莊澤宣，改造中國教育之路〔M〕，上海：中華書局，1946。

53. 馬宗榮，社會教育綱要〔M〕，上海：商務印書館，1947。

54. 趙光濤，電化教育概論〔M〕，上海：商務印書館，1948。

55. 舒新城，電化教育講話〔M〕，上海：中華書局，1948。

56. 劉百川，國民學校辦理社會教育概論〔M〕，上海：商務印書館，1948。

57. E.戴爾（E，Dale）著，杜維濤譯，視聽教學法之理論〔M〕，上海：中華書局，1949。

58. 陳立夫，戰時教育行政回憶〔M〕，臺北：商務印書館股份有限公司，1973。

59. 陳啟天，近代中國教育史〔M〕，臺北：中華書局，1979。

60. 陳明章，私立大夏大學〔M〕，南京：南京出版有限公司，1982。

61. 呂達、劉立德，舒新城教育論著選（上、下）〔M〕，北京：人民教育出版社，2004。

62. 方輝盛，何光榮，陳友松教育文集〔M〕，北京：社會科學文獻出版社，2009。

（三）近代報刊

1. 時務報（旬刊，《時務報》社，1896.8～1898.8）

2. 申報（日報，上海《申報》館，1872.4～1949.5）

3. 大公報（日報，《大公報》館，1902～1966.9）

4. 東方雜誌（月刊、半月刊，商務印書館，1904.3～1948.12）

5. 教育雜誌（月刊，商務印書館，1909.2～1948.12）

6. 中華教育界（月刊，中華書局，1912.1～1937.8，1947.1～1950.12）

7. 益世報（日報，天津《益世報》館，1915～1917，1918～1949）

8. 晨鐘報、晨報（日報，上海《晨報》館，《晨鐘報》1916.8～1918.9，《晨報》1918.12～1928.6）

9. 世界日報（日報，北京《世界日報》社，1925.2～1949.2）

10. 大學院公報（月刊，南京《大學院公報》編輯處，1928.1～1929.1）

11. 教育研究（月刊，國立中山大學教育學研究所，1928,2～1948.9）

12. 教育與民眾（月刊，江蘇省立教育學院，1929.5～1948.4）

13. 山東民眾教育（月刊，山東省立民眾教育館，1933～1937）

14. 大夏周報（周報，大夏大學《大夏周報》社，1929～1949）

15. 電化教育（月刊，中國教育電影協會上海分會，1936.12～1937.6）

16. 教育通訊（週刊，《教育通訊》週刊社，1938～1949）

17. 教育心理研究（季刊，國立中央大學師範研究所教育心理學部，1940.3～1945.6）

18. 教育與社會（季刊，國立社會教育學院研究部，1942.1～1948.12）

19. 電影與播音（月刊，金陵大學理學院，1942.3～1948.9）

20. 電教通訊（月刊，國立社會教育學院，1942）

（四）研究專著與譯著

1. 程季華，中國電影發展史〔M〕，北京：中國電影出版社，1981。

2. 小林哲也著，徐錫齡、黃明皖譯，日本的教育〔M〕，北京：人民教育出版社，1981。

3. 喬治·薩杜爾著，忠培譯，電影通史〔M〕，北京：中國電影出版社，1983。

4. 南國農、李運林主編，電化教育學〔M〕，北京：高等教育出版社，1985，

5. 李運林、李克東，電化教育導論〔M〕，北京：高等教育出版社，1986。

6. 李建興，中國社會教育發展史〔M〕，臺北：三民書局，1986。

7. 蘇州大學社會教育學院，崢嶸歲月（第 1 集）〔M〕，武漢：蘇州大學社會教育學院武漢校友會，1987。

8. 胡志川、馬運增，中國攝影史 1840～1937〔M〕，北京：中國攝影出版社，1987。

9. 蘇州大學社會教育學院，崢嶸歲月（第 2 集）〔M〕，成都：四川校友會編輯出版社，1989。

10. 朱少玲，世界電影發展史〔M〕，北京：文化藝術出版社，1990。

11. 李保康、張愛國，中外電影發展簡史〔M〕，北京：海潮出版社，1991。

12. 張祖忻，美國教育技術的理論及其演變〔M〕，上海：外語教育出版社，

1994。

13. 崔運武，舒新城教育思想研究〔M〕，瀋陽：遼寧教育出版社，1994。

14. 吳在揚，中國電化教育簡史〔M〕，北京：高等教育出版社，1994。

15. 李恒基、楊遠嬰，外國電影理論文選〔M〕，上海：上海文藝出版社，1995。

16. 龔書鐸，中國社會通史〔M〕，太原：山西教育出版社，1996。

17. 酈蘇元、胡菊彬，中國無聲電影史〔M〕，北京：中國電影出版社，1996。

18. 蕭樹滋，電化教育概論〔M〕，北京：北京師範大學出版社，1997。

19. 熊明安，中華民國教育史〔M〕，重慶：重慶出版社，1997。

20. 費正清、費維愷編，劉敬坤等譯，劍橋中華民國史 1912～1949 年（下）〔M〕，北京：中國社會科學出版社，1998。

21. 丁亞平，影像中國——1945～1949〔M〕，北京：文化藝術出版社，1998。

22. 費正清，觀察中國〔M〕，北京：世界知識出版社，2001。

23. 張憲文，金陵大學史〔M〕，南京：南京大學出版社，2002。

24. 河南大學校史編寫組，河南大學校史〔M〕，開封：河南大學出版社，2002。

25. 黃獻文，昨夜星光——20 世紀中國電影史〔M〕，長沙：湖南人民出版社，2002。

26. 費正清，中國：傳統與變遷〔M〕，北京：世界知識出版社，2002。

27. 栗洪武，西學東漸與中國近代教育思潮〔M〕，北京：高等教育出版社，2002。

28. 王雷，中國近代社會教育史〔M〕，北京：人民教育出版社，2003。

29. 潘懋元，中國高等教育百年〔M〕，廣州：廣東高等教育出版社，2003。

30. 托馬斯·庫恩著，金吾倫、胡新和譯，科學革命的結構〔M〕，北京：北京大學出版社，2003。

31. 方方，中國紀錄片發展史〔M〕，北京：中國戲劇出版社，2003。

32. 黃文達，外國電影發展史〔M〕，上海：華東師範大學出版社，2004。

33. 郭景儀，大夏大學人物志〔M〕，上海：上海財經大學科技發展有限公司，2004。

34. 丁亞平，百年中國電影理論文選（上、下）〔M〕，北京：文化藝術出版社，2005。

35. 孫順霖、董丞明，河南電化教育發展史〔M〕，開封：河南大學出版社，2005。

36. 胡克 中國電影理論史評〔M〕，北京：中國電影出版社，2005。

37. 趙惠康、賈磊磊，中國科教電影史〔M〕，北京：中國電影出版社，2005。

38. 顧錚，世界攝影史〔M〕，杭州：浙江攝影出版社，2005。

39. 張憲文，民國南京學術人物傳〔M〕，南京：南京師範大學出版社，2005。

40. 許淺林，中國電影技術發展簡史〔M〕，北京：中國電影出版社，2005。

41. 周星，中國電影藝術史〔M〕，北京：北京大學出版社，2005。

42. 李士群，拼搏與奮進：北京交通大學百年回顧與思考〔M〕，北京：北京交通大學出版社，2006。

43. 孟慶男，當代教學理論：概念、問題與原理〔M〕，長春：東北師範大學出版社，2006。

44. 曲士培，中國大學教育發展史〔M〕，北京：北京大學出版社，2006。

45. 田正平、商麗浩，中國高等教育百年史論——制度變遷、財政運作與教師流動〔M〕，北京：人民教育出版社，2006。

46. 李道新，中國電影批評史（1897～2000）〔M〕，北京：北京大學出版社，2007。

47. 張澄國、朱棟霖，蘇州與中國電影〔M〕，北京：中國電影出版社，2007。

48. 陳爾泰，中國廣播史考〔M〕，北京：中國廣播電視出版社，2008。

49. 周建屏、王國平主編，蘇州大學校史研究文選〔M〕，蘇州：蘇州大學出版社，2008。

50. 左玉河，中國近代學術體制之創建〔M〕，成都：四川人民出版社，2008。

51. 王雲五，王雲五文集第五卷·商務印書館與新教育年譜（上）〔M〕，南昌：江西教育出版社，2008。

52. 侯懷銀，中國教育學發展問題研究——以 20 世紀上半葉為中心〔M〕，太原：山西教育出版社，2008。

53. 陳智，中國第一部獲國際獎電影——農人之春逸史〔M〕，北京：中國國際文化出版社，2009。

54. 彭驕雪，民國時期教育電影發展簡史〔M〕，北京：中國傳媒大學出版社，2009。

55. 楊燕、徐成兵，民國時期官營電影發展史〔M〕，北京：中國傳媒大學出版社，2009。

56. 王介南，近代中外文化交流史〔M〕，太原：書海出版社，2009。

57. 郭世祐、邱巍，突破重圍——中國早期現代化研究〔M〕，開封：河南大學出版社，2009。

58. 宿志剛，中國攝影史略〔M〕，北京：中國文聯出版社，2009。

59. 朱敬，影音教育中國之路探源——關於中國早期電化教育史的理解與解釋〔M〕，天津：天津大學出版社，2010。

60. 楊力、高廣元，中國科教電影發展史〔M〕，上海：復旦大學出版社，2010。

61. 元青，中國留學通史（民國卷）〔M〕，廣州：廣東教育出版社，2010。

62. 李文方，世界攝影史〔M〕，瀋陽：北方聯合出版傳媒（集團）股份有限公司、遼寧美術出版社，2011。

63. 熊月之，西學東漸與晚清社會〔M〕，北京：中國人民大學出版社，2011。

64. 何王芳，民國杭州社會生活〔M〕，杭州：杭州出版社，2011。

65. 楊才林，民國社會教育研究〔M〕，北京：社會科學文獻出版社，2011。

66. 朱煜，民眾教育館與基層社會現代改造（1928～1937）〔M〕，北京：社會科學文獻出版社，2012。

67. 周慧梅，近代民眾教育館研究〔M〕，北京：北京師範大學出版社，2012。

68. 汪朝光，影藝的政治——民國電影檢查制度研究〔M〕，北京：中國人民大學出版社，2013。

69. 汪基德，中國早期電化教育人物學術思想及其當代價值〔M〕，北京：中國社會科學出版社，2013。

70. 童世駿、陳群，大夏大學編年事輯（上、下）〔M〕，上海：華東師範大學出版社，2013。

71. 南國農，中國電化教育（教育技術）史〔M〕，北京：人民教育出版社，2013。

72. 史興慶，民國教育電影研究：以孫明經為個案〔M〕，北京：中國傳媒大學出版社，2014。

（五）期刊論文及學位論文

1. 莊焜明，抗戰時期中國高等教育〔D〕，臺灣中國文化學院歷史學研究所博士學位論文，1979。

2. 孫明經，回顧我國早期的電化教育（上、中、下）〔J〕，電化教育研究，1983（4）。

3. 戴公亮，江蘇省立教育學院創辦電化教育史實〔J〕，江蘇教育史志資料，1989（1）。

4. 徐南平、李文宏，鎮江民眾教育館對我國早期電化教育的促進作用〔J〕，電化教育研究，1996（1）。

5. 侯懷銀，20世紀上半葉教育學在中國引進的回顧與反思〔J〕，教育研究，2001（12）。

6. 甄曉，對電化教育概念和本質的新認識〔J〕，電化教育研究，2003（6）。

7. 桑新民，現代教育技術學基礎理論創新研究〔J〕，中國電化教育，2003（9）。

8. 孫健三，關於中國教育電影協會的部分史料〔J〕，電影藝術，2004（4）。

9. 王彬，教育學史料在我國的演進和發展——學科制度建設的視角〔J〕，

教育史研究，2004（2）。

10. 張同道，被遺忘的輝煌——論孫明經與金陵大學教育電影〔J〕，北京：北京電影學院學報，2005（4）。

11. 李金萍、辛顯銘，我國綜合性大學早期培養電化教育專業人才的先例和經驗（上、下）——金陵大學推行電化教育 30 年系列述評之一〔J〕，電化教育研究，2005（8）。

12. 朱敬、劉永貴，我國早期電教史研究取得新突破——金陵大學電化教育史研討會綜述〔J〕，電化教育研究，2005（12）。

13. 孫健三，南京大學早期的電化教育實踐〔J〕，電化教育研究，2006（1）。

14. 朱敬、辛顯銘、桑新民，解讀孫明經教授——中國電化教育的開拓者與奠基人〔J〕，電化教育研究，2006（11）。

15. 李興德、張所娟，陶行知的電化教育思想解讀〔J〕，電化教育研究，2006（12）。

16. 孫健三，關於電化教育名稱的由來及學術內涵〔J〕，電化教育研究，2007（1）。

17. 朱敬，中國早期電化教育的特點與邏輯〔J〕，現代教育技術，2007（2）。

18. 李金萍、辛顯銘，教育電影化的先驅——金陵大學電教軟件編製與推廣事業紀實〔J〕，電化教育研究，2007（4）。

19. 虞吉，民國教育電影運動教育思想研究〔D〕，西南大學博士學位論文，2008。

20. 李永芳、鄭玉紅，近代中國電化教育的嬗變〔J〕，教育評論，2008（1）。

21. 張鵬，山東省立民眾教育館研究（1929～1937）〔D〕，山東師範大學碩士學位論文，2008。

22. 張寶誌，中國電化教育發展史拾零〔J〕，電化教育研究，2009（1）。

23. 趙惠康、楊愛華，金陵大學的三位聯合國中國委員、顧問與教育電影——重讀《回顧我國早期的電化教育》有感〔J〕，電化教育研究，2009（1）。

24. 李寧、黃秋嘯，近代中國電化教育的發展歷程述論〔J〕，黑龍江史志，2009（4）。

25. 於波，我國早期電化教育的特點及啓示〔J〕，電化教育研究，2009（8）。

26. 朱敬、蔡建東，追尋歷史　走近先驅——解讀我國早期電化教育專家舒新城先生〔J〕，電化教育研究，2009（9）。

27. 肖朗、項建英，學術史視野中的近代中國教育學科〔J〕，社會科學戰線，2009（9）。

28. 黃小英，專業與學者：解讀金陵大學電化教育專業創辦史〔J〕，電化教育研究，2009（11）。

29. 崔丹莉,近代中國大學電化教育研究〔D〕,浙江大學碩士學位論文,2010。

30. 黃林凱,探索中國電化教育之道〔D〕,江西師範大學碩士學位論文,2010。

31. 武瑤,河南省高等院校電化教育發展史研究〔D〕,河南大學碩士學位論文,2010。

32. 朱敬,論我國早期電化教育理論研究及其經驗體系〔J〕,電化教育研究,2010(3)。

33. 魏永康,我國電化教育事業之先驅〔J〕,物理,2010(6)。

34. 松丹鈴,中國教育電影協會研究(1932～1937)〔D〕,華中師範大學碩士學位論文,2011。

35. 趙惠康、楊愛華,30 年代上海:全國教育電影推廣處尋蹤〔J〕,電化教育研究,2011(1)。

36. 侯懷銀、李豔莉,大夏大學教育系科的發展及啟示〔J〕,華東師範大學學報(教育科學版),2011(3)。

37. 蔡建東,陳友松電化教育學術思想研究〔J〕,現代教育技術,2011(3)。

38. 梁娜,民國時期電化教育研究(1920～1949 年)〔D〕,西南大學碩士學位論文,2011。

39. 穆成果、李龍,晏陽初:我國電化教育早期的踐行者〔J〕,現代教育技術,2011(4)。

40. 劉寶兄,舒新城:早期電化教育研究的「業餘愛好者」〔J〕,現代教育技術,2011(6)。

41. 朱敬,「經驗之塔」首介者杜維濤之電化教育思想研究〔J〕,現代教育技術,2011(8)。

42. 馮永華、陳曦,谷劍塵電化教育思想探析〔J〕,現代教育技術,2011(9)。

43. 顏莉京,喚醒民眾,服務社會:趙光濤的電化教育思想與啟示〔J〕,現代教育技術,2011(10)。

44. 曾巍,篳路藍縷,以啟山林——孫明經先生早期電化教育思想解讀〔J〕,現代教育技術,2011(12)。

45. 馬宗培,民國時期中國教育電影協會之研究〔D〕,河南大學碩士學位論文,2012。

46. 王開,我國電化教育(教育技術)學術機構發展研究〔D〕,河南大學碩士學位論文,2012。

47. 陳玟瑋,民國時期教育播音研究(1928～1949)〔D〕,內蒙古師範大學博士學位論文,2012。

48. 黃小英,中國早期電化教育專業課程創建的實踐探索——以金陵大學電化教育專修科為例〔J〕,電化教育研究,2012(1)。

49. 曹靜、馮立昇、李龍，我國創辦最早的電化教育專業期刊——《電化教育》〔J〕，電化教育研究，2012（8）。

50. 南國農，「中國電化教育（教育技術）發展史研究」課題研究情況彙報〔J〕，電化教育研究，2012（10）。

51. 張炳林，民國時期電影教育的起源與發展——兼論我國早期電化教育歷史階段的劃分〔J〕，電化教育研究，2012（11）。

52. 曹靜、馮立昇，中國教育電影活動的歷史意義與作用——以中國教育電影協會譯著《電影與中國》爲實例〔J〕，軟件導刊（教育技術），2013（2）。

53. 宮浩宇，20 世紀 30 年代南京國民政府教育電影活動新探〔J〕，電影藝術，2013（4）。

54. 宮浩宇，中國國營電影事業之濫觴——中央電影攝影場的創建及其在抗戰前的電影活動〔J〕，當代電影，2013（7）。

55. 杜光勝，民國時期江蘇省電化教育發展研究〔D〕，內蒙古師範大學博士學位論文，2013。

56. 肖朗、李斌，近代中國大學與電化教育學的發展——以大夏大學、金陵大學和國立社會教育學院爲考察中心〔J〕，高等教育研究，2014（5）。

57. 余子俠、喬金霞、余文都，傳教士與近代中國電化教育的興起〔J〕，華中師範大學學報（人文社會科學版），2015（1）。

58. 喬金霞，電化教育在中國的傳入及其學科建構〔D〕，華中師範大學博士學位論文，2015。

59. 李斌，清末民初傳播設備與技術的引進及其對電化教育學發展的影響〔J〕，東南傳播，2015（10）。

60. 李斌，近代中國電化教育學的藝術研究路徑〔J〕，藝術科技，2015（10）。

61. 李斌，近代中國大學電化教育學研究的發端——金陵大學理學院與范謙衷的電化教育學研究〔J〕，電化教育研究，2015（11）。

62. 肖朗、李斌，商務印書館與近代中國教育電影〔J〕，華中師範大學學報（人文社會科學版），2016（1）。

63. 李斌，《教育與民眾》與近代中國電化教育研究〔J〕，電化教育研究，2016（2）。

64. 李斌、蘇青，清末民初無線電知識與學科的引進與電化教育學的創立〔J〕，蘭臺世界，2016（5）。

65. 李斌，中華教育電影製片廠與近代中國教育電影〔J〕，蘭臺世界，2016（7）。

（六）工具書

1. 吳保障、陳東原、蔣元卿，教育雜誌索引（第 1～25 卷）〔M〕，北京：

商務印書館，1936。

2. 人文出版社編委會，科學大辭典（第 1～15 冊）〔M〕，臺中：人文出版社，1981。

3. 張念宏、徐仁聲，教育百科辭典〔M〕，北京：中國農業科技出版社，1988。

4. 顧明遠，教育大辭典（上）〔G〕，上海：上海教育出版社，1998。

5. 劉英傑，中國教育大事典 1840～1949〔M〕，杭州：浙江教育出版社，2001。

6. 劉朝輝，民國史料叢刊總目提要〔M〕，鄭州：大象出版社，2010。

7. 圖季曼，教育大百科全書·成人教育（上、下）〔M〕，重慶：西南師範大學出版社，2011。

8. 顧明遠，中國教育大百科全書（第 1～4 卷）〔M〕，上海：上海教育出版社，2012。

（七）外文著述

1. Visual Education Association of California. Our Visual Problems〔M〕, Visual Education Association of California, 1917.

2. Commonwealth of Pennsylvania Department of Public Instruction. Visual Education and the School Journey〔M〕, Harrisburge：Commonwealth of Pennsylvania Department of Public Instruction, 1927.

3. A.V. Dorris. Visual Instruction in the Public School〔M〕, Boston: Ginn and Company ,1928.

4. Ellsworth.C.Dent. The Audio-Visual Handbook〔M〕, Chicago: The Society for Visual Education INC, 1939.

5. C.E. Shannon. A Mathematical Theory of Communication〔J〕, The Bell System Technical Journal, 1948（27）.

6. Lyn Gorman, David Mclean. Media and Society in Twentienth Century-A Historical Introduction〔M〕, Oxford: Blackwell Publishing, 2000.

7. ASA Briggs, Peter Burker. A Social History of the Media-From Guterberg to the Internet〔M〕, Cambridge: Polity Press, 2005.

8. Twrence P.Moran. Introduction to the History of Communication〔M〕, New York: Peterlang Publishing Inc, 2010.